청년 구직자를 위한
취업 스크랩

청년 구직자를 위한
취업 스크랩

초판 1쇄 인쇄일 | 2010년 6월 10일
초판 1쇄 발행일 | 2010년 6월 20일

지은이 | 이영대
발행인 | 유창언
발행처 | 이코노믹북스
디자인 | 피앤피디자인(www.ibook4u.co.kr)
출판등록 | 1994년 6월 9일
등록번호 | 제10-991호

주소 | 서울시 마포구 서교동 377-13 성은빌딩 301호
전화 | 335-7353~4
팩스 | 325-4305
e-mail | pub95@hanmail.net / pub95@naver.com

ISBN | 978-89-5775-137-4 03320

값 15,000원

●이영대 지음

청년
구직자를 위한
취업 스크랩

이코노믹북스

머리말

대학교육에 대한 국민들의 열망으로 10명 중 9명이 대학에 진학하는 시대가 되었다. 그에 따라 2010년부터 4년간 대학 진학 희망자가 무려 70만여 명에 이를 전망이다. 대학진학도 어렵지만 졸업 후 이들이 취업을 하는 과정에서는 더욱 많은 어려움이 기다리고 있다고 본다.

문제는 이들이 대학 재학 중 충분한 교육과정을 이수하여 졸업 후 자신이 원하는 분야에서 직업활동을 하느냐 하는 것이다. 인간에게 있어 직업을 갖는다는 것은 경제적 의미 이상의 것이다. 더구나 16년 동안 학교생활을 마치고 사회에 처음으로 발을 내딛는 대학 졸업자에게는 매우 중요한 일이다.

그러나 전 세계적으로 일자리가 크게 감소하는 경향을 보이고, 특히 우리나라는 경제적 어려움과 더불어 선진국과 후발국 사이의 어중간한 입장에서 일자리 증대가 매우 간절한 상황에 놓여 있다. 이런 상태는 앞으로도 계속될 것으로 전망된다. 결국 중요한 것은 대학생들 스스로 취업이 얼마나 중요한 것임을 절실하게 느끼고 좀 더 치열한 대학생활을 하면서 취업을 준비하는 것이다. 학생들은 대학교수나 취업지원기관에 필요한 도움을 받고 정부에서는 이를 위한 제도 마련을 적극 지원해야 할 것이다.

사실 지난 5년 동안 교육과학기술부와 노동부 등을 중심으로 청년층을 포함하여 모든 국민들의 취업을 증대하려고 노력하였다. 그러나 전 세계적인 경제난으로 일자리의 폭이 감소됨에 따라 이런 노력들이 제대로 평가받지 못하는 것이 아쉬웠다.

필자는 사회적으로 가장 중요한 문제 중의 하나인 취업, 특히 대학 졸업생들의 취업증대방안에 대하여 다양한 측면에서의 노력을 정리해보고자, 월간 〈리쿠르트〉에 연재한 글을 보완하여 단행본 형태로 재구성했다.

대학생을 대상으로 취업을 지도하는 대학 교수, 취업담당 교직원, 직업교육훈련을 통하여 인력을 양성하는 각종 취업지도업무에 종사하는 사람들에게 권장한다.

이 책을 집필하는 지난 5년 동안의 집필과정에서 어려움에 부딪힐 때마다 월간 〈리쿠르트〉의 오명철 편집장님의 격려가 큰 도움이 되었기에 다시 한 번 감사드린다. 아울러 취업을 준비하는 학생들과 전직을 생각하는 직장인들에게 실제적인 도움이 되기를 기원한다.

이 영 대

velopment

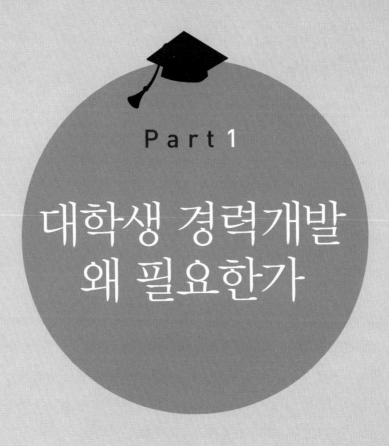

Part 1

대학생 경력개발
왜 필요한가

career development

대학생들의 진로 및 경력개발 | 평생 경력개발을 위해 고려해야 할 요소 |
대학생활과 출신고교 유형별 진로비교

01

대학생들의 진로 및 경력개발

대학생활이 평생에 걸친 경력개발과 진로개발이라는 차원에서 어떤 의미가 있고, 또 어디에 초점을 두어야 하는가를 생각해보는 학생이 과연 몇이나 될까. 대학생들은 재학 중 경력개발과 취업 및 진로와 관련해 어떤 목표를 가지고 무엇을 공부하고 체험해야 하는가. 대학생활의 진로교육에서 강조해야 할 점은 다음과 같다.

첫째, 자신의 특성을 알고 그에 맞는 직업을 선택하는 것이 얼마나 중요한지를 교육해야 하며, 무엇보다 감정표현 능력을 키우는 데 진로개발의 목표를 두어야 한다.

둘째, 대학생활에서는 다양한 학습활동에 참여하고 아울러 평생학습의 중요성을 인식하는 것이 중요하다. 직업세계의 동향과 채용, 교육훈련의 동향을 파악해야 하고 진로정보의 중요성과 평가,

활용도 중요하게 다루어야 한다.

셋째, 대학생 단계에서는 긍정적이고 적극적인 태도와 습관의 형성을 중요 내용으로 설정해야 하며, 진로와 관련 있는 세부 전략을 수립하고 다양한 체험을 할 수 있도록 기회를 부여하는 것도 매우 중요한 영역이다. 또한 취업정보기관 활용, 자기소개서와 이력서 작성방법, 구인정보의 수집과 평가 등이 높게 나타나 이 부분을 강조해야 한다.

경력개발 미션 37가지

앞에서 제시한 대학생 단계의 진로교육목표를 기초로 9개의 하위 영역별로 세부 목표를 설정해보았다. 설정한 9개 영역은 ① 자기이해 및 긍정적인 자아개념 ② 다른 사람과의 긍정적인 상호작용 ③ 평생학습의 중요성 인식 및 참여 ④ 진로정보의 탐색, 해석, 평가, 활용 ⑤ 일, 사회, 경제관계 이해 ⑥ 긍정적인 직업가치와 태도 ⑦ 합리적인 의사결정 및 진로계획의 수립 ⑧ 진로계획의 실천 ⑨ 효과적인 구직 · 직업유지 · 전환이다.

첫 번째, 자기이해 및 긍정적인 자아개념 영역이다. 자신의 특성을 이해하되, 긍정적인 자아개념으로 이어질 수 있어야 한다. 대학생들은 자신을 긍정적인 쪽으로 수용하는 데 목표를 두고, 자기이해를 심화해야 한다. 이를 위한 미션은 다음과 같다.

◐ 미션 1 자신의 개인적인 특징들이 교육적, 직업적 목적을 달성하는 데 어떠한 기여를 할 수 있는지 이해한다.

◐ 미션 2 자신의 특성에 맞는 직업의 특징(근무여건, 대인상호작용 정도, 일의 내용 등)을 분석·종합한다.

◐ 미션 3 다양한 상황(가정, 학교, 사회활동 등)에서의 자기 모습을 조망하고 이를 총체적으로 이해한다.

◐ 미션 4 자신의 모습을 긍정적으로 받아들이는 데 바탕을 두고 더 나은 모습으로 성장해나갈 수 있다는 믿음을 가진다.

두 번째, 다른 사람과의 긍정적인 상호작용 영역에서는 다양한 상황 속에서 긍정적인 대인관계를 통해 사회적 관계망을 확대, 발전시키는 데 초점을 두었다. 이와 관련해 대학생들은 다양한 상황에서 타인과 긍정적인 상호작용을 목표로 수립해 다음과 같은 미션을 수행해야 한다.

◐ 미션 5 직업생활 및 일상생활에서 다른 사람과의 긍정적인 관계가 중요한 영향을 끼친다는 사실을 이해해야 한다.

◐ 미션 6 다른 사람과 효과적으로 상호작용하기 위해 어떠한 지식, 기능, 태도가 필요한지 이해하고 이에 필요한 기술을 익힌다.

◐ 미션 7 개인 및 집단 상황에서 자신의 감성과 생각을 적절한 방식으로 표현한다.

◐ 미션 8 다양한 활동을 통해 상호작용의 기회를 확대한다.

◐ 미션 9 자신의 대인관계 능력을 높이기 위한 전략을 세운다.

　세 번째, 평생학습의 중요성 인식 및 참여 영역은 각 단계에서 요구되는 학습의 중요성을 절감하고 적극적으로 참여하는 습관과 태도를 가지는 것이다. 대학생들은 평생학습의 중요성을 이해하고 다양한 학습의 장에 적극적으로 참여한다는 목표를 가지고 다음과 같은 미션을 성공적으로 수행해야 한다.

　◐ 미션 10 고용 및 산업구조의 변화로 인해 요구되는 평생학습의 필요성을 이해한다.

　◐ 미션 11 학습에 대한 긍정적인 태도와 습관을 함양하는 것이 진로결정 및 자신의 지속적인 진로개발에 어떠한 도움을 주는지 이해한다.

　◐ 미션 12 자신에게 맞는 학습전략을 정하고, 학교 내외에서 제공하는 다양한 학습활동에 참여한다.

　네 번째, 진로정보의 탐색, 해석, 평가, 활용 영역인데, 교육 및 직업과 관련 있는 정보를 탐색·수집해 자신의 필요에 맞게 해석, 활용하는 것을 주목적으로 하는 영역으로 설정했다. 대학생들은 자신의 진로준비에 필요한 정보를 탐색, 해석, 평가, 활용한다는 목표를 가지고 다음과 같은 미션을 수행해야 한다.

　◐ 미션 13 알고 하는 선택(informed choice)을 위한 진로정보의

중요성을 인식한다.

⊙ 미션 14 특정직업 분야의 종사자를 포함해 다양한 정보원(각종 핸드북 및 직업사전, 진로 관련 인쇄매체, 현직자, 웹 기반의 직업관련 데이터베이스 등)이 있음을 인식한다.

⊙ 미션 15 다양한 정보원을 활용해 직업정보, 노동시장의 정보, 그리고 최근 직업세계의 동향(채용 동향 포함)을 파악한다.

⊙ 미션 16 탐색한 정보의 신뢰성을 해석, 평가하고 활용한다.

⊙ 미션 17 특정 분야에서의 전문가를 정보원 또는 멘토로 삼아 자문을 요청한다.

⊙ 미션 18 다양한 종류의 정보원을 활용해 교육 및 훈련(대학원, 편입, 훈련기관 및 프로그램 등)에 대한 정보를 수집, 평가, 활용한다.

다섯 번째는 일, 사회, 경제와의 관계를 이해하는 영역으로 일, 경제, 사회 간의 관계를 이해하고 변화하는 환경이 개인의 진로개발에 끼치는 영향을 예측하고 이에 대응하게 했다. 이러한 강조점을 기초로 대학생 단계에서는 사회·경제적인 변화가 개인의 삶과 직업에 끼치는 영향을 이해하고 예측함을 목표로 두고 다음과 같은 미션을 수행해야 한다.

⊙ 미션 19 일이 개인의 삶의 다양한 측면(여가, 가정생활, 사회생활 등)에 끼치는 영향을 이해하고, 일이 삶에서 가지는 중요성을 안다.

⊙ 미션 20 사회·경제적인 변화(세계화 등)가 개인의 진로개발

에 끼치는 영향을 이해하고 대응한다.

　◐ 미션 21 사회적, 기술적, 산업 및 직업의 변화가 개인의 삶에 끼치는 영향을 이해한다.

　여섯 번째는 긍정적인 직업가치와 태도 영역으로 일과 직업에 대한 긍정적이고 적극적인 태도와 가치를 지녀, 개인의 진로개발과 만족스러운 직업생활을 영위할 수 있도록 함을 목적으로 한다. 긍정적인 직업가치와 태도의 형성은 자기 자신의 생활에서부터 시작한다. 대학생은 긍정적인 조직문화를 형성하고 생산적 사회구성원으로서 요구되는 태도와 습관을 갖는다는 목표를 가지고 다음과 같은 미션을 수행해야 한다.

　◐ 미션 22 직업활동과 사회활동에 필요한 긍정적이고 적극적인 태도를 함양한다.

　◐ 미션 23 자신에게 내재한 성역할과 고정관념의 실체를 파악하고 이를 적극적으로 타파한다.

　◐ 미션 24 직업활동과 사회활동에 필요한 긍정적이고 적극적인 습관을 형성한다.

　◐ 미션 25 다양한 작업상황에 요구되는 전이할 수 있는 역량(문제 해결력, 진취성, 협업능력, 학습능력 등)이 무엇인지 안다.

　◐ 미션 26 시간 및 기타 자원관리, 자기관리, 모험을 감수할 수 있는 적극성 등을 적극적으로 개발한다.

일곱 번째는 합리적인 의사결정 및 진로계획의 수립 영역으로 대학생 단계에서는 지속적인 자기평가 과정을 통해 자신의 목표와 환경적 특성과 균형잡힌 진로계획을 수립하는 데 목적을 둔다. 이와 관련해 대학생들은 진로목표를 구체화하고 이를 달성하기 위한 실천전략을 계획한다는 목표를 수립하고 다음과 같은 미션을 수행해야 한다.

⊙ 미션 27 자기주도적 의사결정과 진로계획의 수립이 불확실한 미래를 실현 가능한 세계로 변화시킴을 이해한다.

⊙ 미션 28 자신에게 중요한 주위 사람(부모, 친구, 선배, 교수님 등)의 의견을 수렴해 의사결정 과정에 반영한다.

⊙ 미션 29 삶의 장기적 목표에 준해 대학 재학 중의 실행계획을 수립한다.

⊙ 미션 30 삶의 장기적 목표에 기초해 자기 자신 및 직업세계에 대해 탐색, 수집한 다양한 정보들을 평가하고, 자신에게 적합한 여러 가지의 진로대안(career alternatives)을 구체화하며, 각각의 장단점을 비교 · 분석한다.

⊙ 미션 31 수립된 계획은 개인 및 환경의 변화에 따라 수정될 수 있으며, 지속적으로 모니터링의 대상이 된다는 것을 이해하고 실천한다.

여덟 번째 영역은 진로계획의 실천 영역으로, 진로계획을 실천하고 그 과정을 모니터링해 계획의 수정·보완을 강조한다. 대학생은 진로계획의 실천과정 및 결과를 지속적으로 모니터링한다는 목표를 수립하고 다음과 같은 미션을 수행해야 한다.

◐ 미션 32 자신의 진로목적을 달성하기 위해 대학 재학 중에 중·단기 목표를 실천하기 위한 세부 전략을 수립한다.

◐ 미션 33 학교 내 또는 지역사회에서 자신의 진로목표와 관련한 다양한 체험(인턴십, 자원봉사) 활동에 참여한다.

◐ 미션 34 목표 실행과정을 지속적으로 모니터링하고 계획을 수정한다.

마지막으로 효과적인 구직 및 직업의 유지·전환을 위해 요청되는 역량을 강화한다는 데 목표를 두고 다음과 같은 과제를 수행해야 한다.

◐ 미션 35 취업준비에 학교나 지역사회의 다양한 취업정보 기관을 활용한다.

◐ 미션 36 일에 효과적으로 임하는 태도를 보여줄 수 있다.

◐ 미션 37 직업을 전환할 수 있다는 사실을 인식하고, 이에 필요한 지식, 기술, 태도를 이해한다.

인간이 성장하면서 해당 시기에 꼭 해야 하는 것이 있고, 만약 그것을 못하면 나중에 애로사항이 발생하는 것을 발달미션

(Development Task)이라고 한다. 대학생들도 재학 중 경력과 위의 37가지 진로개발 미션을 염두에 두고 노력해야 한다. 만약 이를 수행하지 못하면 취업에도 어려움을 겪으며, 나중에 사회에 나가서도 어려움을 겪게 된다. 선진국에서도 대학생들이 경력개발 목표와 수행해야 하는 내용을 정리해 보급하고 있다. 우리의 대학생들도 이런 목표와 내용을 참고해 대학생활을 보내기를 바란다. 아울러 대학 당국도 대학생들이 이런 영역에서 충분한 경험을 갖도록 최대한 지원해야 할 것이다.

이상과 같이 영역별·단계별로 어떠한 점에 대해 강조하는지를 기준으로 진로교육의 목표를 설정했다.

대학생 진로탐색시 고려사항

직업 선택에도 나름대로의 이론과 원리가 작용하는데 이를 고려한 진로탐색이 올바른 직업 선택을 위하여 꼭 필요하다. 진로를 선택할 때에는 다음의 사항을 고려해야 한다. 자기 스스로 결정하고 현실적으로 실현가능성이 있어야 하며, 장래에 자신이 하고 싶은 일을 구체적으로 정하고, 모든 결정을 한두 가지 기준만으로 내려서는 안 된다. 많은 정보를 평가·분석한 후 그중에서 가장 장점이 많은 진로를 선택하는 것이 합리적이며 자신감 있게 진로를 결정하고 결정된 진로에 대해서는 꼼꼼하고 철저하게 준비하고, 가능하면 결정시기를 빨리 정한다. 즉, 1·2학년 때 진로를 결정하는 것은 그만큼 준비기간이 늘어난다는 것을 의미한다.

최근 대학 졸업생들의 취업 부진이 심각한 사회문제로 대두되고 있다. 그만큼 대학생들에게 진로탐색의 중요성은 더욱 강조된다. 같이 대학을 졸업했어도 어떤 사람은 쉽게 취업이 되고 어떤 사람은 취업이 안 된다. 그 이유는 무엇일까? 취업이 되는 사람과 그렇지 못한 사람의 특징은 자신의 진로를 얼마나 충실하게 탐색했는가, 아닌가에서 찾을 수 있다.

대학 재학 중에는 전공 공부하기도 바쁜데 왜 직업진로 탐색까지 해야 할까? 그 이유는 대학생들이 대학을 졸업하고서도 빠른 시간 내에 자신이 원하는 직업을 갖지 못하고 있는 점에서도 찾을 수 있다. 필자가 정부에서 대학 졸업자들을 대상으로 추가로 교육을 시켜주고 인턴제를 실시하는 프로그램이 증가하고 있다. 실제로 그곳에 강의하러 갈 때마다 느끼는 것은 자신이 무엇을 하겠다는 뚜렷한 목표의식이 없는 경우와 자신에 대한 정확한 이해를 하지 않았기 때문인 경우가 가장 일반적이다.

실제로 대학 졸업생들을 교육해보면, 교육 담당자들이 교육생들에게 직업을 가져야 한다는 의지를 갖고, 인생의 목표를 정립하라고 자극을 주어야 할 정도로 대졸 교육생들은 목표의식이 없는 형편이다. 졸업생 중에는 '대학 재학 중에 이런 경험을 했더라면 졸업 후 진로가 더욱 명확했을 텐데' 하고 후회하는 경우가 많다.

이런 상황을 막기 위해서라도 대학생의 진로탐색은 꼭 필요하다. 대학생들이 자신에 대하여 알고 목표를 잡기 위해서라도 대학생활 중 진로탐색을 반드시 하도록 해야 한다. 직업진로에 대한 탐색을 통하여 자신을 깊이 알고 환경을 정확하게 파악해 자신의 가치, 흥미, 능력, 라이프스타일과 일치하는 현실적인 목표를 설정하고 적합한 전략을 개발하고 실행, 변화하는 환경에 적응할 수 있도록 계속적인 피드백을 받을 수 있다. 대학생들은 직업진로탐색을 통하여 최적의 희망직업을 선택할 수 있고, 자신의 내적 특성을 심층적으로 이해할 수 있고, 진로정보에 대한 지식을 획득하거나 의사결정능력을 신장하고, 진로의식의 성숙을 가져올 수 있다.

대학생들에게 직업진로탐색을 위해 어떤 기회가 주어질까? 현재 대학생들이 체험할 수 있는 진로탐색의 기회는 정부의 취업지원제를 들 수 있으며, 정부부처별로 다양한 취업지원제(인턴제)를 실시하고 있다. 다음은 대학의 취업지원제이다. 대학 내에서 대학생들이 서비스받는 진로 및 취업 서비스는 학교생활연구소 상담검사, 취업관련 세미나, 취업부업 정보, 취업 전산망, 학과 지원 서비스, 진로 관련 교과목 수강, 고용 관련기관 방문 등이 있다.

대학생의 진로탐색 과정

대학 재학 중 직업진로탐색은 어떤 절차를 따라하면 좋을까? 직업진로탐색 과정은 문제해결 과정이며 의사결정 과정이어야 한다. 직업진로 탐색을 위한 단계모형이 진행되는 과정은 다음과 같은 5가지 단계를 포함하는 것이 바람직하다.

첫째, 직업진로 관련 문제에 관한 정보를 얻고 분석하는 직업진로탐색 단계이다. 이와 관련해 사회·경제적 배경의 변화에 대한 이해를 기초로 한다. 세부적으로 일이 개인 삶의 다양한 측면(여가, 가정생활, 사회생활 등)에 끼치는 영향을 이해하고, 일이 삶에서 가지는 중요성을 알고 사회·경제적인 변화(세계화 등)가 개인의 진로개발에 끼치는 영향을 이해하고 대응하며 사회적, 기술적, 산업 및 직업의 변화가 개인의 삶에 끼치는 영향을 이해할 수 있어야 한다.

둘째, 자기 자신과 환경에 대한 인식 단계이다. 이는 다시 말해 자신의 역량을 발견하고 자기진단을 해보는 것을 의미한다. 자기 자신과 환경에 대해 인식을 할 때 우리는 자신과 환경의 철저한 인식을 통해 적합한 직업진로 목표를 정하고 적합한 전략을 개발해 나갈 수 있게 된다. 실제로 자신과 일에 대한 정확한 평가 없이 현실적인 목표를 세우는 것은 어려운 일이다. 중요한 점은 목표가 자신과 환경에 대한 인식을 토대로 설정될 때 좀 더 적합하고 현실적이 될 가능성이 높다는 것이다.

셋째, 직업진로목표 설정 단계이다. 직업진로 목표란 개인이 경력상 도달하고 싶은 미래의 지위와 능력을 말한다.

넷째, 직업진로 전략 단계이다. 직업진로 전략이란 개인이 직업진로목표를 달성하는 것을 돕기 위한 일련의 활동을 의미한다. 이를 통하여 직무에서의 역량 증대, 일에 대한 몰입 증대(열심히 일함), 능력 개발(훈련과 직무경험을 통함), 기회개발(연락망 구축), 지원관계개발(멘토, 스폰서, 동료 등), 이미지 형성(성공적인 모습을 보여줌), 조직 내의 정치 이해이다.

마지막 단계는 진로개발과정 평가 단계이다. 진로개발과정 평가는 개인이 직업진로와 관련된 피드백을 얻고 사용하는 과정이다. 진로개발과정 평가는 직업진로를 탐색하는 데 있어 어떠한 역할을 수행할까? 직업진로 관리를 규칙적이고 지속적으로 해야 하는 이유는 무엇일까? 계속적이고 적극적인 직업진로 관리가 없으면 과거의 잘못이 반복될 수 있다. 변화하는 환경 또한 지속적인 직업진로 관리를 요구하고 있다. 사람들도 변한다는 점이다.

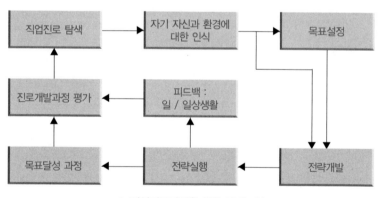

◆ 직업진로탐색을 위한 단계모형

원하는 직업으로 인생의 가치 실현

앞으로 대학에서 다루는 진로탐색 과정은 다음과 같은 목표를 충족시켜주어야 한다. 대학생들이 가까운 미래(1~4년 후)에 자신이 진정으로 원하는 직업을 가지고 인생의 가치를 실현해나갈 수 있도록, 직업에 대한 올바른 관점을 심어주고 직업진로목표 및 목표달성 전략수립 방법론을 알아 학생들이 자신의 직업진로를 자기주도적으로 설정, 개발해나가도록 안내하는 데 그 목적을 두어야 한다.

진로탐색에서 다루어야 할 내용으로는 변화하는 직업세계를 전망하고 올바른 직업 선택을 위한 직업진로탐색의 중요성을 인식할 수 있어야 한다. 직업진로탐색을 위한 출발점은 '자기 자신을 아는 것'이다. 다양한 진단도구(직업흥미, 성격유형, 직업가치관 검사 등)를 통해 직접 자기진단을 해봄으로써 개인의 진정한 실체를 이해할 수 있어야 한다. 또한 개인이 지향하는 인생의 가치를 도출하고 그 가치들에 기초해 자신이 진정으로 원하는 직업진로목표를 설정할 수 있어야 한다. 직업진로목표를 달성하기 위해 요구되는 구체적이고 체계적인 실행전략을 장·단기적인 시각에서 수립할 수 있어야 한다.

최근 새로운 이슈로 부각되고 있는 '창업'에 대해 객관적인 시각을 정립하고 창업을 준비하는 데 필요한 제반 방법들을 이해할 수 있어야 한다. 기업이 바라는 인재상과 주요 기업들의 인재 선발기준을 이해하고 구직 성공을 위한 셀프마케팅 능력을 함양할 수 있어야 한다. 이와 함께 대학생들은 진로의 중요성을 인식해야 하고, 인생의 목표를 설정하도록 유도하고 진로탐색 기회를 통해 객관적으로 자신을 볼 수 있도록 하고, 앞으로의 직업세계에 대해 이해해야 한다. 또한 대학생들이 필요한 교육훈련이나 자격에 대해 알게 하고, 모든 직업에 공통적으로 요구되는 직업 기초능력을 기르며, 성공직업인에 대해 올바로 이해하고 자신이 본받고자 하는 성공직업인을 멘토로 삼아 배움을 얻는 과정과 평생 공부하는 자세를 갖도록 해야 한다.

02
평생 경력개발을 위해
고려해야 할 요소

대학생들에게 경력개발은 왜 필요할까? 우리는 평생에 걸친 경력개발(life long career development)을 해야만 한다. 대학을 졸업하고서도 계속 공부를 해야 하는 평생학습시대(LLL ; Life Long Learning)에 평생에 걸쳐 수차례 경력전환(career transition)을 해야 하는 시대에 살고 있기 때문이다.

대학생들은 졸업 후 약 70세까지 경력활동을 해야 한다. 그러므로 대학은 미래의 경력개발을 준비하는 방향으로 학생지도의 초점을 전환해야 한다. 대학생들이 각 직업에 공통적으로 요구되는 직업기초능력을 갖추도록 해야 하며, 올바른 음주습관, 올바른 인터넷 활용습관, 성희롱 예방 등에 대해 대학 재학 중 학생 생활지도 차원에서 다루어야 한다.

대학은 16년간의 학업생활을 정리하고 사회로 진출(school to Work)하는 시기이고 학업생활을 마무리하는 단계이다. 이 시기의 대학생들은 직업생활에 필요한 능력을 키워야만 한다. 그러기 위해 대학생들이 장래의 경력개발을 위해 고려해야 할 몇 가지 요인에 대해 생각해 보자.

　　우선 대학생으로서 자신을 알고자 노력하며 긍정적으로 자신을 보는 연습을 하자. 대학생들의 경력개발의 첫 단계는 자신의 특성을 알고 긍정적인 자아개념을 갖도록 하는 데 초점을 두어야 한다. 대학생들은 자기이해를 심화하고, 자신을 긍정적으로 수용해야 한다. 이를 위해 다음과 같은 몇 가지 접근법이 필요하다.

　　첫째, 대학생들은 자기 자신에 대해 정확하게 볼 수 있어야 한다. 대학생들을 대상으로 직업뿐만 아니라 사회의 모든 대상에 대해 자신이 좋아하는 것과 싫어하는 것을 알도록 해야 한다. 이를 위해 대학생들에게 '100문 100답' 같은 방식으로 대학생 스스로 자신에 대해 다각도로 접근해봐야 한다.

　　둘째, 자신이 잘하는 것과 못하는 것을 알 수 있도록 기회를 제공해야 한다. 이를 위해서는 대학에서 적성검사를 실시하고, 자신이 희망하는 분야에 대해 직접 체험함으로써 과연 학생 자신이 그 분야에서 잘 해낼 가능성이 있는지 탐색할 수 있는 기회를 제공해야 한다.

　　대학생들이 남과 다른 나만의 독특하고 차별화된 점을 찾도록 하기 위해 성격검사를 실시하는 방법도 있다. 대학생들은 자신이 처한 환경(가정환경, 대학환경, 지역사회환경 등)에 대해서도 정확하게 알아야 한다. 대학생들이 다양한 환경 속에서 그 환경을 어떻게 이해하며, 어떠한 태도를 가져야 하는지에 대해서도 정확히 이해해야 한다.

셋째, 대학생들이 자신에 대해 긍정적인 생각을 갖도록 해야 한다. 특히 '나는 괜찮은 존재'라고 인식하도록 해 긍정적인 자아상을 갖고 자신도 노력하면 무엇이든지 할 수 있다는 바람직한 자아개념을 갖도록 해야 한다. 부정적인 자아개념을 가진 사람은 자신이 나아갈 방향에 대해 자신감도 없고 어떤 문제든 실현가능성을 낮게 보지만, 자아개념이 긍정적인 사람은 자신이 나아갈 목표를 명확하게 볼 수 있다.

다른 사람과 어울리는 방법 배워야

다른 사람과 긍정적으로 상호작용하는 법을 배워야 한다. 최근 EQ와 NQ라는 용어가 강조되고 있다. 우리가 아는 EQ는 정서지수지만 최근에는 남들과 잘 어울리는 정도를 의미한다. 또한 NQ(Network Quotient)는 공존지수라고 하는데 여러 사람 중 나를 도와줄 지원군을 만드는 것이라 할 수 있다.

이를 위해 먼저 대학생들이 다른 사람들과 잘 어울릴 수 있도록 지도해야 한다. 일부 대학생들 중에 졸업 후 어렵게 취업이 됐다 하더라도 인간관계의 어려움 때문에 직장을 그만두는 경우가 많다. 대학에서 긍정적이고 효과적인 대인관계를 형성하고 유지하는 데 필요한 지식, 기능, 태도를 충분히 이해하고 활용해야 한다. 그리고 결정적인 시기에 도움을 줄 수 있는 네트워크의 중요성을 인식하고 네트워크 유지능력을 길러야 한다.

다른 사람과의 긍정적인 상호작용의 중요성을 인식하고, 다양한 상황 속에서 긍정적인 대인관계를 통해 사회적 관계망을 확대하고 발전시켜야 한다. 이와 관련해 대학생들은 다양한 상황에서 다른 사람과 긍정적으로 상호작용하는 것을 목표로 세우고, 직업생활 및 일상생활에서 다른 사람과의 긍정적인 관계가 중요한 영향을 끼친다는 사실을 이해해야 한다. 그리고 다른 사람과 효과적으로 상호작용하기 위해 어떠한 지식, 기능, 태도가 필요할지 이해하고 이를 위해 필요한 기술을 익혀야 하며, 개인 및 집단 상황에서 자신의 감성과 생각을 적절한 방식으로 표현한다는 미션을 성공적으로 수행해야 한다.

이는 대학생들의 커뮤니케이션 능력이 향상되어야 함을 의미한다. 특히 대학생들의 글쓰기 능력이 향상되어야 한다. 최근 RQ(writing quotient)라고 하는 대학생들의 글쓰기 능력이 한층 더 강조되고 있다. 취업에 필요한 자기소개서를 쓸 때나 취업 후에 사회생활을 하는 데에도 글쓰기는 매우 중요한 능력이므로 학과지도에 학생들의 글쓰기 능력 향상을 위한 과정이 반영되어야 한다.

사회에 진출하기 위해서는 자신을 채용하는 사람들에게 어필할 수 있는 셀프마케팅 능력과 자신 있게 자신의 의견을 제시할 수 있는 프레젠테이션 능력이 필요하다.

다양한 활동을 통해 상호작용의 기회도 확대해야 한다. 대학의 학생회 활동이나 동아리 활동을 다른 사람과 어울리는 방법을 배우는 과정으로 지도해야 한다. 또한 대학에서는 대학생들의 대인관계 능력을 높이기 위한 전략을 세워야 한다. 대학 당국은 대학생들이 알코올중독은 아닌지, 대인관계에서 폭력적 성향은 없는지 등을 점검할 기회를 주고 필요하면 이를 대학 재학 중에 고치거나 개선할 수 있도록 기회를 제공해야 한다.

대학생활 중 알코올중독이 돼 졸업 후 직업생활을 하지 못하는 경우도 있다. 올바른 음주습관을 갖지 못하면, 최근 강조되는 다면적 면접의 한 방법인 음주 면접시에 불리하게 작용할 수도 있다.

또한 흡연자의 90%가 25세 이전에 흡연을 시작하므로 대학생에 대한 흡연지도도 필요하다. 2004년 한국금연연구소의 조사결과 흡연경험이 있는 대학생의 비율이 42.7%로 급격히 높아졌으며 여대생의 비율도 높아지고 있다고 한다. 성별로는 남학생이 64%, 여학생이 21.5%의 흡연율을 보였고, 학년별로는 1학년 32.8%, 2학년 38%, 3학년 45.75%, 4학년 54%의 흡연율을 보였다. 특히 10명 중 7명에 해당하는 69%의 대학생들이 담배를 단순한 기호품으로 인식하고 있었고, 흡연 학생 중 93%가 캠퍼스에서 담배를 피우고

86.4%는 심지어 캠퍼스 건물 내에서도 담배를 피우는 것으로 조사됐다.

최근 대학가에는 데이트 폭력이라고 해서 데이트 과정에서 남학생들이 여학생에게 성폭력을 행사하는 경우가 종종 발생하고 있다. 데이트 폭력은 강간뿐만 아니라 원치 않는 신체적 접촉, 음란전화, 인터넷 등을 통해서 접하게 되는 불쾌한 언어와 추근댐, 음란한 눈빛으로 바라보는 것 등 상대의 의사에 반해 성적으로 가해지는 모든 신체적, 언어적, 정신적 폭력을 말한다. 또한 성폭력에 대한 막연한 불안감이나 공포, 그리고 그것으로 인한 행동제약도 간접적인 성폭력에 해당한다. 이러한 부분에 대해서도 적절한 지도가 필요하다.

다양한 학습활동에 참여해야

평생학습의 중요성을 인식하고 공부하는 법을 배워야 한다. 대학생들은 평생에 걸쳐 각 단계에서 요구되는 학습의 중요성을 절감하고 적극적으로 참여하는 습관과 태도를 가져야 한다.

국제화 시대에 외국어는 필수이다. 전문대 학생들은 4년제 대학생에 비해 외국어 공부에 상대적으로 소홀할 수 있으므로 영어, 중국어, 일본어를 재학 중 학습할 수 있도록 기회를 최대한 제공해야 한다.

대학생들은 평생학습의 중요성을 이해하고 다양한 학습의 장에 적극적으로 참여하려는 목표를 가지고 고용 및 산업구조의 변화로 인해 요구되는 평생학습의 필요성을 이해해야 한다. 학습에 대한 긍정적인 태도와 습관을 함양하는 것이 진로결정 및 자신의 지속적인 경력개발에 도움을 줄 것이다. 자신에게 맞는 학습전략을 정하고, 학교 안팎에서 제공하는 다양한 학습활동에 참여하도록 해야 한다.

● 대학생이 포함된 청년층의 인터넷 이용부문(복수응답)   (단위 : %)

구분	인터넷 이용자	자료/정보 검색	메일 사용	쇼핑/ 예약	채팅/ 메신저	게임	인터넷 뱅킹	학습	오락	동호회	신문 뉴스 잡지	기타
20~24세	100.0	98.3	97.8	75.3	91.2	71.3	43.0	39.8	84.6	41.4	94.3	85.4
남자	100.0	98.9	97.0	74.0	92.4	82.1	41.7	41.4	84.0	49.1	94.7	86.4
여자	100.0	97.7	98.7	76.5	89.8	60.1	44.4	38.1	85.3	33.3	94.0	84.3

※ 자료 : 한국인터넷정보센터 「정보화실태조사보고서」 2005
※ 주 : 인터넷을 한 달에 한 번 이상 이용하는 경우에 한해서 집계

각종 정보를 탐색, 해석, 평가, 활용하는 능력을 기르자. 대학생들은 자신의 교육 및 직업과 관련 있는 정보를 탐색, 수집해 자신의 필요에 맞게 해석, 활용할 수 있어야 한다. 이를 위해 상급학교 진학을 포함한 교육 및 취업정보에 대해 깊이 이해해야 한다. 그러나 이보다는 실제 다양한 정보원으로부터 각종 정보를 탐색, 수집하는 실천적인 활동이 강조돼야 한다. 이러한 능력을 개발하기 위해 단순한 정보의 탐색에 국한하던 것을, 점차 궁극적으로는 자신만의 정보를 생성, 관리하는 능력으로 확대해야 한다. 이를 통해 단

순한 정보 수집자가 아닌 적극적으로 정보를 개발하는 역할을 강조했다.

　대학생들은 자신의 경력개발에 필요한 정보를 탐색, 해석, 평가, 활용한다는 목표를 가지고 다음과 같은 미션을 수행해야 한다. '알고 하는 선택'을 위한 정보의 중요성을 인식한다. 다양한 정보원이 있음을 인식한다. 다양한 정보원을 활용해 직업정보, 노동시장의 정보, 그리고 최근 직업세계에서의 동향을 파악한다. 탐색한 정보의 신뢰성을 해석, 평가하고 활용한다. 특정 분야의 전문가를 정보원 또는 멘토로 삼아 자문을 한다. 다양한 종류의 정보원을 활용해 교육 및 훈련(대학원, 편입, 훈련기관 및 프로그램 등)에 대한 정보를 수집, 평가, 활용한다.

　정보 활용과 관련해 대학생의 10%가량이 학업이나 다른 일에 악영향을 끼칠 정도로 과도하게 인터넷을 사용하고 있는 것으로 나타났다. 특히 게임과 채팅이 주로 문제가 되고 있다. 인터넷 중독의 주요 증상으로 대부분 주의가 산만하거나 우울증을 앓고 있고, 대인관계를 기피하는 증상을 보이며 이 같은 증상이 인터넷 중독을 더욱 가속화하고 악화시키고 있다. 인터넷 중독은 우울증과 밀접하다. 우울감이나 삶의 어려움을 인터넷으로 보상받으려 한다거나 우울한 감정을 줄이려는 경향을 띤다. 또한 강박적인 성향도 많이 나타난다. 주의집중력 저하와 과잉 행동성, 충동성 등이 보인다. 인터넷 중독자는 충동조절의 어려움, 학업능력의 저하, 잦은 결석, 부모와 갈등심화 등이 나타난다. 인터넷 중독자들의 우울증 유병률은 20.4%로 높았다. 불안증 유병률도 46.7%로 매우 높았다. 전체적으로 인터넷 중독에 의해 수면부족, 일상생활에 지장을 주거나 건강 악화, 생활 파괴 등의 증상이 나타나고 있다.

긍정적인 직업가치와 태도 형성

대학 재학 중에 사회, 경제를 거시적으로 보는 눈을 기르자. 대학생들이 앞으로 사회, 경제가 어떻게 변화할 것인지에 대해 충분히 생각할 수 있는 기회를 제공해야 한다. 일 · 경제 · 사회 간의 관계를 이해하고 변화하고 있는 환경이 개인의 경력개발에 끼치는 영향을 예측하고 이에 대응할 수 있어야 한다. 대학생들은 사회 · 경제적인 변화가 개인 삶과 직업에 미치는 영향을 이해하고 예측하는 데 목표를 두고 일이 개인 삶의 다양한 측면(여가, 가정생활, 사회생활 등)에 끼치는 영향을 이해하여 일이 삶에서 차지하는 중요성을 알도록 한다. 사회 · 경제적인 변화(세계화 등)가 개인의 경력개발에 미치는 영향과 사회적, 기술적, 산업 및 직업의 변화가 개인의 삶에 미치는 영향을 이해한다는 미션을 수행하도록 한다.

대학생들은 자기 자신의 생활에서부터 긍정적인 직업가치와 태도를 갖도록 훈련을 받자. 대학생들은 일과 직업에 대한 긍정적이고 적극적인 태도와 가치를 지녀, 개인의 경력개발과 만족스러운 직업생활을 영위할 수 있도록 한다.

대학생은 긍정적인 조직문화 형성과 생산적 사회구성원으로서 요구되는 태도와 습관을 갖는다는 목표를 가지고 직업활동과 사회활동에 필요한 긍정적이고 적극적인 태도를 함양한다. 자신에게 내재한 성역할 고정관념의 실체를 파악하고 이를 적극적으로 타파해야 한다. 직업활동과 사회활동에 필요한 긍정적이고 적극적인 습관을 형성해야 한다. 다양한 작업상황에 요구되는 전이할 수 있는 역량(문제해결력, 진취성, 협업능력, 학습능력 등)이 무엇인지 안다. 시간 및 기타 자원관리, 자기관리, 모험을 감수할 수 있는 적극성 등을 적극적으로 개발한다는 미션을 수행해야 한다.

그리고 합리적으로 의사결정하고 장기적인 경력개발 계획을 수립하는 능력을 기르자. 대학생들은 지속적인 자기평가 과정을 통해 자신의 특성과 환경적 특성이 균형 잡힌 경력개발을 수립할 수 있어야 한다. 대학생들은 진로목표를 구체화하고 이를 달성하기 위한 실천전략을 계획한다는 목표를 수립하고 자기주도적 의사결정 및 경력개발의 수립이 미래의 불확실함을 실현 가능한 세계로 변화시킨다는 것을 이해해야 한다. 자신에게 중요한 주위 사람들(부모, 친구, 선배, 교수님 등)의 의견을 수렴해 의사결정 과정에 반영해야 한다. 삶의 장기적 목표에 준해 대학 재학 중에 실행계획을 수립해야 한다. 삶의 장기적 목표에 기초해 자기 자신 및 직업세계에 대해 탐색, 수집한 다양한 정보들을 평가하고 자신에게 적합한 여러 가지의 경력대안(career alternatives)을 구체화하며, 각각의 장단

점을 비교 · 분석해야 한다. 수립된 계획은 개인 및 환경의 변화에 따라 수정될 수 있으며, 지속적으로 모니터링의 대상이 된다는 것을 이해하고 실천한다는 미션을 수행해야 한다.

인생에 '목표가 있느냐, 없느냐' 하는 사소한 차이가 삶에 큰 차이를 만든다. 다시 말해 인생에서 간절히 바라는 목표를 하나의 글로 만드는 사소한 작업이 인생의 성공 여부를 가리는 중요한 계기가 된다.

대학생들은 자신의 경력개발을 단계적으로 실천하고 그 과정을 지속적으로 모니터링해 계획을 수정 · 보완할 수 있어야 한다. 자신의 진로목적을 달성하기 위해 대학 재학 중 실천해야 할 중 · 단기 목표를 실천하기 위한 세부 전략을 수립한다. 학교 내 또는 지역사회에서 자신의 진로목표와 관련한 다양한 체험(인턴십, 자원봉사) 활동에 참여한다. 목표실행 과정을 지속적으로 모니터링하고 계획을 수정한다.

대학생은 구직 및 직업의 유지, 전환에 요청되는 역량을 강화하기 위해 취업준비시 학교 내 또는 지역사회의 다양한 취업정보기관을 활용해 일에 효과적으로 임하는 태도를 보여줄 수 있으며, 직업을 전환할 수 있다는 사실을 인식하고 이에 필요한 지식, 기술, 태도 등을 배우도록 한다.

● 대학생이 포함된 청년층의 생활시간 활용 (단위 : 시간)

	20~29세		
	평일	남	여
일	4:28	4:43	4:15
학습	0:56	1:05	0:47
가정 관리	0:46	0:13	1:16
가족 보살피기	0:26	0:05	0:46
참여 및 봉사활동	0:09	0:18	0:01
교제 및 여가활동	4:43	5:09	4:20
이동	1:58	2:01	1:55
기타	0:09	0:08	0:11

※ 자료 : 「2004년 생활시간 조사보고서」 통계자료 138쪽, 통계청

직업세계로 본격적인 이행 준비

인간이 성장하면서 어떤 해당 시기에 꼭 해야 하는 것이 있고 만약 그것을 못 하면 나중에 애로사항이 발생하는 것을 발달미션이라고 한다. 대학생들도 재학 중 경력 및 경력개발 미션을 염두에 두고 노력해야 하며, 만약 이를 수행하지 못하면 취업하는 데 또는 사회에 나가서도 어려움을 경험하게 된다.

선진국에서는 대학생들이 경력개발 목표와 수행해야 하는 내용을 정리해 보급하고 있다. 우리의 대학생들도 이런 목표와 내용을 참고해 대학생활을 보내기를 바란다. 아울러 대학 당국도 대학생들이 이런 영역에서 충분한 경험을 갖도록 최대한 지원해야 한다. 먼저 대학들이 리더십을 갖도록 하자. 대학생들이 상대적으로 규모가 작은 대학에서 리더십을 발휘할 수 있는 기회를 많이 갖도록

해야 한다. 대학생에게 다양한 기회를 제공하자. 이제 우리 사회는 모범생들의 시대는 가고 대신 다양한 경험을 가진 사람들이 각광을 받는 시대가 되어가고 있다.

대학생들에게도 창의적으로 생각하고 행동할 수 있는 기회를 주자. 도덕적으로 사는 것의 장점을 일깨워주자. 무슨 일이든 열심히 하게 하자. 글쓰기 능력을 키워주자. 남들과 잘 어울리게 하자. 정보화 시대에 필요한 능력을 갖게 하자. 그러나 정보화의 역기능인 인터넷 중독 등에 빠지지 않도록 하자. 외국어 능력을 길러주고 국제화 감각을 터득할 수 있는 기회를 제공하자.

대학생 시기는 학교에서 직업세계로 본격적인 이행을 준비하는 단계이다. 이 시기를 어떻게 보내느냐에 따라 평생 경력개발이 달라지는 만큼 더욱 신경을 써야 한다.

03

대학생활과 출신고교 유형별 진로 비교

　이명박 정부의 출범과 함께 고교 교육의 다양화를 위한 정책이 추진되고 있다. 100개 자율형 사립고교의 설치 및 운영, 150개 기숙형 공립고교, 50개의 마이스터 고교 교육이 그것이다. 자사고(자율형 사립고)를 확대하겠다는 것은 이런 형태의 학교가 더욱 효율적이라는 전제를 가지고 있다고 보인다. 그렇다면 자사고와 유사한 특목고 등의 학생들은 진로 및 대학생활에서 인문계 고교나 전문계 고교 출신과 어떤 차이가 있을까?

　최근 우리나라 전문계 고교생 중 상당수가 상급학교 진학에 많은 관심을 두고 있다. 그중에서도 2·3년제 대학에 많이 진학하고 있다. 상업계 고교생의 86.6%, 공업계 고교생의 87.4%, 농수산해양 고교생의 89.6%라고 한다. 그러나 전문계 고교생 중 4년제 대학에 진학한 경우는 그리 많지 않다. 4년제 대학 졸업생 11만 5,972명의 12.9%인 1만 4,936명과 교육대학 졸업생 중 58명만이 전문계 고교 출신이다. 전문계 고교 출신 4년제 대학생의 대학생활에 관한 연구가 거의 없는 편이다. 이에 특목고 등 전문계 고교, 인문계 고교 출신 4년제 대학생들이 대학생활과 진로에서 어떤 차이가 있는지를 비교해보고자 한다. 2·3년제 대학과 교육대학은 분석에서 제외했다.

분석에 앞서 한국고용정보원에서 실시한 전문대 이상 대졸자들의 직업 이동경로를 파악하기 위해 2006년 10월 16일~12월 8일에 실시한 대졸자 직업 이동경로 조사의 결과를 활용했다. 이 자료에서는 2005년 대졸자 50만 2,764명의 자료가 조사됐다. 그중에서 4년제 대학생 26만 6,958명을 대상으로 분석을 실시했다. 그중 인문계 고교 문과가 11만 9,481명, 이과 12만 2,509명, 상업계 고교 8,487명, 공업계 고교 5,999명, 농업수산해양계 고교 450명, 외국어고 4,002명, 과학고 644명, 예체능고 4,024명, 자사고와 자율학교 등 기타 677명, 무응답 785명을 분석했다.

문과와 이과를 인문계 고교(24만 1,990명)로, 상업·공업계·농업·수산·해양고를 전문계 고교(1만 4,936명)로, 외국어고·과학고·예체능고·자사고·자율학교를 특목고(9,347명) 등으로 구분했다.

4년제 대학생의 대학생활

입학과정

먼저 대학을 선택한 이유로 인문계 고교 출신은 성적을 많이 보았지만 전문계 고교 출신은 취업을 바라보고 있었다. 그리고 전공을 선택하는 데 있어서도 취업이 중요한 요인이었다.

전문계 고교 출신 대학 재학생들이 '졸업 이전에 다른 대학을 다녔는가?'라는 질문에 39.1%가 이전에 다닌 대학이 있다고 해 특목고 출신 9.3%에 비해 인문계 출신(14.5%)이 월등하게 높게 나타나고 있었다. 이전에 다닌 학교의 형태는 전문계 고교 출신들은 전문대학이 80.4%로 나타나 고교 졸업 후 즉시 4년제 대학에 진학하기보다는 전문대학을 다니다가 4년제 대학으로 편입하는 경우가 가장 많았다.

반면 인문계 고교 출신과 특목고 등 출신들은 다른 대학에 다니다가 재입학하는 경우가 가장 많았다. 인문계 고교와 특목고 등에서는 보다 신중한 진학지도를 실시해 재입학하는 경우가 줄어들어야 할 것이다.

● 졸업한 대학 선택 이유

(단위 : 명, %)

구분	전문계 고교	인문계 고교	특목고 등	전체
(수능 및 학교) 성적에 맞춰서	2,370	82,600	2,376	87,346
	15.9%	34.1%	25.4%	32.8%
전공분야를 고려해서	8,164	101,458	4,828	114,450
	54.7%	41.9%	51.7%	43.0%
부모님이나 선생님의 권유로	801	22,714	813	24,328
	5.4%	9.4%	8.7%	9.1%
친구나 선배의 권유로	532	3,220	134	3,886
	3.6%	1.3%	1.4%	1.5%
통학거리가 가까워서	1,284	9,545	277	11,106
	8.6%	3.9%	3.0%	4.2%
학교의 사회적 인지도 (명성)가 높아서	500	9,203	533	10,236
	3.3%	3.8%	5.7%	3.8%
졸업 후 취업이 잘될 것 같아서	735	8,117	150	9,002
	4.9%	3.4%	1.6%	3.4%
기타	538	5,084	236	5,858
	3.6%	2.1%	2.5%	2.2%
모름/무응답	12	49	0	61
	0.1%	0.0%	0.0%	0.0%
전체	14,936	241,990	9,347	266,273
	100.0%	100.0%	100.0%	100.0%

대학생활

대학생들의 대학생활에 대한 만족도를 여러 항목별로 보면 5점 만점에 자신의 전공이 3.61점으로 가장 높았으며, 학과 교수진이 3.44점, 교육시설은 3.34점이었다. 이어 수업방식이 3.22점, 학과 커리큘럼 및 내용이 3.21점, 학생복지시설은 3.16점으로 중간 정도였으나, 학교의 여러 프로그램(장학제도, 인턴십 등)은 3.08점, 학교 취업지원 활동은 2.77점으로 상대적으로 매우 낮았다. 4년제 대학생들은 출신고교에 관계 없이 대학의 학교교육 여건에 대한 만족도가 거의 비슷하게 타나나고 있었다. 전문계 고교 출신은 다른 고교 형태에 비해 교육내용에 대한 만족도가 상대적으로 높았다. 즉 학과 커리큘럼 및 내용, 교수진, 수업방식에 대해 만족도가 높았으나 학교취업지원 활동에 대해서는 만족도가 상대적으로 낮았다.

대학 졸업자 중 졸업 전 취업목표가 있었던 경우가 55.4%, 없었던 경우는 44.6%로 상대적으로 높은 비율을 나타냈다. 목표가 있어도 4학년 때 목표를 설정하는 경우가 가장 많았다. 또한 목표가 있다고 해도 그 달성률은 39.4%에 불과해 대학생들의 취업목표가 없거나 달성하지 못하는 문제가 있는 것으로 나타났다. 유형별로는 전문계 고교 출신이 목표가 없는 경우가 가장 많았다.

전문계 고교 출신 4년제 대학생 중 복수전공, 부전공, 연계과정을 이수한 경우는 14%로 인문계 고교의 21.4%와 특목고 등의 25.4%에 비해 낮게 나타났다.

전문계 고교 출신 4년제 대학생들은 인문계 고교 출신 대학생이나 특목고 등 출신 대학생에 비해 휴학을 하는 비율이 낮았다. 전문계 고교 출신은 가정형편상 휴학하는 비율이 높았지만 다른 고교 출신들은 해외 연수와 자격증 취득을 목적으로 하는 휴학이 높았기 때문이다.

전문계 고교 출신 4년제 대학생들은 다른 고교 출신에 비해 본인이 스스로 학비를 벌어야 하는 경우와 학자금 융자에 의존하는 비율이 상대적으로 높았다. 반면 인문계 고교 출신과 특목고 등 출신들은 부모에 의존하는 비율이 상대적으로 높았다.

대학생활의 결과를 나타내주는 요소 중의 하나는 최종 학점이다. 대학졸업생들이 평가한 결과 학점이 상위라고 평가한 경우가 전문계 고교 출신은 49.5%, 인문계 고교 출신은 51.0%, 특목고 등 출신 등은 52.9%로 각각 나타났다. 특목고 등 출신이 가장 학점이 좋다고 응답했지만 전문계 고교 출신도 4년제 대학에서 성적이 우려한 것만큼 크게 떨어지는 것은 아닌 것으로 보인다.

● 졸업학점 등급 (단위 : 명, %)

구분	전문계 고교	인문계 고교	특목고 등	전체
최하위권	72	1,058	16	1,146
	0.5%	0.4%	0.2%	0.4%
하위권	622	9,052	397	10,071
	4.2%	3.7%	4.2%	3.8%
중위권	6,860	108,320	3,990	119,170
	45.9%	44.8%	42.7%	44.8%
상위권	5,520	100,260	3,653	109,433
	37.0%	41.4%	39.1%	41.1%
최상위권	1,862	23,300	1,292	26,454
	12.5%	9.6%	13.8%	9.9%
계	14,936	241,990	9,348	266,274
	100.0%	100.0%	100.0%	100.0%

졸업 후 진로

대학생들의 졸업 후 수입을 목적으로 1주간 1시간 이상 일을 하거나, 일정한 보수 없이 자기 가족의 사업체에서 주당 18시간 이상 일한 적이 있는 사람을 취업자로 간주할 때 2005년 졸업자의 1년 6개월에서 2년 2개월 후(평균 20개월 후)의 취업률은 어떠할까? 여기서 취업률은 (취업자/2005년 대학졸업자)×100%이다. 전문대학과 교육대학을 포함하면 2005년 대졸자의 취업률은 79.9%이며 그중 대학은 77%이다.

대학 유형별 특징을 살펴보면 전문대 졸업자는 취업자의 비중이 높은 반면, 대학 졸업자는 비경제활동인구의 비중이 높았는데 이는 대학 졸업자의 경우, 졸업 후 대학 또는 대학원으로 진학하는 경우가 많기 때문이다(비경제활동 인구 중 44.7%에 달함). 2005년 대학 졸업자 전체의 실업률은 7.9%였으며 4년제 대학은 7.0%로 나타났다.

출신 고교별 대학 졸업자의 진로를 분석하면 전문계·고교 출신들이 취업률도 가장 높았으며, 반면 인문계 고교 출신과 특목고 등 출신은 대학원 진학과 진학준비의 비율이 상대적으로 높았다.

또한 인문계고교 출신과 특목고 등 출신들은 구직활동과 취업준비 중인 비율이 전문계 고교 출신에 비해 상대적으로 높게 나타났다. 다른 고교 형태에 비하면 학교에 계속 다니지 않는 비율이 86.9%로 인문계 고교 졸업자의 82.2%, 특목고 등의 73.5%에 비해 높았지만 전문계 고교 졸업생의 12.4%도 대학원을 진학했다.

대학교육 내용이 첫 직장생활에 어느 정도 도움을 주는지에 대해, 첫 직장에서는 교육수준과 기술수준도 낮다는 의견이 상대적으로 높았으나 20개월이 지난 현재 알맞다는 의견이 많아졌다. 또한 전공적합도와 전공이 도움이 되는 정도도 첫 직장보다는 현재 직장일수록 더욱 높아진 것임을 알 수 있었다.

한편, 대학 졸업자의 54.6%는 다시 전공을 선택할 기회가 주어진다면 현재의 전공을 다시 선택하지 않으려 하고 있었다. 특히 인문계 고교 졸업자와 전문계 고교 졸업자가 더욱 높았는데 그 이유로는 관심과 흥미의 변화, 취업이 어려워서 등을 들었다.

● 전공 선택 이유

(단위 : 명, %)

구분	전문계 고교	인문계 고교	특목고 등	전체
직업 및 취업전망이 밝아서	3,601	60,362	1,424	65,387
	24.1%	24.9%	15.2%	24.6%
(수능 및 학교) 성적에 맞춰서	1,192	30,819	831	32,842
	8.0%	12.7%	8.9%	12.3%
학문적 흥미 및 적성을 고려해서	8,546	127,109	6,463	142,118
	57.2%	52.5%	69.1%	53.4%
주위(부모, 친지)사람들의 권유로	666	17,884	366	18,916
	4.5%	7.4%	3.9%	7.1%
사회적 인식이나 명성 때문에	241	2,515	50	2,806
	1.6%	1.0%	0.5%	1.1%
기타	663	3,132	213	4,008
	4.4%	1.3%	20.3%	1.5%
모름/무응답	27	170	0	197
	0.2%	0.1%	0.0%	0.1%
전체	14,936	241,991	9,347	266,274
	100.0%	100.0%	100.0%	100.0%

출신 고교 유형별 진로

전문계 고교 졸업자의 특성

위의 분석 중 전문계 고교와 관련된 내용을 요약하면 다음과 같다.

첫째, 전문계 고교 졸업 4년제 대학생들은 전공선택 조건으로 취업을 상대적으로 많이 고려한 반면 인문계 고교 출신은 성적을 더 많이 고려했다.

둘째, 전문계 고교 출신 4년제 대학생들의 상당수가 전문대학 진학 후 편입학을 한 경우에 해당했다.

셋째, 전문계 고교 출신 4년제 대학생들은 부전공, 복수전공, 연계전공을 선택한 비율이 낮았으며, 휴학을 한 비율도 다른 유형의 대학생에 비해 낮은 편이다.

넷째, 전문계 고교 출신 4년제 대학생들은 다른 유형의 대학생에 비해 학비를 스스로 해결하는 비율이 높았으며, 휴학 이유 중에서도 경제적 어려움이 다른 유형에 비해 상대적으로 높았다.

다섯째, 전문계 고교 출신 4년제 대학생들이 인문고나 특목고 등 출신 4년제 대학생에 비해 학점이 크게 떨어지는 것은 아니었다.

여섯째, 전문계 고교 출신 4년제 대학생들이 다른 계열에 비해 더욱 취업을 많이 하고 있었으며, 다만 취업시 수도권에 근무하는 비율이 낮았다.

일곱째, 전문계 고교 출신 4년제 대학생들은 다시 전공을 선택한 다면 현재의 전공을 선택하지 않겠다는 비율이 높았는데 그 이유는 취업과 관련이 있는 것으로 보인다.

인문계 고교 졸업자의 특성

인문계 고교 출신 4년제 대학 졸업생들이 전문고나 특목고 등 다른 계열 출신 4년제 대학생과는 다음과 같은 차이가 있었다.

첫째, 대학과 전공 선택시 성적과 입학가능성을 상대적으로 많이 반영하고 있었다.

둘째, 다른 대학의 다른 전공에 입학했다가 재입학이나 편입학하는 경우가 다른 계열에 비해 상대적으로 높았다.

셋째, 취업목표 설정 시기도 늦은 편이었다.

넷째, 상대적으로 부전공, 복수전공, 연계전공을 많이 하고, 휴학도 상대적으로 많이 하고 있었다.

다섯째, 졸업 학점에서 인문계 고교 출신이 다른 유형의 졸업생에 비해 최상위 성적권에서 낮은 편이었다.

여섯째, 졸업 후 취업분야에서 인문계 고교 출신이 다른 계열이 비해 전공 일치율이 가장 낮았다.

일곱째, 인문계 고교 4년제 대학생들의 졸업 후 다른 대학으로 편입학하는 비율이 다른 유형보다 상대적으로 높았으며, 다른 전공을 선택할 기회가 주어지면 다른 전공을 선택하겠다는 비율도 상대적으로 높았다.

특목고 졸업자의 특징

앞에서 분석한 자료 중 특목고와 관련된 내용은 다음과 같다.

첫째, 특목고 등을 졸업한 4년제 대학생은 전공 선택시 자신의 적성을, 대학 선택시 자신의 전공과 적합한 대학을 선택하는 비율이 다른 유형의 고교 졸업생에 비해 높게 나타났다.

둘째, 특목고 등을 졸업한 학생들은 직업을 가지는 비율이 다른 계열보다 낮았으며, 대학원을 진학하는 경우는 상대적으로 높게 나타났다.

셋째, 특목고 등을 졸업한 학생들은 목표달성률이 다른 계열보다 높았으며, 졸업 후 취업 분야에서 전공 일치율이 높았다. 또한, 다시 전공을 선택할 기회가 주어진다 해도 현재의 전공을 다시 선택하겠다는 비율이 높았다.

넷째, 특목고 등을 졸업한 4년제 대학생들의 졸업 후 보수는 전문계 고교나 인문계 고교생에 비해 떨어지는 경향이 나타났다. 이것은 병역 문제나 예능 분야가 많기 때문인 것으로 판단된다.

다섯째, 특목고 등을 졸업한 4년제 대학생은 다른 유형의 4년제 대학생에 비해 수도권에 근무하는 비율이 매우 높았으며, 첫 일자리에 대한 만족도가 높았다.

향후과제

이상의 결과에 비추어 다음과 같은 정책과제를 제시하고자 한다.

첫째, 전문계 고교 출신들의 4년제 대학 진학 확대를 위한 대책이 마련돼야 한다. 전문대학에서 반대가 있겠지만 전문계 고교생이 원하는 4년제 대학에 진학할 수 있는 기회가 적다. 그에 따라 전문계 고교 출신 4년제 대학생 중의 상당수는 전문대학에서 편입학한 학생임을 고려해 4년제 대학에서는 이들 전문계 고교 출신 편입 대학생들에 대한 특별한 대책을 마련하도록 해야 한다.

둘째, 전문계 고교 출신 4년제 대학생의 대학생활에 관한 연구가 강화돼야 한다. 4년제 대학에서 전문계 고교 출신에 대해 더욱 많은 신경을 써야 한다.

셋째, 전문대 출신 학생들이 4년제 대학에서 적응을 못한다는 인식을 바꾸어야 한다. 최종 학점에서 전문계 고교 출신은 인문계 고교나 특목고 등 출신에 비해 크게 떨어지지 않았다. 이를 고려해 전문계 고교 출신 졸업생들이 4년제 대학에서 적응도가 낮다는 인식을 불식시켜야 한다.

넷째, 전문계 고교 출신 4년제 대학생들은 인문계 고교 출신 대학생이나 특목고 등 출신 대학생에 비해 학교생활에 더욱 충실했다. 대표적인 경우가 휴학을 한 비율이 인문계 고교나 특목고 등 출신에 비해 낮았다.

다섯째, 전문계 고교 출신 4년제 대학생들은 다른 고교 출신에 비해 본인이 스스로 학비를 벌어야 하는 경우와 학자금 융자에 의존하는 비율이 상대적으로 높았다. 이들에 대한 특별 장학금 등 재정지원이 필요하다.

여섯째, 전문계 고교 출신 4년제 대학 졸업생의 12.4%는 대학원을 진학하고 있어 계속 공부하는 여건을 만들어주어야 한다.

일곱째, 전문계 고교 출신도 53%가 다시 현재의 전공을 선택하지 않겠다고 해, 정확한 진로지도가 더욱 강화돼야 한다.

인문계 고교에서 성적이나 합격 위주의 진학지도를 개선하려는 노력이 필요하다. 실제로 인문계 고교생들이 성적에 따라 진학을 하고, 다른 전공이나 다른 대학으로 편입학하거나 재입학하고 휴학하는 비율이 높고, 졸업 후 전공 분야로 가는 비율도 상대적으로 낮으며, 다시 기회가 되면 현재의 전공을 선택하지 않으려는 경향이 많다. 따라서 인문계 고교 출신에 대해 취업목표 설정 등의 교육을 더 강화해야 할 것이다.

앞의 결과에 비추어볼 때 특목고 등을 졸업한다고 해서 취업 후 근무여건이 매우 좋은 것만은 아닌 것으로 나타났다. 졸업 후 전문계나 인문계 고교 출신의 차이는 그다지 크지 않았다. 다만 졸업 후 대학원을 많이 다니고 상대적으로 취업을 많이 하지 않는다는 것이다. 또 취업에 있어서도 전공 분야로 취업하고 첫 일자리에 대한 만족도가 높았다. 근무여건에서는 수도권에 더욱 많이 근무한다는 정도이다.

물론 이 자료는 특목고 등의 출신자들이 대학 졸업 후 20개월이 지난 후의 자료이지만 특목고에 대한 지나친 환상을 가져서는 안 된다는 것을 의미한다. 이 자료에 예술고 등도 포함된 것도 있지만 엄밀하게 말하면 예술고도 특목고에 해당한다고 보며, 특목고 등을 졸업하고 해외에 유학하는 경우는 반영하지 않았다는 점도 있다.

그러나 특목고 등을 졸업한 4년제 대학생의 자료를 분석한 결과 특목고 졸업생들이 다른 계열의 고등학생에 비해 월등하게 진로가 좋은 것만은 아님을 알 수 있다.

행복한 직장인으로
산다는 것

직장에 감사하는 마음을 갖는 것은 그곳에서 필요한 인재가 되는 첫걸음이다.

세상의 모든 것들이 깨어나는 아침, 어딘가 출근할 곳이 있다는 것은 행복한 일이다. 하지만 세월에 무뎌지는 감성처럼, 면접을 보던 날의 두근거림과 첫 출근을 하던 날의 행복을 잊고 사는 경우가 많다. 아무리 좋은 직장이라고 해도 내가 원하는 모든 것을 충족시킬 수는 없는 법.

첫 출근 하던 날의 마음을 기억하는가? 그런데 우리는 지금 어떤 자세로 직장에 임하고 있는가. 직장 5년차인 김 대리는 입사할 때 가졌던 희망 가득한 마음가짐은 온데간데없고 지금은 상사와 동료들에 대한 실망과 월급에 대한 불만만 가득한 채 하루하루를 버티고 있다. 혹시 김 대리의 모습에서 당신을 떠올리진 않는가.

우리나라 직장인들은 전 세계에서 가장 많은 일을 하지만 다른 어느 나라보다 직업에 대한 만족도가 낮고 생산성이 크게 떨어진다. 지금 우리나라 직장인들에게 꼭 필요한 것은 일할 수 있는 기회를 만들어준 직장에 감사하는 마음이 아닌가 생각한다. 지금 내가 지겨워하는 일이 다른 사람이 그토록 부러워하는 일자리일 수 있음을 잊지 마라.

감사에는 놀라운 법칙이 존재한다. 작은 감사에도 큰 행복이 찾아오고 감사하면 또 다른 감사할 일들이 생겨난다. 일에서도 마찬가지다. 작은 기회에 감사하면 더 큰 기회가 주어지고 자신에게 주어진 일에 감사하면 그 끝에는 성공이 기다린다.

우리 주위에서 일하고 싶어도 일하지 못하는 300만 명의 실업자(그중 100만 명이 청년 실업자)를 떠올려보자. 아마 많은 직장인들이 수십 통의 이력서를 보내고 수십 번의 면접을 본 경험을 갖고 있으리라 생각한다. 그때는 '제발 합격하도록 해 주세요. 만약 합격하면 어떤 일이 주어져도 감사하는 마음으로 몸이 부서져라 열심히 일하겠습니다'라는 각오를 했을 것이다.

하지만 막상 합격해서 일을 얻고 1년 내지 그 이상의 세월이 흐르면 감사했던 마음은 눈 녹듯이 사라지고 '나보다 공부도 못 했던 친구는 차도 사고 월급도 많이 받던데 내 신세는 왜 이런 거야. 비싼 등록금 내고 죽어라 공부해서 이런 일이나 매일 하고 있으니……'라는 불만과 피해의식이 그 자리를 대신한다.

*감사는 기회를 낳고 기회는 성공을 부른다

영국의 작가 새크레이는 "삶은 거울과도 같다. 당신이 웃으면 따라 웃고 당신이 울면 따라 운다"고 말했다. 일에서도 마찬가지다. 당신이 감사하는 마음을 가지면 감사할 만한 많은 것을 얻을 수 있다. 회사가 당신에게 재능을 펼칠 무대를 제공하는 것에 감사하고, 상사가 당신의 충성심을 길러주는 것에 감사하며, 일이 당신의 능력을 기르고 다양한 경험을 쌓을 수 있도록 해주는 것에 감사하면 더 많은 감사할 일들이 생겨난다.

감사하는 마음이 없으면 작은 일에도 불만으로 가득 차게 된다. 미국 잡지 〈워크포스(WORKFORCE)〉의 연구발표에 따르면 직원들은 항상 일에서 발생하는 사소한 문제로 불만이 생기고 이런 정서가 출근에도 영향을 미친다고 한다. 불평과 불만을 늘어놓는 시간에 기회를 얻은 것에 감사하고 은혜에 보답하는 자세로 일을 하면 일은 더욱 즐겁게 느껴지고 성과는 배로 올라간다. 직장에 대해 감사하는 마음은, 어떻게 하면 회사에 도움이 될까, 하는 긍정적인 생각으로 이어지고, 장차 성공하는 데도 밑거름이 될 것이다.

우리가 하는 모든 일과 작업환경이 훌륭할 수는 없다. 그러나 어떤 일을 하건 실패의 교훈과 성장의 기쁨, 든든한 동료, 일에서 얻는 전문지식, 고마운 고객 등과 같은 귀중한 경험들과 지식을 얻게 된다. 이것은 일에서 성공하는 사람들이 반드시 겪는 귀중한 체험이자 평생의 큰 자산이다.

우리가 매일 감사하는 마음을 갖고 일을 하면서 '일이 있어 정말 감사합니다', '새로운 경험을 할 수 있어 정말 감사합니다'라고 속으로 말하면, 생각은 긍정적으로 바뀌고 점점 주위를 배려하는 마음이 생기며 어떤 작은 기회에도 강한 감사의 마음이 우러나는 것을 느끼게 된다. 결과적으로 우리의 기분은 더욱 유쾌해지며 성취와 도움의 손길은 갈수록 많아지고 일은 발전하게 된다.

일을 하다 지치고 힘들 때, 따분하고 지루하다고 생각될 때, 우리가 처음 일을 얻을 때 느꼈던 감사하는 마음을 기억하며 하고 있는 모든 일을 새로운 일, 새로운 체험으로 생각하고 초심을 잃지 않으면 성공으로 가는 기회의 문으로 한 발짝 다가서게 된다.

모기업의 임원은 회사가 선호하는 인재상을 다음과 같이 말한다.

"사실 기업에서 직원을 채용할 때 학력보다 더 중요한 것은 그가 발휘할 수 있는 능력과 수준입니다. 많은 직원들이 발전이 느린 것은 능력이 없어서가 아니라 태도가 불량하기 때문입니다. 직장에서 가장 바람직한 태도는 첫 번째가 자신이 맡은 일에 최선을 다해서 완벽하게 해내는 것이고, 두 번째가 소속감을 가지고 회사의 일원으로 책임을 다하는 것이며, 세 번째는 지적을 겸허하게 받아들이는 자세입니다. 일을 하다 보면 질책이나 비판을 받는 일이 흔합니다. 그때 자신의 문제점이 무엇인지 돌아보고 원인을 분석하려는 자세가 중요합니다. 이런 태도를 가진 직원들이 모여 있을 때 회사는 빠르게 발전할 수 있습니다."

이와 같이 직장에서 가장 중요한 것은 직원들의 태도이며, 직원들의 태도는 그 회사의 경쟁력을 결정한다. 긍정적인 태도는 긍정적인 생각에서 나오며 감사하는 마음 또한 긍정적인 태도이자 일종의 습관이다.

감사하는 마음을 가진 사람은 생활에서도 언제나 즐거움에 가득 차 있다. 하늘이 이들에게만 즐거움을 선사한 것이 아니라 그들 스스로 만들어낸 것이다. 컵에 물이 반 정도 남은 같은 상황에서도 감사하는 마음을 가진 사람은 "고맙게도 물이 반이나 남았네!"라고 말하지만 평소 불만으로 가득 찬 사람은 "에이, 반밖에 안 남았잖아! 언제 이렇게 다 마셨어"라는 다른 반응을 보인다. 같은 상황에서도 다른 것은 상황을 대하는 우리의 태도이며, 태도에 따라 결과는 확연하게 달라진다. 설령 우리에게 주어진 일이 만족스럽지 않더라도 우리를 단련시키는 선물이라고 생각하고 감사하는 마음을 가진다면 결과는 달라지지 않을까?

*직장이라는 보호막이 있어 우리는 행복하다

남과 자신을 비교하는 데 쏟는 관심을 자신이 지금 하고 있는 일로 돌려 감사하는 마음을 갖고 많은 시간을 보내며, 자신이 어느 방면으로 발전할 수 있고 어떤 점을 개발할 수 있는지, 자신이 일을 완벽하게 하고 있는지를 생각하는 것이 더 발전적인 결과를 가져올 수 있다. 만약 당신이 매일 감사의 마음으로 충만해지려 노력하면, 일할 때 자신도 모르게 즐거워지고 태도도 적극적으로 변하면서 일의 결과는 크게 달라진다.

우리가 행복한 이유 중의 하나는 힘들 때 나를 지켜 주는 보호막 같은 직장이 있기 때문인지 모른다. 이렇게 경쟁력 있는 태도를 갖추게 되면 당신이 바로 기업이 원하는 가장 우수한 사원이다. 방송국의 일류급 아나운서가 조직을 떠나 성공하지 못하는 것을 보면 여러분은 어떤 생각이 드나? 직장이라는 울타리가 직장인을 지켜주는 것이다. 주위에 사업을 하는 사람이 있으면 물어보라. 그가 직원들의 월급을 주기 위하여 얼마나 노심초사하는지를……. 여러분이 소속된 직장의 오너는 여러분의 월급을 주기 위하여 얼마나 노심초사하는지 아는가?

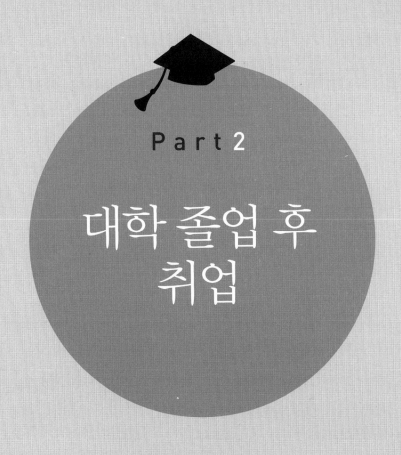

Part 2

대학 졸업 후 취업

c a r e e r   d e v e l o p m e n t

대졸 신입사원 채용 및 재교육 현황 | 대졸 신입사원 채용 동향과 특징 |
대학 졸업자의 졸업 후 20개월의 모습과 과제 | 대졸 신입사원에 대한 기업의 평가와 취업지도 과제 |
기업이 원하는 인재상과 구직자의 취업전략

01

대졸 신입사원 채용 및 재교육 현황

한국경영자총협회가 483개 기업을 대상으로 '대졸 신입사원 채용 및 재교육 현황 조사'를 실시했다. 이 조사는 개별 기업의 신입사원 재교육 현황을 파악해 효율성을 기하고, 기업의 신입사원 재교육 기간과 제반 비용을 분석해 올바른 정책방향을 모색하기 위한 참고자료를 제공하는 데 목적이 있다.

종업원 100인 이상을 고용하는 전국 기업체 가운데 농업, 수렵업, 임업 및 어업 부문을 제외한 전산업(단 국가 또는 지방행정기관, 군·경찰 및 국·공립 교육기관은 제외)을 모집단으로 하여, 이 가운데 설문에 응답한 483개 기업을 조사대상으로 했다. 조사기간은 2008년 9월 1~19일이다.

조사내용은 신입사원 교육에 소요되는 1인당 평균기간, 신입사원 교육에 소요되는 1인당 평균비용, 대졸신입사원 평균연령 및 평균학점, 대졸 신입사원의 직무능력평가 등이다. 그 주요 결과는 다음과 같다.

조사대상 기업의 77.2%가 대졸 신입사원 채용시 출신대학을 중시하지 않는 것으로 나타나, '대학간판'이 일자리를 보장해주지 못하는 것으로 나타났다. 산업별로는 제조업(26.6%)보다는 비제조업(14.1%)이, 규모별로는 대기업(25.1%)보다는 중소기업(21.4%)이 대학간판을 그다지 중시하지 않는 것으로 조사됐다. 기업 형태별로는 민간기업의 71.5%와 공기업이나 외국계 기업에서 응답한 모든 기업이 출신대학을 중시하지 않는 것으로 나타났다. 공기업의 경우 입사원서에 출신대학 등 학력 기재란을 삭제했으며, 외국계 기업의 경우 대학간판보다는 그 기업이 요구하는 경험이나 자격을 구비한 사람을 우선적으로 채용하는 것에 기인한다고 본다.

● 채용시 출신대학 중시 여부   (단위 : %)

구분	산업별		규모별		기업형태별			평 균
	제조업	비제조업	대기업	중소기업	민간	공기업	외국계	
중시함	26.4	14.1	25.1	21.4	28.5	–	–	22.8
중시하지 않음	73.4	85.9	74.9	78.6	71.5	100.0	100.0	77.2

대졸 신입사원의 특징

2007년 입사한 대졸 신입사원의 평균연령은 27.3세, 학점은

3.53점(4.5점 만점)으로 조사됐다.

　산업별로는 제조업의 경우 평균연령 27.4세, 평균학점 3.51점으로 나타났으며, 비제조업은 평균연령 27.0세, 평균학점 3.60점으로 나타났다.

　규모별로는 대기업의 경우 평균연령 27.1세, 평균학점 3.62점으로 나타났으며, 중소기업은 평균연령 27.3세, 평균학점 3.49점으로 나타났다. 이는 상대적으로 임금 및 근로조건이 우수하고, 고용 안정성이 높은 대기업에 취업희망자들이 몰리면서 학점인플레 현상이 나타났기 때문인 것으로 판단된다.

　기업형태별로는 민간기업이 평균연령 27.2세, 평균학점 3.51점, 공기업 평균연령 28.1세, 평균학점 3.69점, 외국계 기업 27.8세, 평균학점 3.61점으로 조사됐다. 공기업의 평균연령과 평균학점이 높은 것은 높은 고용 안정성과 우수한 근로조건으로 인해 우수한 인재들이 '취업 재수'도 불사하면서 공기업 취업에 몰두하는 것에 기인한다.

● 대졸 신입사원 평균 인적속성

(단위 : 세, 점)

구분	산업별		규모별		기업형태별			평 균
	제조업	비제조업	대기업	중소기업	민간	공기업	외국계	
연령	27.4	27.0	27.1	27.3	27.2	28.1	27.8	27.3
학점	3.51	3.60	3.62	3.49	3.51	3.69	3.61	3.53

신입사원 교육에 소요되는 1인당 평균기간

대졸 신입사원의 재교육에 소요되는 평균기간은 19.5개월로 나타났다. 이 조사에서 신입사원의 재교육에 소요되는 기간은 수습 훈련기간, 교육연수기간, OJT 등 신입사원이 실무에 투입되기 전 소요되는 모든 기간으로 정의했다. 이는 대졸 신입사원이 입사해 타인의 도움 없이 혼자 힘으로 업무를 처리함으로써 임금에 대한 기여를 해낼 때까지 걸리는 기간을 의미한다.

산업별로는 제조업 17.6개월, 비제조업 23.6개월로 비제조업이 제조업에 비해 평균 6개월이 더 소요되는 것으로 조사됐다. 이는 서비스업이 주를 이루는 비제조업의 경우 상대적으로 특정 업무에 종사함으로써 CS, 고객응대, 친절교육 등 제조업에 비해 폭넓은 교육을 받고 있기 때문인 것으로 풀이된다. 규모별로는 대기업 27.2개월, 중소기업 14.9개월로 나타나 대기업이 중소기업에 비해 평균 12.3개월이 더 소요되는 것으로 조사됐다. 이는 대기업이 중소기업에 비해 상대적으로 교육과정이 다양하고, 교육대상 신입사원이 많은 것에 기인한 것으로 풀이된다. 기업형태별로는 공기업 24.4개월, 민간기업 19.2개월, 외국계기업 17.5개월 순으로 조사됐다.

대졸 신입사원 재교육기간은 지난 2005년 조사의 20.3개월에 비해 이번 조사에서는 19.5개월로 0.8개월 줄어든 것으로 나타났다. 이는 산·학·관 간담회, 공학인증 교육제도, 산업계 관점의 대학평가 등 그간 정부에서 추진해온 노동시장 인력수급 불일치

(mismatch)를 해소하기 위한 일련의 정책들이 일정부분 효과를 발휘한 것으로 보이나, 대졸 신입사원 재교육에 소요되는 절대적 기간은 아직까지 상당히 긴 것으로 조사되어 더욱 적극적인 정책이 필요할 것으로 판단된다. 산업계 수요를 반영한 학교교육이 이루어질 수 있도록 대학 간 경쟁체제를 유도하는 등 더욱 적극적이고 다양한 정책을 추진하도록 해야 한다.

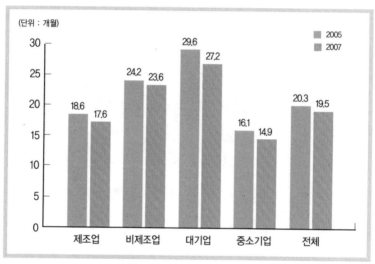

◆ 대졸 신입사원 재교육 기간 비교

신입사원 교육에 소요되는 1인당 평균비용

대졸 신입사원의 채용 후 실무투입에 이르기까지 재교육에 소요되는 비용을 분석한 결과, 신입사원 1인당 6,088.4만 원(19.5개월)

으로 나타났다. 이를 연간비용으로 환산하면, 신입사원 1인당 3,746만 7천 원의 비용이 소요되는 것으로 나타났다. 신입사원의 재교육에 소요되는 비용에는 순수한 교육비용 외에 연간 지급되는 임금총액과 4대보험 기업부담분 등 간접노동비용을 포함하는 총비용을 의미한다. 산업별로는 제조업 5,135.9만 원, 비제조업 8,448만 9천 원으로 비제조업이 제조업에 비해 1인당 3,313만 원을 더 지출하는 것으로 나타났다.

이는 금융업, 서비스업이 주를 이루는 비제조업의 경우, 제조업에 비해 임금수준이 높을 뿐만 아니라, 교육기간 역시 길게 소요되는 것에 기인한 것이다. 규모별로는 대기업 1억 147.3만 원, 중소기업 4,118.6만 원으로 대기업이 중소기업에 비해 1인당 6,028.7만 원을 더 지출하는 것으로 나타났다. 이는 신입사원에 대한 대기업의 순수교육비용 자체가 중소기업보다 높을 뿐만 아니라, 신입사원의 초임금 수준도 중소기업에 비해 월등히 높기 때문인 것으로 풀이된다.

기업형태별로는 공기업 9,384만 2천 원, 민간기업 5,802.9만 원, 외국계기업 5,724.4만 원의 순으로 나타났다. 외국계기업의 재교육 비용이 가장 적게 나타난 것은 선진화된 인재채용시스템을 통해 즉시 투입 가능한 인력의 선발과 효율적인 교육프로그램으로 인해 적극적인 인재 양성에 주력한 결과로 보인다.

● 대졸 신입사원 1인당 교육비용

(단위 : 만원, 개월)

구분	산업별		규모별		기업형태별			평균
	제조업	비제조업	대기업	중소기업	민간	공기업	외국계	
교육 비용	5,135.9 (3,501.8)	8,448.9 (4,296.1)	10,147.3 (4,476.8)	4,118.6 (3,316.9)	5,802.9 (3,626.9)	9,384.2 (4,615.2)	5,724.4 (3,925.3)	6,088.4 (3,746.7)
교육 기간	17.6	23.6	27.2	14.9	19.2	24.4	17.5	19.5

※ 주 : 1) 교육비용은 순수한 교육비용 외에 연간 지급되는 임금총액과 4대보험 기업부담분 등 간접노동비용을 포
함하는 총 비용을 의미
2) ( )는 1인당 연간 재교육비용

　　대졸 신입사원 재교육 비용은 지난 2005년 조사의 6,218.4만 원
에 비해 이번 조사에서는 6,088.4만 원으로 130만 원 줄어든 것으
로 나타났다.

　　그러나 이를 연간비용으로 환산할 경우, 2005년 3,675.9만 원에
서 2007년 3,746.7만 원으로 70.8만 원 증가했다. 이는 대졸 신입
사원의 초임급이 2005년 2,188.8만 원에서 2007년 2,379.6만 원
으로 8.7% 증가한 것에 기인한다.

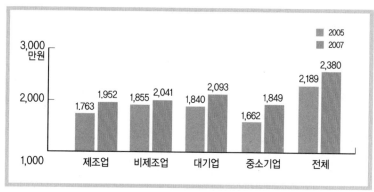

◆ 대졸 신입사원 임금수준 비교

한편 대졸 신입사원의 재교육에 소요되는 순교육비는 1인당 평균 926.1만 원으로 조사됐다. 이 순교육비는 집체교육, OJT, 연수교육 등 실무투입에 이르기까지 순수하게 교육에만 소요된 비용을 의미한다. 산업별로는 제조업보다 비제조업이, 규모별로는 중소기업보다 대기업의 순수교육비 지출이 큰 것으로 조사됐다. 특히 대기업의 경우 중소기업에 비해 3.6배 정도 순수교육비 지출이 큰 것으로 나타났다. 기업형태별로는 공기업, 민간기업, 외국계 기업 등의 순으로 순수교육비 지출이 큰 것으로 조사됐다.

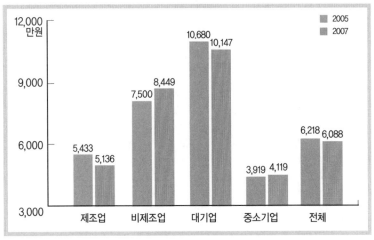

◆ 대졸 신입사원 재교육비용 비교

재교육 비용

우리나라 100인 이상 기업이 대졸 신입사원 재교육을 위해 부담하고 있는 총 비용은 2조 3,049억 원에 달하는 것으로 나타났다.

연간비용으로 환산하면 총 1조 4,184억 원으로 추계된다.

교육과학기술부 통계(한국교육개발원, '교육통계연보')에 따르면, 2007년 4년제 대졸 취업자는 16만 8,254명이고, 100인 이상 사업장의 근로자 비율(통계청, '사업체 기초통계 조사')은 전 사업장 근로자의 22.5% 수준이므로, 1인당 평균 재교육비용(6,088.4만 원)에 4년제 대졸 취업자 수와 100인 이상 사업장 근로자 비율을 곱하면 총비용인 2조 3,049억 원이 추계된다.

좀 더 자세한 추계 방법을 살펴보면 다음과 같다.

신입사원 1인당 평균 재교육비용(6,088.4만 원)× 2007년 4년제 대졸 취업자 수(168,254명)×100인 이상 사업장 근로자 비율(0.225) = 총 재교육 비용(2조 3,049억 원)이다.

우리나라 100인 이상 기업이 대졸 신입사원 재교육을 위해 부담하고 있는 순교육비용의 합계는 3,506억 원에 달하는 것으로 나타났다. 연간비용으로 환산하면 총 2,157억 원으로 추계되며, 교육과학기술부 통계(한국교육개발원, '교육통계연보')에 따르면, 2007년 4년제 대졸 취업자는 16만 8,254명이고, 100인 이상 사업장의 근로자 비율(통계청, '사업체 기초통계 조사')은 전 사업장 근로자의 22.5% 수준이므로, 1인당 평균 순교육비용(926.1만 원)에 4년제 대졸 취업자 수와 100인 이상 사업장 근로자 비율을 곱하면 총비용인 3,506억 원이 추계된다.

신입사원 1인당 평균 순교육비용(926.1만 원) × 2007년 4년제

대졸 취업자 수(16만 8,254명) × 100인 이상 사업장 근로자 비율
(0.225) = 순교육비용 합계(3,505.9억 원)이다.

한편 조사에 포함되지 않은 100인 미만 기업 및 전문대학 졸업
자(17만 3,804명, 2007년 기준)까지 포함할 경우, 전체 대졸 신입사
원 재교육에 드는 총 기업부담은 상당한 수준에 이를 것으로 판단
된다.

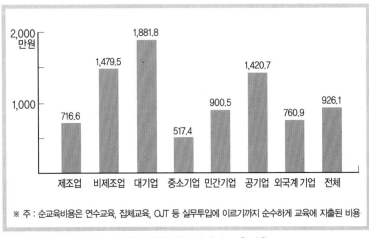

◆ 대졸 신입사원 1인당 순교육비용

대졸 신입사원에게 요구하는 영어 성적

인사 담당자들이 대졸 신입사원에게 요구하는 외국어 실력은 토
익 700점대 30.2%, 시험 성적보다 회화능력 중시 24.4%, 영어 성
적과 무관 24.2% 순으로 조사됐다.

산업별로는 제조업에서 토익 700점대(30.2%), 회화능력 중시 (28.4%)가 높게 나타났으며, 비제조업에서는 영어 성적과 무관 (35.6%), 토익 700점대(30.2%)가 높게 나타났다. 규모별로는 대기 업에서는 토익 800점대(38.5%), 토익 700점대(31.3%)가 높게 나타 났으며, 중소기업에서는 회화능력 중시(32.2%), 영어 성적과 무관 (29.9%), 토익 700점대(29.6%)가 높게 나타났다.

기업형태별로는 민간기업에서는 토익 700점대(28.8%), 영어 성 적과 무관(28.2%)이 높게 나타났으며, 공기업에서는 토익 700점대 (59.5%), 외국계 기업에서는 회화능력 중시(52.7%)가 높게 나타났다.

대다수 공기업의 경우 채용기준에 토익 700점을 커트라인으로 하고 있으며, 외국계 기업에서는 기업 특성상 시험 성적보다 회화 능력을 중시하는 것으로 풀이된다.

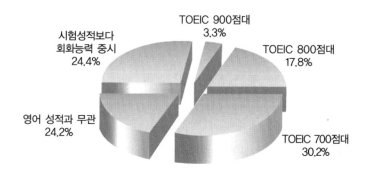

◆ 대졸 신입사원에게 요구하는 영어 실력

향후과제

이상의 조사 결과를 기초로 해 대학의 취업 담당자와 대학생들이 고려해야 할 몇 가지 과제를 제기해본다.

첫째, 출신대학으로 인한 '나는 안 돼'라는 고정관념을 버려야 한다. 조사대상 기업의 77.2%가 대졸 신입사원 채용시 출신대학을 중시하지 않는 것으로 나타났기 때문이다. 실제로 외국인 회사와 공기업에서는 출신대학을 고려하지 않으므로 지방대 학생 등은 이들 분야에 대한 지원을 적극 검토해야 한다.

둘째, 지나친 영어 공부 풍토는 자제해야 한다. 인사 담당자들이 대졸 신입사원들에게 요구하는 외국어 실력은 토익 700점대 30.2%, 시험 성적보다 회화능력 중시 24.4%로 각각 나타났기 때문이다. 토익 공부에 지나치게 집중하기보다는 회화나 영작 공부에 더 치중하는 것이 좋을 것이다. 아울러 중국어 등 제2외국어도 늦었다고 생각할 때부터 시작하는 것이 바람직하다.

셋째, 지나친 공기업 지원 현상은 자제되어야 한다. 공기업의 평균연령과 평균학점이 높은 것은 높은 고용 안정성과 우수한 근로조건으로 인해 우수 인재들이 '취업 재수'도 불사하면서 공기업 취업에 몰두하는 것에 기인한다. 공기업이 '신이 내린 직장'이라며 매력이 있는 것은 사실이지만, 앞으로 공기업의 민영화 등의 조치가 있을지도 모르며 앞으로 수십 년간 공기업이 존재한다는 보장도 없다. 그런 면에서 공무원이나 공기업에 안주하기보다는 활기

찬 민간 부문에서 일을 배우며 장기적인 준비를 하는 것이 더 바람직하다.

넷째, 최근 대학생들은 학점 관리를 워낙 잘해 높은 학점을 유지하는 학생이 많은데 일종의 학력 인플레 현상이 나타나고 있다. 기업에서는 학생들이 워낙 학점관리를 잘하므로 학점이 지나치게 좋은 것은 한편으로 공부만 했다는 부정적인 인식을 주는 경우도 있다고 한다. 민간기업 평균학점 3.51점, 공기업 평균학점 3.69점, 외국계 기업 평균학점 3.61점은 매우 높은 것이다. 학점이 좋다는 것은 취업하는 데 유리한 면도 있지만 상대적으로 다른 경험을 할 기회를 간과했다고 판단할 수도 있다.

다섯째, 대졸자와 신입사원 간의 인력 불일치 해소를 위한 산 · 학 · 관 간담회, 공학인증 교육제도, 산업계 관점의 대학평가 등 정책이 강화되어야 한다.

여섯째, 대졸 신입사원 재교육에 소요되는 절대적 기간은 아직까지 상당히 긴 것으로 조사되어 이를 단축하기 위한 적극적인 정책이 필요하다고 본다. 산업계 수요를 반영한 학교교육이 이루어질 수 있도록 대학 간 경쟁체제를 유도하는 등 더욱 적극적이고 다양한 정책을 추진해야 한다.

일곱째, 중소기업의 신입직원 연수에 대한 지원이 있어야 한다. 특히 대기업의 경우 중소기업에 비해 3.6배 정도 순교육비 지출이 큰 것으로 나타났다. 이에 대해 지식경제부나 중소기업청에서 지원을 하는 것이 바람직하다고 본다.

여덟째, 외국계 기업의 재교육비용이 가장 적게 나타난 것은 선진화된 인재채용 시스템을 통해 즉시 투입 가능한 인력의 선발과 효율적인 교육프로그램으로 인해 적극적인 인재 양성에 주력한 결과로 풀이된다. 앞으로는 이를 본받아 필요한 인재를 뽑아 즉시 활용할 수 있는 시스템이 되어야 한다.

아홉째, 우리나라 100인 이상 기업이 대졸 신입사원 재교육을 위해 부담하고 있는 순교육비용의 합계는 3,506억 원에 달하는 것으로 나타나 이를 줄일 수 있는 방안이 강구되어야 한다. 여기서 대졸 신입사원의 재교육에 소요되는 순교육비는 1인당 평균 926만 1,000원으로 조사됐다.

열째, 100인 미만 기업 및 전문대학 졸업자(17만 3,804명, 2007년 기준)까지 포함할 경우, 전체 대졸 신입사원 재교육에 드는 총 기업 부담은 상당한 수준에 이를 것으로 판단되므로 이 분야에 대한 조사가 추가로 이루어지기를 바란다.

대졸 신입사원
채용동향과 특징

한국경영자총협회가 전국 100인 이상 345개 기업을 대상으로 '대졸 신입사원 채용동향과 특징 조사'를 실시해 발표했다. 이 조사는 개별 기업의 대졸 신입사원 채용 동향 및 특징을 파악해 기업의 인력 수급에 의미 있는 시사점을 도출, 올바른 정책방향을 모색하는 데 필요한 참고자료를 제공하는 데 목적이 있다.

전국의 종업원 100인 이상을 고용하는 기업체 가운데 농업, 임업 및 어업부문을 제외한 전 산업(단 국가 또는 지방행정기관, 군·경찰 및 국·공립 교육기관은 제외)을 대상으로 조사했다. 2008년 7월 17일~8월 14일에 우편과 이메일을 통한 자계식 조사방법을 원칙으로 하되 자계식 조사가 불가능한 경우에는 타계식 조사방법을 병행했다.

조사내용은 신규인력 채용 절차별 지원 인원과 합격 인원, 전형

단계 수, 전형단계별 고려 비중, 대졸 신규인력 채용시 중요 평가항목, 최종 합격인원 대비 입사 전 입사 포기율, 대졸 신규인력의 채용 1년 이내 퇴사 비율(기간별)이다. 조사기업은 전체 345개이며, 산업별로는 제조업이 219개, 비제조업이 126개이며, 규모별로는 대기업이 168개, 중소기업이 177개로 각각 나타났다. 주요 조사결과는 아래에서 살펴보자.

대졸 신입사원 채용 동향과 특징

100명 지원

서류통과 12.3명

면접통과(최종) 3.8명

입사포기율 23.7%

최종입사자 2.9명

1년내 퇴사율 27.9%

1년 후 계속근무 2.1명

중소기업 최종 합격률 대기업의 3.6배

대졸 신입 채용시 평균 경쟁률은 26.3:1로 조사됐다. 기업 규모별로는 대기업의 경쟁률이 30.3:1로 중소기업 8.4:1에 비해 3배 이상 높은 것으로 나타났다. 대졸 취업 준비자의 대기업 선호현상이 반영된 것으로 풀이된다. 산업별로는 제조업 24.4:1, 비제조업 27.8:1의 경쟁률을 보여, 산업별로 큰 격차가 없는 것으로 조사됐다.

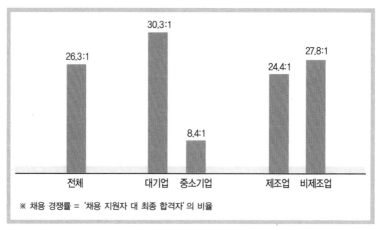

※ 채용 경쟁률 = '채용 지원자 대 최종 합격자'의 비율

◆ 대졸 신입사원 취업 경쟁률

　필기시험을 치르는 기업은 22.6%였으며, 면접을 2회 이상 실시하는 기업은 38.1%이다. 전형과정 중 필기시험을 치르는 기업은 22.6%에 불과한 것으로 조사됐다. 또 전체 기업의 22.6%는 서류전형, 필기시험, 면접전형을 통한 3단계 전형을 실시하는 것으로 나타났다. 기업 규모별로는 대기업의 경우 35.7%가 필기시험을 도입, 중소기업(10.2%)에 비해 3배 이상 높은 것으로 나타났다. 이는 지원자가 상대적으로 많이 몰리는 대기업의 경우 채용 절차상의 객관성을 확보함과 동시에 면접 단계에서 지나치게 많은 인적·물적 자원이 투입되는 것을 방지하기 위한 것으로 풀이된다.

　한편, 산업별로는 비제조업의 필기시험 도입 비율(26.3%)이 제조업(20.5%)보다 5.8%p 높은 것으로 조사됐다. 이는 비제조업의 경우 금융, 통신 등 전문적 지식을 필요로 하는 기업군에서 필기시험을 도입하는 비중이 상대적으로 높은 현상을 반영한 것으로 분석된다.

또, 면접 단계에서 2회 이상 면접시험을 실시하는 기업의 비율이 38.1%, 3회 이상 기업의 비율은 5.1%로 나타났다. 특히 대기업의 경우 2회 이상 면접을 실시하는 경우가 절반에 가까운 48.9%에 달하는 것으로 조사됐다. 이는 대기업의 경우 면접 단계에서 객관성을 높이고 실무진과 경영진의 인재상 차이에 따른 합격자 편중 현상을 해소하기 위한 것으로 풀이된다.

셋째, 대졸 신입지원자 100명 중 12.3명이 면접 단계까지 생존, 3.8명이 최종 합격했다. 중소기업 지원자 100명 중 11.9명이, 대기업은 3.3명이 최종 합격했다.

규모별로는 대기업의 경우 지원자 가운데 10.6%가 면접을 본 반면, 중소기업은 41.0%가 면접을 볼 수 있어 중소기업 지원자가 면접을 볼 수 있는 확률이 대기업 지원자의 3.9배에 달했다. 이는 구직자의 대기업 선호 현상으로 인해 채용정원 대비 30배 이상의 지원자가 몰리고 있어 서류 및 필기시험 과정에서 대다수를 탈락시키고 있는 것으로 풀이된다. 산업별로는 지원자 100명 중 제조업 11.7명, 비제조업 12.9명이 면접 단계까지 생존, 그 차이가 미미했다.

한편, 지원자 100명 중 대기업은 3.3명만이 최종 합격한 반면, 중소기업 지원자는 11.9명이 최종 합격해 중소기업 지원자의 최종 합격 확률이 대기업의 3.6배로 분석됐다. 그러나 면접 단계만을 놓고 볼 때 면접 응시자의 최종 합격 확률은 대기업 31.1%, 중소기업은 29.0%로 거의 비슷한 것으로 분석됐다. 대기업 면접 지원자의 최종 합격률은 3.3(최종 합격자)÷10.6(면접 응시자) = 31.1%이며, 중소기업 면접지원의 최종 합격률은 11.9(최종 합격자)÷41.0(면접 응시자) = 29.0%로 각각 나타났다.

2단계 전형의 경우 최종 합격 확률이 4.5%인 반면, 필기시험이 포함된 3단계 전형은 2.5%에 그쳤다. 3단계 전형 기업의 경우 전체 서류전형 통과자 12.7% 가운데 필기시험을 통해 7.6%만 남게 되고 최종적으로는 전체 지원자의 2.5%만 합격하게 되는 것으로 조사됐다.

2단계 전형 기업(서류 → 면접)의 경우, 서류전형 통과자 12.1% 중 면접전형을 통해 전체 지원자의 4.5%가 최종 합격했다. 3단계 전형은 제조업 대기업, 2단계 전형은 비제조업 대기업의 경쟁이 가장 치열했다.

필기시험을 포함한 3단계 전형의 경우 제조업은 전체 지원자의 1.7%만 합격하는 것으로 나타나 비제조업(3.7%)의 절반에도 미치지 못했다. 규모별로는 대기업의 생존율이 2.4%로 중소기업의 3.9%에 비해 1.5%p 낮게 나타났다. 이는 필기시험을 보는 제조업 대기업의 경쟁이 가장 치열함을 의미한다. 한편 필기시험을 실시하는 중소기업의 경우 서류전형에서는 생존율이 68.3%에 달했으나 필기전형에서 15.0%로 크게 떨어지는 특징을 보였다. 필기시험을 보는 중소기업은 주로 금융·통신 및 연구기관 등 전문적 지식을 필요로 하는 경우가 많아 필기시험에 가장 큰 변별력을 부여하는 것으로 분석됐다.

서류와 면접만으로 채용을 결정하는 2단계 전형의 경우 중소기업은 전체 지원자의 15.6%가 합격한 반면, 대기업은 4분의 1 수준인 3.8%만이 면접을 통과하고 최종 합격했다. 한편 산업별로는 제조업의 생존율이 5.6%로 비제조업의 3.5%에 비해 2.1%p 높은 것으로 조사됐다.

2단계 전형을 실시하는 중소기업의 경우 서류 심사에서 지원자의 28.2%를 합격시키고, 최종 합격인원 역시 서류 심사 합격자의 절반 이상(55.3%)인 것으로 나타나 취업에 가장 유리한 것으로 나타났다. 특히 기계업종의 중소기업이나 의약·통신장비 등 중소 벤처 제조업 등에서 경쟁률이 낮게 나타나는 특징을 보였다.

100명 지원 → 서류 및 필기 → 12.3명 → 면접 → 3.8명

◆ 대졸 신입사원 채용단계별 생존율

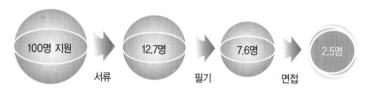

※ 주 : 1) 생존율은 전체지원자 대비 채용 단계별 합격자 비율임.
  2) 전체 지원자를 100명으로 가정했을 경우 채용 단계별 합격자 비율임.

◆ 대졸 신입사원 채용단계별 생존율

◆ 대졸 신입사원 채용단계별 생존율

면접시험 이후 최종 합격을 결정하는 과정에서 적용하는 배점 비중은 2단계, 3단계 전형 기업 모두 면접이 가장 높았다. 면접의 배점 비중은 2단계 전형 기업의 경우는 100점 만점에 61점, 3단계 전형 기업의 경우는 48점인 것으로 나타났다. 이는 "실력이 있어도 성격과 대화능력, 조직과의 적합성 등이 떨어진다면 채용하기 어렵다"는 최근의 경향을 반영하고 있는 것으로 풀이된다.

2단계 전형 기업은 기업 규모나 산업과 관계없이 서류와 면접의 배점 비중이 4:6 정도로 나타났다. 3단계 전형 기업은 최종 배점 비중이 100점 만점에 면접 48점, 서류 28점, 필기 24점 순으로 나타났다. 규모별로는 대기업과 중소기업의 필기시험 배점 비중은 24점으로 같았으나, 중소기업의 경우 상대적으로 서류전형에 높은 비중을 두고 있었으며 대기업의 경우 면접에 더 높은 비중을 두고 있는 것으로 조사됐다. 산업별 면접시험의 배점 비중은 약 48점으로 제조업과 비제조업 간 차이가 미미했으나, 제조업의 경우 서류전형에 좀 더 높은 비중을, 비제조업의 경우 필기시험에 좀 더 높은 비중을 부과하고 있는 것으로 나타났다.

대졸 신입사원 조기 퇴사 정도

대졸 신입사원 채용시 기업 인사 담당자들은 지원자의 '조직적 응력 및 협동심(27.1%)'을 가장 중요한 요소로 평가하는 것으로 나타났다. 이어 '업무 전문성 및 창의성(25.4%)', '적극성과 성취욕(24.6%)' 순으로 평가됐다. 반면 '학점 및 영어 성적(3.3%)'의 중요성은 상대적으로 낮은 것으로 나타났다. 이는 최근 학점 및 토익점수의 인플레 현상이 발생함에 따라 이를 주요 평가요소로 쓰기에는 변별력이 떨어지기 때문인 것으로 해석된다.

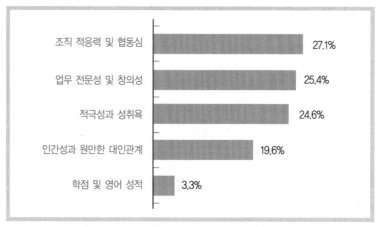

조직 적응력 및 협동심   27.1%

업무 전문성 및 창의성   25.4%

적극성과 성취욕   24.6%

인간성과 원만한 대인관계   19.6%

학점 및 영어 성적   3.3%

◆ 대졸 신입사원 채용시 가장 중요한 평가항목(복수응답)

대졸 신입사원이 최종 합격 이후 입사를 포기한 비율은 전체 최종 합격자 대비 23.7%로 조사됐다. 이는 최근 취업난으로 대졸 구직자들이 본인의 적성이나 장래에 대해 충분히 고려하지 않고 '마구잡이식' 지원을 하는 경향이 늘어남에 따라, 여러 기업에 중복 합격한 이후 기업 규모나 인지도 등이 더 나은 곳으로 이동하는 현상을 반영하는 것으로 풀이된다. 기업 규모별 입사 포기율은 대기업 19.1%, 중소기업 31.9%로 중소기업의 입사 포기율이 12.8%p 높은 것으로 나타났다. 산업별로는 제조업 24.3%, 비제조업 23.0%로 조사됐다.

여덟째, 대졸 신입사원의 입사 후 1년 이내 퇴사율은 27.9%로 나타났다. 중소기업의 경우 대졸 신입사원의 1년 내 퇴사율이 36.6%로 입사 후 1년 이내에 3분의 1가량의 신입사원이 퇴사하는 것으로 조사됐다. 이는 대졸 신입사원들이 임금수준 등 근무여건, 기업의 인지도 등이 더 나은 곳으로 이동하는 것에 기인하는 것으로 풀이된다. 이에 반해 대기업 신입사원의 1년 이내 퇴사율은 21.0%로 중소기업보다 15.6%p 낮은 것으로 나타났다. 산업별로는 제조업의 1년 내 퇴사율이 26.6%인 데 비해, 비제조업은 29.5%로 조사됐다.

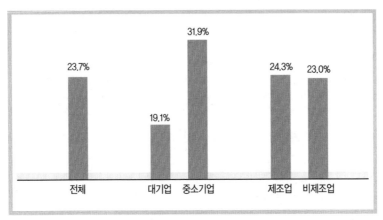

◆ 대졸 신입사원 입사 포기율

　대졸 신입사원들의 조기퇴사는 입사 초기에 집중적으로 교육이 이루어진다는 점을 감안할 때, 기업의 비용 부담을 가중시키는 결과를 가져오며, 중소기업의 경우 대졸 신규인력 충원이 용이하지 않게 돼 기업경영의 애로요인으로 작용하고 있다.

　참고로 2005년 5월 경총 '대졸 신입사원 재교육 현황조사'에 따르면 대졸 신입사원의 재교육에 소요되는 평균기간(수습훈련기간, 교육연수기간, OJT 등 신입사원이 실무에 투입되기 전에 소요되는 모든 기간)은 20.3개월, 재교육비용이 신입사원 1인당 6,218만 4,000 원으로 조사된 바 있다. 이로 인해 대기업들은 멘토링 제도(선배 사원이 신입사원의 회사 적응을 돕는 제도) 등을 통해 신입사원 이탈 방지를 위한 노력을 기울이고 있으며, 중소기업의 경우 신입사원 에 대한 처우가 상대적으로 열악하고 기업 여건상 대졸 신입사원 인력관리가 충분치 못함에 따라 높은 퇴사율을 보이는 것으로 판 단된다.

이상의 자료를 요약하면 대졸 신입사원 100명 지원시 서류전형 에서는 12.3명, 면접전형은 최종 3.8명만 합격하는 것으로 조사됐 다. 최종 합격인원 중 23.7%가 입사를 포기해 최종 입사자가 2.9 명이나 최종 입사인원 중 1년 내 27.9%가 퇴사해 1년 후 계속 근무 하는 신입사원 2.1명에 불과했다.

대기업의 경우를 다시 정리해보자. 먼저 대기업의 35.7%가 적용 하는 3단계 전형은 서류, 필기, 면접의 세 단계이다. 그 비중으로 보면 서류가 26.7%, 필기가 24.0%, 면접이 49.3%로 각각 나타났 다. 3단계 전형의 경우 경쟁률은 41.7대 1로 2단계 전형을 실시하 는 기업보다 경쟁률이 높았다. 100명이 응시하면 9.4명이 서류심 사에 합격하고, 7.2명이 필기시험에 합격하며, 면접을 통과해 2.4 명이 합격하고 있었다.

다음으로 대기업의 64.3%가 적용하는 2단계 전형은 서류, 면접의 두 단계이다. 그 비중으로 보면 서류가 39.7%, 면접이 60.3%로 각각 나타났다. 2단계 전형의 경우 경쟁률은 26.3 : 1로 3단계 전형을 실시하는 기업보다 경쟁률이 낮았다. 100명이 응시하면 11.1명이 서류 심사에 합격하고, 면접을 통과해 4.5명이 합격을 하고 있었다. 대기업에 취업을 희망하는 학생의 경우도 필기를 보는 3단계 전형인지, 아니면 필기를 보지 않는 2단계 전형인지를 알고 지원유형을 결정하도록 해야 한다.

대기업 합격자의 19.1%가 입사를 포기하고, 취업 후 퇴직자가 1개월은 5.8%, 3개월은 10.8%, 6개월은 15.0%, 9개월은 17.6%, 1년은 21.0%로 각각 나타났다. 이러한 최종 합격 후 입사 포기자와 입사 후 이른 기간 내 퇴사자는 기업에 부담을 주므로 신중을 기하도록 취업지도해야 한다.

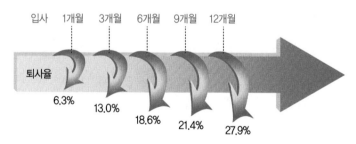

◆ 대졸 신입사원 1년 내 퇴사율(누적)

중소기업의 경우도 입사전형 유형에 따라 각각 차이가 나고 있었다. 중소기업 전체의 10.2%가 적용하는 3단계 전형의 경우 25.6:1로 그 경쟁률이 상대적으로 높은 편이었다. 100명이 응시하면 서류전형을 통해 68.3명이 남고, 필기시험을 통해 15.0명이 남으며, 면접을 통해 3.9명이 남는다. 이 과정에서 서류전형이 32%, 필기가 24%, 면접이 44%의 영향력을 발휘하고 있었다.

중소기업의 대부분이 적용하는 2단계 전형의 경우 경쟁률은 6.4대 1로 상대적으로 낮은 편이었으며, 1차 서류전형을 통해 100명의 응시자 중 28.2명이 남으며, 2차 면접을 통해 15.6명이 남는다. 이 과정에서 서류전형이 38.6%, 면접이 61.4%로 그 영향력이 더 크게 채용과정에서 작용하고 있었다. 중소기업에 취업하기 위해서도 면접에 특별한 관심을 두어야 한다.

그러나 중소기업에 최종 합격자의 31.9%가 입사를 포기하고, 1년 사이에 36.6%가 퇴사하는 것은 심각한 문제이다. 모든 구직자가 대기업에 갈 수 없는 만큼 중소기업에서 일정 부분 고용을 유지해야 한다. 그러기 위해 중소기업의 근무환경이 더욱 개선돼 입사자들이 입사 후 짧은 시간 내에 퇴사하지 않도록 해야 한다.

제조업과 비제조업을 비교하면 3단계 전형을 실시하는 경우 제조업은 58.8대 1로 비제조업 27.1대 1에 비해 훨씬 높게 나타났다. 3단계 실시 제조업의 경우 경쟁률이 높은 만큼 100명 중 합격자 수는 1.7명으로 매우 낮았다. 반면 3단계 전형 비제조업은 27대 1의 경쟁률을 보이며 100명이 응시해 최종적으로 3.7명이 합격을 하고 있었다. 2단계 전형을 하는 기업의 경우는 비제조업이 28.6대 1의 경쟁률을 보이며 100명 중 최종 3.5명이 합격을 했으나 제조업의 경우 17.9대 1의 경쟁률을 보이며 5.6명이 최종 합격하는 것으로 나타났다. 제조업은 비제조업에 비해 서류전형을 상대적으로 많이 반영하고 비제조업은 필기와 면접을 상대적으로 더욱 강조하고 있었다.

대학과 밀접한 연계 체제 구축 방향

앞의 결과에 비추어 보아 취업지도에서 다음과 같은 점을 고려해야 한다.

첫째, 취업지도를 할 때 2단계 전형을 반영하는 기업과 3단계 전형을 반영하는 기업의 유형에 따라 지도를 달리해야 한다.

둘째, 모든 구직자가 대기업에 갈 수 없는 상황에서 대기업에 너무 지나치게 구직자가 몰리는 현상이 완화되도록 지도해야 한다.

셋째, 100명이 응시해 4명 이하가 합격하고 실제로 2명 정도만이 1년 뒤에 근무하는 것은 매우 큰 낭비라고 보며 이를 줄일 수 있는 방안이 마련돼야 한다.

넷째, 구직자에 대한 취업지도에서 면접이 가장 중요하므로 면접에 대해 좀 더 체계적으로 지도가 이루어져야 한다. 그런데 면접을 위한 준비로만 그쳐서는 안 되며 면접에 대비하기 위해 자신에 대한 이해, 자신의 목표설정, 자신의 진로계획, 각종 정보수집이나 체험지도 등이 이루어져야 한다.

다섯째, 구직자들에게 영어 성적이나 학점보다 중요한 조직적응력, 협동심, 창의성, 적극성, 성취욕, 인간성, 원만한 대인관계를 형성할 수 있는 대학 내 프로그램이 개발·운영돼야 한다. 하지만 취업 강좌나 단시간의 취업캠프 등보다는 적절한 기간의 체계적인 프로그램을 만들기 위한 대학 총장 등 관리직의 관심과 지원이 필요하다.

여섯째, 많은 학생들이 실제로 합격 후 입사를 포기하고, 입사 후 1년 이내에 퇴직하는 사람이 많다는 것은 자신만의 주관 없이 친구 따라 강남 간다는 식의 구직행위가 많다는 것이며, 자신이 입사하고자 하는 기업이나 직무에 대해 잘 모르는 경향이 있다는 것을 의미한다. 그만큼 현명한 의사결정 기법이나 기업의 직무연구를 체계적으로 지도해야 한다.

일곱째, 경총이나 전경련 등에서 신규인력을 공급하는 대학과 좀 더 밀접한 연계 체제를 갖추어야 채용이나 재교육에 소요되는 추가비용을 줄일 수 있다. 실제로 대졸 신입사원의 재교육에 소요되는 기간과 비용을 줄이고, 합격 후 입사 포기자, 입사 후 조기 퇴사자를 줄이기 위해서도 기업과 대학 간의 연계가 강화돼야 한다.

03
대학 졸업자의 20개월 후의 모습과 과제

한국고용정보원은 대학 졸업자들의 취업현황과 학과별 직업 진출 분야 등을 정리한 「대졸자 취업정보」를 제작, 배포했다. 대졸자 취업정보는 한국고용정보원이 2006년에 실시한 대졸자 직업 이동경로 조사결과를 토대로 만들어졌다.

'대졸자 직업 이동경로 조사(Graduates Occupational Mobility Survey, GOMS)'는 한국고용정보원에서 2006년에 처음 실시한 패널 조사이다. 조사대상은 2004년 8월 및 2005년 2월에 고등교육법에서 정의하는 학교의 종류 중에서 교육인적자원부와 한국교육개발원(KEDI)에서 취업 통계를 목적으로 하는 '고등교육기관 졸업자 취업통계 조사'의 조사대상인 학교(전문대학 158개교, 4년제 대학교 178개교, 교육대학교 11개교 등 총 347개교)를 졸업한 대학 졸업자

50만 2,764명 중 학교유형, 권역(지역), 전공계열, 성별을 고려해 표본 추출된 2만 6,544명이다.

2006년에 실시한 제1회 대졸자 직업 이동경로 조사의 조사기간 은 2006년 10월 16일부터 2006년 12월 8일이다. 조사항목으로는 교육과정, 재학 중 경력개발과 취업경험, 졸업 후 구직기간 등 구 직경험, 직업(직업 세분류 수준)과 임금, 노동시장 이동, 직업관 및 진로, 직업훈련 및 자격증, 개인 신상 및 가계 배경 등이다.

전체 50만 2,764명 중에서 전문대 졸업자는 45.4%인 22만 8,336명, 4년제 졸업자는 53.5%인 26만 8,833명, 교육대 졸업자 는 1.1%인 5,595명으로 구성돼 있다.

졸업 후 20개월의 경제활동 현황

2004년 8월 및 2005년 2월 전문대 이상 대학졸업자(이하 2005년 대졸자)는 50만 2,764명이며, 이 중 40만 1,515명(79.9%)이 대학 졸 업 약 20개월 후에도 일을 하고 있었다.

대학 유형별 특징을 살펴보면 전문대 졸업자는 취업자의 비중이 82.8%로 높은 반면, 대학 졸업자는 비경제활동 인구의 비중이 15.9%로 높은 편이다. 이는 대학 졸업자의 경우, 졸업 후 대학 또 는 대학원으로 진학하는 경우가 많기 때문이다(비경제활동 인구 중 44.7%에 달함).

성별 경제활동 상태의 특징은 남자(81.1%)는 여자(78.7%)에 비해 취업자의 비중이 높은 반면, 여자(14.7%)는 남자(11.8%)에 비해 비경제활동 인구의 비중이 높다는 것이다. 여자의 경우, 일부 육아 및 가사를 위해 취업을 포기했기 때문이다.

학교 소재지별 경제활동 상태를 비교했을 때, 수도권 대졸자들의 취업률이 80.4%로 비수도권의 79.5%에 비해 0.9% 높고, 진학자의 비율이 수도권이 6.1%로, 비수도권의 4.7%에 비해 1.4% 정도 높은 것으로 나타났다. 한편 비수도권 대졸자들의 경우 진학자를 제외한 비경제활동 인구의 비율이 8.8%로 수도권의 6.9%에 비해 1.9% 정도 높은 것으로 나타났다.

2005년 대학 졸업자 전체의 실업률은 7.9%였으며, 전문대는 7.6%로 4년제 대학의 8.3%에 비해, 여성은 7.6%로 남성의 8.0%에 비해, 수도권이 7.6%로 비수도권의 8.1%에 비해 낮았다.

출신 전공계열별로는 다소 차이를 보여 의약계열(3.9%) 및 교육계열(4.5%)의 실업률이 가장 낮고, 자연계열의 경우는 11.1%로 가장 높은 실업률을 보였다. 공학계열이 8.1%, 인문계열 9.1%, 예체능계열은 8.1%로 상대적으로 실업률이 높은 편이었다.

4년제 공학계열 졸업 취업자 중 근로자 300인 이상 대기업에 취업한 비율은 39.7%로, 4년제 대학 전체 평균(27.5%)은 물론 인문(21.1%)·사회(27.7%) 계열보다 크게 웃돌았다.

예체능계열의 경우, 상용직 비율(61.2%), 종일 일하는 일반직장 비율(74.8%), 정규직 일반 근로 비율(72.3%) 등이 4년제 전체에 비해 많이 낮은 수준으로 나타나, 근로조건이 상대적으로 취약한 일자리에 많이 취업한 것으로 파악됐다.

4년제 대학 출신자 중에서 300인 이상 업체에 취업하는 비율이 높은 학과들을 살펴본 결과, 간호학과 의학이 가장 높은 가운데 상위 10위 안에 공대 관련 학과는 기계공학과 등 무려 8개나 포함됐다. 특히 기계공학(55.5%), 전자공학(54%), 산업공학(53.5%), 화학공학(51.7%) 출신 취업자들은 절반 이상이 300인 이상 업체에 들어갔다. 재료공학(47.9%), 기전공학(47.1%), 항공학(45.1%), 전기공학(43.9%) 등도 높은 취업률을 보였다.

반면 인문·사회계열 학과 중에서 300인 이상 규모 업체에 들어가는 비율이 가장 높은 곳은 독일어학과(34.7%)였으며, 기타 아시아어학과(33.2%), 경영학과(32.7%), 법학과(32.4%)가 뒤를 이었다. 전문대 졸업자의 경우에도 300인 이상 규모 업체 취업률 상위 20위 안에 제어계측(35.8%), 산업공학(34.6%) 등 공학 관련학과 12곳이 올랐다.

4년제 대졸자들이 취업한 현 직장을 기준으로 수도권 남성의 경우, 취업률이 80.1%로 가장 높고, 취업자 중 300인 이상 규모 업체의 취업률도 41.8%로 가장 높은 것으로 나타났다.

수도권 소재 대졸자의 수도권 지역 취업집중 현상은 대학 유형에 상관없이 나타나고 있으며, 비수도권 소재 출신 대졸자의 경우, 수도권 진출 비율이 상대적으로 낮지만 4년제 대졸자가 전문대학 대졸자에 비해 2배 정도 수도권으로 많이 진출하는 것으로 나타났다.

대학 유형별로 가장 많이 취업한 직업을 살펴본 결과, 전문대학은 경리사무원 비율이 6.1%로 가장 높았고, 간호사(4.5%), 총무사무원(4.3%), 생산관리 및 품질관리원(3.9%) 등의 순이었다. 4년제 대학은 마케팅사무원이 6.7%로 가장 많았고, 이어 총무사무원(5.2%), 생산관리 및 품질관리원(3.7%), 문리·어학계 강사(3.5%)가 상위권에 들었다.

첫 일자리 경험

2005년 대졸자 중 89.9%가 첫 일자리를 경험했으며 전체의 70%는 상용직, 임시·일용직 16.5%, 비임금 근로자가 3.4%였으며, 이에 해당하지 않는 10.1%는 일자리를 경험하지 못했다. 첫 일자리의 종사상 지위를 보면, 대부분(96.2%)이 임금근로자임을 알 수 있다.

성별 임금근로자의 비율로 보면 여성은 96.8%, 남성은 95.6%로 크게 차이 나지 않는다. 임금 근로자 중 남성은 상용직의 비율이 높은 반면 여성은 임시직의 비율이 상대적으로 높았다. 남성은 여성에 비해 취업률, 월평균 소득, 주당 평균근로시간이 높거나 많은 것으로 나타났다.

첫 일자리의 월평균 소득은 159만 6,000원이며, 종사상 지위별 월평균 소득은 임금 근로자(156만 4,000원)보다 비임금 근로자(247

만 1,000원)가 높았으며, 비임금 근로자에서는 고용주가 332만 9,000원, 자영업자는 174만 3,000원이다. 전공일치 분야 취업 시 월평균 임금은 160만 3,000원으로 전공 불일치 분야 취업시(144만 8,000원)보다 15만 5,000원을 더 받는 것으로 나타났다. 전공일치 분야 취업시 의약계열은 37만 4,000원, 공학계열은 27만 7,000원을 더 받았다. 첫 일자리가 전공 불일치 분야 비율은 28.7%이며 특히 인문계열과 자연계열 졸업자의 전공불일치 비율은 각각 39.8%와 36.1%로 다른 전공계열에 비해 높게 나타났다.

● 이직자의 종사상 지위 및 월평균 소득

(단위 : 명(%))

구분		첫 일자리	현재 일자리
종사상 지위	상용직	91,888 (72.4)	94,089 (74.1)
	임시직	30,614 (24.1)	23,002 (18.1)
	일용직	2,247 (1.8)	3,057 (2.4)
	고용주	754 (0.6)	1,732 (1.4)
	자영자	1,373 (1.1)	4,718 (3.7)
	무급가족종사자	113 (0.1)	391 (0.3)
전체		126,989 (100.0)	126,989 (100.0)
월평균 수입(만원)		131.1	148.0

첫 일자리에 들어갈 당시 연령을 보면, 비임금 근로자가 평균 28.7세로 임금 근로자(24.4세)보다 4.3세 높았으며, 이 중 고용주의 평균연령이 30.2세로 가장 높았다. 주당 평균근로시간은 임금 근로자가 48.1시간으로 비임금 근로자(46.8시간)보다 약간 길게 일하

는 것으로 나타났다.

졸업 전에 첫 일자리를 구한 대학 졸업자의 비율은 37.4%였다. 3개월 미만이 18.0%로 첫 일자리에 들어가기까지 소요된 기간을 보면, 대학 졸업자 절반 이상(55.4%)이 졸업 후 3개월 이내에 첫 일자리를 구하는 것으로 나타났다. 3~6개월이 10%이며 6개월~1년이 12%, 1년 이상이 11.6%로 각각 나타났다.

남자(40.8%)가 여자(34.3%)에 비해, 전문대(40.7%)가 대학교(34.9%)에 비해, 수도권(38.6%)이 비수도권(36.7%)에 비해 졸업 전에 첫 일자리를 얻는 비율이 높은 것으로 나타났다. 의약계열(27.3%)과 교육계열(30.5%)은 졸업 전 첫 일자리 획득 비율이 낮은 반면, 졸업 후 3개월 이내 첫 일자리 획득 비율이 각각 36.4%와 28.4%로 다른 전공 계열에 비해 높았다. 이는 전공의 특성상 다른 전공 계열에 비해 졸업 직후 채용이 많이 이루어지기 때문이다. 인문계열은 28.2%가 졸업 후 6개월이 지난 후에 첫 일자리를 구하는 것으로 보아 다른 전공 계열에 비해 첫 일자리를 구하는 데 많은 시간이 소요되는 것으로 보인다.

● 첫 일자리 진입소요기간

구분		졸업진	3개월 미만	3~6개월 미만	6개월~ 1년 미만	1년 이상	경험 없음
전체		37.4	18.0	10.0	12.0	11.6	11.0
성별	남자	40.8	15.7	9.3	11.5	10.9	11.8
	여자	34.3	20.3	10.7	12.4	12.1	10.2
학교 유형	전문대	40.7	19.3	10.5	11.6	10.3	7.6
	대학교	34.9	17.1	9.6	12.3	12.5	13.5
학교 소재지	수도권	38.6	17.2	9.7	11.8	11.7	11.1
	비수도권	36.7	18.6	10.2	12.1	11.5	10.9
전공	인문계열	33.0	16.0	9.8	13.4	14.8	13.0
	사회계열	38.1	15.2	10.8	13.0	12.0	11.0
	교육계열	30.5	28.4	4.6	9.3	16.9	10.2
	공학계열	42.9	14.9	9.4	11.5	9.7	11.5
	자연계열	33.7	16.7	9.9	11.6	11.5	16.6
	의약계열	27.3	36.4	14.6	9.8	8.0	3.9
	예체능계열	39.4	18.9	9.8	12.4	12.1	7.4

출신대학과 첫 일자리 소재지를 보면 수도권 대학 졸업자가 비수도권으로 취업한 경우는 6.3%(10,836명)였으며, 이 중 출신 지역으로 취업한 경우를 제외하면 비수도권 취업은 4.8%에 불과했다. 수도권 내에서도 서울권 졸업자 6만 9,246명 중 5만 2,516명 (75.8%), 경기권 졸업자 9만 3,170명 중 4만 8,114명(51.6%)의 첫 일자리가 서울권인 것으로 보아 서울권을 가장 선호하는 것으로 보인다. 비수도권 대학 졸업자 중에서는 74.2%(18만 9,193명)만이 비수도권 지역에서 첫 일자리를 구하고, 25.8%(6만 5,834명)는 수도권 지역에 첫 일자리를 얻는 것으로 나타났다.

● 이직자의 일자리 경험 횟수

(단위 : 명(%), 회)

구분		1회	2회	3회	4회 이상	전체	평균 일자리 횟수
전체		312,943 (69.1)	107,359 (23.7)	26,247 (5.8)	6,321 (1.4)	452,870 (100.0)	1.40
성별	남성	159,603 (72.9)	45,899 (21.0)	10,967 (5.0)	2,591 (1.2)	219,060 (100.0)	1.35
	여성	153,339 (65.6)	61,460 (26.3)	15,281 (6.5)	3,730 (1.6)	233,810 (100.0)	1.45
학교 소재지	수도권	137,286 (70.1)	45,411 (23.2)	10,842 (5.5)	2,388 (1.2)	195,927 (100.0)	1.38
	비수도권	175,657 (68.4)	61,948 (24.1)	15,406 (6.0)	3,933 (1.5)	256,944 (100.0)	1.41
학교 유형	전문대학	142,231 (66.6)	53,173 (24.9)	14,750 (6.9)	3,454 (1.6)	213,608 (100.0)	1.44
	대학교	165,777 (70.9)	53,683 (23.0)	11,406 (4.9)	2,807 (1.2)	233,674 (100.0)	1.37
	교육대학	4,935 (88.3)	502 (9.0)	91 (1.6)	60 (1.1)	5,588 (100.0)	1.17
전공	인문계열	30,293 (67.3)	11,199 (24.9)	2,770 (6.2)	780 (1.7)	45,043 (100.0)	1.42
	사회계열	81,974 (72.7)	24,805 (22.0)	4,866 (4.3)	1,148 (1.0)	112,793 (100.0)	1.34
	교육계열	21,178 (75.6)	5,630 (20.1)	924 (3.3)	263 (0.9)	27,995 (100.0)	1.30
	공학계열	92,576 (71.8)	28,379 (22.0)	6,690 (5.2)	1,281 (1.0)	128,927 (100.0)	1.36
	자연계열	30,018 (66.7)	11,244 (25.0)	3,119 (6.9)	631 (1.4)	45,012 (100.0)	1.44
	의약계열	21,510 (65.8)	8,729 (26.7)	2,071 (6.3)	398 (1.2)	32,709 (100.0)	1.43
	예체능계열	35,392 (58.6)	17,372 (28.8)	5,807 (9.6)	1,821 (3.0)	60,392 (100.0)	1.58

첫 일자리에서 종사상 지위가 임금 근로자인 경우, 그 소재지가 수도권은 53.3%, 비수도권은 46.7%인 것으로 나타나 수도권 지역의 첫 일자리 비율이 조금 높은 것으로 나타났다.

전문대 졸업자는 4년제 대학교 졸업자에 비해 고용의 질이 낮은 것으로 나타났고, 비수도권 대졸자의 수도권 취업이 많지 않은 것으로 나타났으며, 남성이 여성에 비해 월평균 소득이 높은 것으로 나타났다. 전문대 졸업자는 4년제 대학교 졸업자에 비해 취업률, 첫 일자리 경험률, 주당 평균 근로시간 등은 높거나 많지만, 월평균 소득, 진입 소요기간, 임금근로자 비율, 전공일치 취업률은 낮거나 적은 것으로 나타났다.

첫 일자리에 대한 전반적인 만족도를 보면, 전공분야로 취업한 경우가 그렇지 않은 경우보다 모든 전공계열에서 높은 만족 수준을 보인다. 교육계열 졸업 후 첫 일자리가 전공일치 분야인 임금근로자의 경우, 월평균 임금(139만 4,000원)은 낮은 수준이나, 첫 일자리의 전공일치 비율(90.3%)과 전반적 만족도(3.57점)는 가장 높은 수준으로 나타났다.

일자리 이동

대학 졸업 후 20개월이 지난 후 첫 일자리를 계속 근무하는 경우는 61.1%에 불과했는데 임금근로자의 59.9%, 비임금근로자의 84.8%가 첫 일자리에 계속 근무하고 있었다. 특히 임시직은

37.7%, 일용직은 42.3%만이 첫 일자리를 유지하고 있었다. 첫 일자리를 그만둔 이유로는 근로시간, 보수 등 근로여건 불만족이 33.9%, 더 나은 직장으로 전직하기 위해 16.5%, 학업의 계속이나 재취업 준비가 14.5%로 높게 나타났다. 첫 직장을 그만둔 사람의 월평균 수입이 189.9만 원인 데 비해 첫 직장을 그만둔 사람의 월평균 임금은 128.6만 원으로 차이가 나고 있었다.

일자리를 변경한 사람의 경우 첫 일자리와 비교할 때 현재의 일자리에서 상용직이 증가했고 반면 임시직은 감소했으며, 첫 일자리의 월평균 수입이 131.1만 원에서 148만 원으로 증액됐다.

대학 졸업 후 약 20개월이 경과한 시점에서 취업 경험자들은 평균적으로 일자리를 1.4회 경험한 것으로 조사됐다. 일자리 경험횟수별 분포를 보면, 1회 직장을 경험한 사람은 31만 2,943명(69.1%), 2회 경험자는 10만 7,359명(23.7%), 3회 경험자는 2만 6,247명(5.8%), 4회 이상 일자리 경험자는 6,321명(1.4%)인 것으로 나타났다.

평균 일자리 횟수를 주요 변수로 비교해보면, 여성은 1.45회로 남성(1.35회)에 비해 많고, 비수도권 대졸자는 1.41회로 수도권 대졸자(1.38회)에 비해 많았으며, 전문대학 대졸자는 1.44회로 4년제 대졸자(1.37회)와 교육대학 대졸자(1.17회)보다 많은 것으로 나타났다.

전공계열별로 살펴보면, 예체능계열 대졸자가 1.58회로 다른 전공계열보다 일자리 이동횟수가 많은 것으로 조사됐다. 인문계열

1.42회, 사회계열 1.34회, 교육계열 1.30회, 공학계열 1.36회, 자연계열 1.44회, 의약계열 1.43회로 각각 나타났다.

이직 경험이 있는 대학 졸업자의 경우, 상당수가 첫 일자리를 획득한 후에 1년 이내에 그만둔 것으로 나타났다. 첫 일자리를 1년 이내 그만둔 비중은 일자리를 1회 이동한 10만 7,359명의 경우, 3개월 미만(7.8%), 6개월 미만(18.7%), 12개월 미만(35.0%) 등 모두 61.5%인 것으로 나타났다. 2회 이동한 2만 6,247명의 경우에는 76.1%, 3회 이동한 6,321명의 경우에는 90.9%가 1년 이내 첫 일자리를 그만둔 것으로 나타났다.

첫 일자리에서의 평균 근무기간을 살펴보면, 1회 이직자는 12.5개월인 반면, 2회 이직자는 8.3개월, 3회 이직자는 7.4개월로 일자리 이동횟수가 많을수록 첫 일자리의 근무기간이 짧은 것으로 나타났다.

상용직은 일자리 이동이 없을 시 80.3%, 일자리 1회 이동시 73.1%, 일자리 2회 이동시 67.7%의 순으로 상용직의 비율이 낮아지는 것으로 나타났고, 임시직 및 일용직은 일자리 이동이 없을 시 13.6%, 일자리 1회 이동시 25.1%, 일자리 2회 이동시 30.7%의 순으로 점점 높아지는 것으로 나타났다. 이는 일자리 이동횟수가 많을수록 첫 일자리의 상용직 비중이 낮고 임시직 및 일용직 비중이 높은 것으로 보아 고용이 상대적으로 불안정한 상태에서 벗어나기 위해 일자리 이동을 하는 것으로 보인다.

비임금근로자의 비중 변화를 살펴보면, 일자리 이동횟수가 1회일 경우 1.8%에서 5.1%로 상승하고, 2회일 경우 1.6%에서 2.6%으로, 그리고 5.2%로 상승하는 것으로 보아, 일자리 이동횟수가 많아지면 임금근로자에서 비임금근로자로 옮겨가는 것으로 파악된다.

일자리 이동횟수에 따른 4년제 대학 졸업 남성의 비율을 살펴보면, 0회(26.0%) → 1회(22.1%) → 2회(18.4%) 등으로 나타나, 일자리 이동횟수가 많아질수록 4년제 졸업 남성의 비율이 줄어드는 것으로 보아 4년제 졸업 남성들은 상대적으로 일자리 이동이 많지 않은 것으로 파악된다.

일자리 이동횟수에 따른 상용직이 종사하는 300인 미만 기업 규모를 살펴보면, 0회(72.4%) → 1회(87.4%) → 2회(90.7%) 증가하는 것으로 나타나, 상용직인 경우 일자리 이동횟수가 많아질수록 첫 일자리의 기업 규모가 300인 미만 비율이 증가하는 것으로 보아 기업 규모가 작은 일자리에서 근무하는 대졸자들이 규모가 큰 일자리로 이동하고 있는 것으로 파악된다.

일자리를 옮긴 경험이 있는 대졸자의 경우 전공일치 비율(1회 69.5%, 2회 63.2%, 3회 65.8%)이 '그런 대로 맞다(45.7%)'와 '아주 잘 맞다(25.9%)' 등 전공일치 비율이 전체 평균 71.6%보다 모두 낮은 것으로 보아 전공불일치 취업자들의 직장 이동이 상대적으로 많은 것으로 파악된다.

일자리를 한 번 옮긴 사람의 경우 이전 일자리와 산업이 변화한 비중이 54.2%, 직업이 변화한 비중이 44.8%, 그리고 산업 또는 직업의 변동을 동반한 경력 간 변동의 비중이 63.3%에 이르는 것으로 나타났다. 따라서 빈번한 일자리 이동을 경험하는 대졸자의 경우 경력 변동 또한 크게 이루어지고 있음을 알 수 있고 전반적으로 직업보다는 산업 간 변동률이 더 높게 나타나고 있으며, 누적되는 일자리 이동을 통해 경력 변동률이 다소 하락하는 것으로 보이나 경력 일치를 이루고 있음은 발견되지 않는 것으로 파악된다.

● 첫 일자리를 그만둔 이유

(단위 : 명, %)

이 유	남 성	여 성	전 체
근로여건(근로시간, 보수 등) 불만족	26,083(35.4)	33,582(32.8)	59,664(33.9)
차별을 받아서(성차별, 고용형태 차별 등)	451(0.6)	1,202(1.2)	1,653(0.9)
전공, 지식, 기술, 적성 등이 맞지 않아서	4,253(5.8)	5,238(5.1)	9,490(5.4)
학업의 계속이나 재취업 준비	9,544(12.9)	15,911(15.5)	25,455(14.5)
창업 또는 가족 사업을 사려고	1,894(2.6)	1,312(1.3)	3,207(1.8)
계약기간이 끝나서	3,528(4.8)	7,319(7.2)	10,847(6.2)
직장의 휴·폐업 등으로	3,622(4.9)	4,588(4.5)	8,210(4.7)
권고사직, 정리해고, 명예퇴직으로 인해서	1,166(1.6)	1,476(1.4)	2,642(1.5)
상사 또는 동료와의 갈등 때문에	2,349(3.2)	3,259(3.2)	5,607(3.2)
경제적인 여유가 있거나 여가를 즐기기 위해	476(0.6)	691(0.7)	1,167(0.7)
보다 나은 직장으로 전직하기 위해	13,908(18.9)	15,159(14.8)	29,068(16.5)
건강이 좋지 않아서	1,772(2.4)	3,455(3.4)	5,227(3.0)
육아	–	1,872(1.8)	1,872(1.1)
결혼	192(0.3)	2,037(2.0)	2,229(1.3)
가족적인 이유로	616(0.8)	724(0.7)	1,340(0.8)
기타	3,852(5.2)	4,511(4.4)	8,362(4.8)
전체	73,705(100.0)	102,337(100.0)	176,042(100.0)

향후과제

앞의 자료를 기초로 대학 담당자들은 다음과 같은 점을 고려하도록 해야 한다.

첫째, 한국고용정보원의 「대졸자 취업정보」가 취업이나 진학을 하는 데 많이 활용돼야 한다.

둘째, 졸업을 하고 20개월이 지나고서도 일자리를 경험하지 못한 10.1%에 대해 적절한 일자리 경험 기회를 제공해야 한다.

셋째, 첫 일자리에서 전공과 일치하지 않는 비율이 28.7%이고 그 비율이 점차 높아지고 있음을 고려해 전공을 살려 취업을 하는 쪽으로 취업지도가 이루어져야 한다.

넷째, 졸업 후 일자리를 잡는 데 1년 이상이 소요된 11.6%에 대한 대책이 필요하다. 대학을 졸업하고 가능한 한 이른 시간 내 취업을 하도록 유도해야 한다.

다섯째, 비수도권 대학 출신이 수도권 대학에 비해 취업에서 불리하지 않도록 해야 한다.

여섯째, 전문대 졸업자 역시 4년제 대학 졸업생에 비해 취업에서 불리하지 않도록 해야 한다.

일곱째, 졸업 후 20개월이 지난 후 첫 일자리에서 계속 근무하는 경우는 61.1%에 불과하고 특히 임시직은 37.7%, 일용직은 42.3%만이 첫 일자리를 유지하고 있음을 고려한 정책이 개발돼야 한다. 이들의 전직 이유 중 상당수가 근로시간, 보수 등 근로여건의 불만족, 더 나은 직장으로 전직, 학업의 계속이나 재취업 준비임을 고려해야 한다.

여덟째, 대학 졸업 후 약 20개월이 경과한 시점에서 취업 경험자들은 평균적으로 일자리를 1.4회 경험한 것으로 조사됐다. 대졸자가 초기에 직업 이동이 잦은 부분에 대해서도 기업의 인사담당자와 대학의 취업담당자가 각별한 관심을 가져야 한다.

아홉째, 잦은 일자리 이동은 경력이 점차 변동되고 일치가 되지 않아 나중에 부정적인 영향을 줄 수 있음을 대학생들이나 구직자에게 알려주어야 한다. 이를 기초로 취업에 어떤 자세로 임해야 하는지를 알려주어야 한다.

열번째, 대학졸업자의 취업과 관련한 사항이 정리돼 대학의 취업 담당자나 기업의 인사 담당자에게 교육이나 정보가 제공되어야 한다.

04

대졸 신입사원에 대한
기업의 평가와 취업지도 과제

대학교를 졸업하고 주로 취업하는 기업들의 단체인 한국경영자 총협회와 대한상공회의소에서 대졸 신입직원에 대한 평가결과를 발표하여 우리나라 대학교육에 시사점을 주고 있다. 먼저 한국경영자총협회의 조사결과를 살펴본다.

한국경영자총협회의 조사

한국경영자총협회가 전국 종업원 100인 이상 374개 기업을 대상으로 한 '대졸 신입사원 채용실태 조사'를 실시하여 2006년 5월에 발표했다. 그 조사개요를 살펴보면 다음과 같다.

이 조사는 조사 시점에서 개별기업의 대졸 신규인력의 채용평가 요소와 인력 수준을 파악·분석하여 바람직한 정책방향을 모색하기 위한 참고자료를 제공하는 데 목적이 있다. 조사내용은 신입사원에 대한 업무성취 만족 및 불만족 이유, 신입사원 채용시 서류전형·필기시험·면접전형 비중, 서류전형 및 면접전형시 배점 비중 대졸 신입사원의 평균연령·학점·외국어시험 성적, 대졸 신입사원의 출신학교이다.

조사결과 2005년 입사한 대졸 신입사원의 평균 인적특성은 평균연령 28.2세, 학점은 3.55점(4.5만점), 영어 성적은 토익 700점 이상이었으며, 채용과정 중 면접전형에서 두각을 나타냈으나 입사 후 업무관련 소양은 부족한 것으로 평가받고 있는 것으로 조사결과가 나타났다. 출신학교는 서울 소재 대학교 43.9%, 지방 소재 대학교 54.9%로 지역별로 고른 분포를 보이고 있다.

채용 현황

대졸 신입사원의 평균연령은 28.2세로 나타났으며 비제조업(28.3세)이 제조업(28.1세)보다, 중소기업(28.6세)이 대기업(27.5세)보다 상대적으로 높은 것으로 나타났다.

2005년 입사한 대졸 신입사원의 평균학점은 4.5점 만점에 3.55점으로 나타났는데 기업 규모별로는 대기업이 3.60점으로 중소기업(3.51점)보다 0.9점이 높은 것으로 나타났다. 산업별로도 비제조업(3.61점)이 제조업(3.52점)보다 0.9점 높은 것으로 나타났다.

대졸 신입사원의 평균 영어 성적은 토익 700점 이상인 것으로 조사됐다. 세부적으로는 토익 700점대가 32.7%로 가장 많았고, 영어 성적과 무관 29.8%, 토익 800점대 25.8%, 시험 성적보다 회화능력 중시가 11.7%, 토익 900점 이상 4.7% 순으로 조사됐다.

산업별로는 비제조업의 경우 토익 800점 이상이 45.5%, 제조업은 토익 700점대가 37.9%로 각각 가장 높게 나타났다. 이는 채용 시 영어 성적 고득점자를 우대하는 일부 은행 및 보험업 등 금융권과 외국인 고객응대가 많은 호텔, 여행업 등 업무에 영어가 필수적인 업종이 비제조업에 다수 분포되어 있기 때문인 것으로 분석됐다.

기업 규모별로는 대기업의 경우 토익 800점 이상이 42.2%, 중소기업은 토익 700점대가 30.8%로 각각 높은 빈도를 보이고 있다. 대기업 신입사원의 영어 성적이 중소기업보다 높은 것은 대기업에 취업희망자들이 늘어나면서 객관적인 지표로써 신규인력을 평가할 수 있는 항목인 공인영어 성적의 평가비중이 중소기업보다 높고, 채용시 영어 실력보다는 인성, 실무 적응력 등을 선호하는 중소기업의 채용 시스템에 기인하는 것으로 분석됐다.

● 대졸 신입사원 평균 영어 성적(산업별 · 규모별)　　　　　　　　(단위 : %)

	산업별		규모별		전체
	제조업	비제조업	대기업	중소기업	
90점 이상 (토익기준 900점 이상)	1.7	10.9	7.8	2.8	4.7
80~89점 (토익기준 800점대)	14.7	34.6	34.4	15.0	21.1
70~79점 (토익기준 700점대)	37.9	21.8	35.9	30.8	32.7
영어 실력과 무관	29.3	30.9	12.5	40.2	29.8
시험성적보다 회화능력 중시	16.4	1.8	9.4	11.2	11.7
계	100.0	100.0	100.0	100.0	100.0

　　대졸 신입사원의 출신학교는 43.9%가 서울 소재 대학교인 것으로 나타났고, 지방 소재 대학교가 54.9%로 나타났다. 대졸 신입사원의 출신학교 비중은 고르게 나타났으나, 2005년 기준 전국 대학교 중 서울 소재 비율이 21.9%, 졸업생 비율이 26.0%인 점을 고려해볼 때, 전체 대졸 취업자 중 서울 소재 대학교 출신 신입사원 비율이 상대적으로 높은 것으로 분석됐다. 이는 전국 기업체 분포에서 서울지역이 다른 지역에 비해 상대적으로 높은 점과 서울 소재 대학교 졸업자들이 과거 기피하던 지방 소재 기업으로도 진출하면서 지방 소재 대학교 출신 인력의 일자리를 일부 잠식한 것에 기인하는 것으로 분석된다.

　　대졸 신입사원 채용평가 비중은 면접전형이 52.5%, 서류전형이

40.3%, 필기시험이 7.2% 순으로 높게 나타났다. 특히 면접전형의 경우 산업별로는 제조업 53.1%, 비제조업 51.3%로 나타났고 기업 규모별로도 대기업이 55.6%, 중소기업이 51.0%로 나타나 채용평가에 있어 기업들이 가장 큰 비중을 두는 부문은 면접전형인 것으로 조사됐다. 이는 기업들이 서류전형이나 필기시험과 같은 단편적이고 간접적인 평가방식보다는 취업희망자를 직접 대면하여 기업에 필요한 업무관련 지식 및 인성 등을 종합적으로 평가할 수 있는 면접전형을 더 선호하기 때문인 것으로 분석된다.

면접전형에서는 업무관련 지식(20.8%)이 가장 높은 비중을 차지했고, 책임감(19.7%), 활동성 및 협동심(13.4%), 의사소통 능력(12.7%), 창의성(12.6%) 순으로 채용에 높은 영향을 미치는 것으로 나타났다. 업무관련 지식의 비중이 높은 것은 취업희망자의 기본적인 업무수행 능력을 평가하기 용이하고, 채용 후 신입사원을 적재적소에 배치하는 데 기초자료로 활용되기 때문인 것으로 분석됐다. 또한 책임감, 활동성 및 협동심, 의사소통 능력 등이 높은 비중을 나타낸 것은 우수한 조직적응 능력을 갖추고 개별기업만의 독특한 기업문화 유지에 기여할 수 있는 인재를 채용하는 데 유용한 평가지표이기 때문인 것으로 분석됐다.

서류전형에서는 학점이 20.6%로 가장 높은 비중을 나타냈고, 자격증(17.9%), 외국어(17.8%), 출신학교(16.3%) 순으로 채용에 높은 영향을 미치는 것으로 조사됐다. 학점, 자격증, 외국어 등이 높은 비중을 나타낸 것은 서류전형이라는 간접 평가방식의 특성상 명확히 수치로 드러나는 객관적인 평가요소에 상대적으로 높은 비중을 둘 수밖에 없기 때문인 것으로 분석됐다.

● 면접 전형시 배점 비중(산업별 · 규모별)

(단위 : %)

		용모	창의성	의사소통 능력	업무관련 지식	책임감	활동성 및 협동심	애사심	기타	계
전체		8.6	12.6	12.7	20.8	19.7	13.4	9.0	3.2	100.0
산업별	제조업	7.7	13.1	13.3	20.0	19.7	14.6	8.8	2.8	100.0
	비제조업	10.7	11.7	11.3	22.7	19.9	10.6	9.3	3.8	100.0
규모별	대강업	7.9	14.4	14.2	18.2	16.4	15.6	8.7	4.6	100.0
	중소기업	8.9	11.8	12.0	22.1	21.3	12.4	9.1	2.4	100.0

※ 자료 : 한국경총

● 서류전형시 배점 비중(산업별 · 규모별)

(단위 : %)

		출신학교	학점	외국어	사회봉사	어학연수	군경력	자격증	기타	계
전체		16.3	20.6	17.8	3.9	3.9	3.1	17.9	16.5	100.0
산업별	제조업	16.4	20.6	19.0	4.2	4.6	3.3	14.7	17.2	100.0
	비제조업	16.1	20.7	14.9	3.2	2.2	2.7	25.5	14.7	100.0
규모별	대기업	17.9	26.8	20.0	5.0	3.9	2.7	11.5	12.2	100.0
	중소기업	15.6	17.7	16.8	3.3	3.9	3.3	20.9	18.5	100.0

※ 자료 : 한국경총

산업 · 규모별 인적특성 차이

대졸 신입사원의 인적특성을 분석한 결과 산업, 규모별 차이가 나타나고 있는 것으로 조사됐다. 산업별로는 제조업의 경우 대졸 신입사원의 평균연령은 28.1세, 학점은 3.52점(4.5 만점)이었으며, 출신학교는 지방 소재 대학교 비율이 64.8%, 영어성적은 토익 700

점대가 37.9%로 각각 가장 높게 나타난 반면, 비제조업의 평균연령은 28.3세였으며, 학점은 3.61점이었으며, 출신학교는 서울소재 4년제 대학교 비율이 66.7%, 영어성적은 토익 800점 이상이 45.5%로 각각 가장 높게 나타났다.

산업별 인적 특성의 차이는 제조업의 경우 주요 생산라인이 지방으로 분산되어 있어, 학점, 영어 성적 등의 채용 평가요소보다는 적응에 큰 어려움이 없는 현지 인력의 채용을 더 선호하는 데 반해, 금융, 보험업, 일반 서비스업 등 비제조업의 경우 본사가 서울에 집중되어 있음에 따라 상대적으로 제조업에 비해 서울 소재 대학교 출신 인력을 선호하는 경향을 갖고 있는 것에 기인하는 것으로 보인다.

기업 규모별로는 대기업의 경우 대졸 신입사원의 평균연령은 27.5세, 평균학점은 3.60점(4.5만점)이었으며, 출신학교는 서울 소재 대학교 비율이 59.7%, 영어 성적은 토익 800점 이상이 42.2%로 각각 가장 높게 나타났다. 반면 중소기업은 평균연령 28.6세, 평균학점은 3.51점(4.5만점)이었으며, 출신학교는 지방 소재 대학교 비율이 65.1%, 영어 성적은 토익 700점대가 30.8%로 각각 가장 높게 나타났다.

기업 규모 간 인적특성의 차이는 중소기업에 비해 상대적으로 임금 및 근로조건이 우수하고, 고용의 안정성이 높은 대기업에 취업희망자들이 몰리면서 채용평가시 일부 객관적인 지표로 나타나는 학점, 토익 점수 등에 인플레가 나타났기 때문인 것으로 분석된다. 또한 대기업의 경우 중소기업에 비해 서울에 소재해 있는 비율이 상대적으로 높아 서울 소재 대학교 출신 신입사원의 비중이 높은 것으로 분석됐다.

신입직원에 대한 만족도와 불만족 이유

대졸 신입사원에 대한 업무 불만족도 비율은 대기업이 80.0%로 중소기업(50.8%)에 비해 29.2% 높게 나타나 수치상 나타나는 인적 특성이 업무 만족도와 직결되지는 않는 것으로 나타났다. 또한 전 산업의 61.8%가 대졸 신입사원의 업무 성취도를 불만족이라고 응답했으며, 산업별로는 제조업이 61.6%, 비제조업이 60.6%가 업무 성취도를 불만족이라고 응답해 상대적으로 높은 비중을 보였다.

신입사원 업무 성취도의 불만족 이유로는 산업현장과 대학교육의 괴리가 43.3%로 가장 높게 조사되었으며, 인력 선발과정에서 적정 인력 미선발 28.9%, 사회 전반적인 인력의 질적 저하 21.6%, 기타 6.2% 순으로 나타났다.

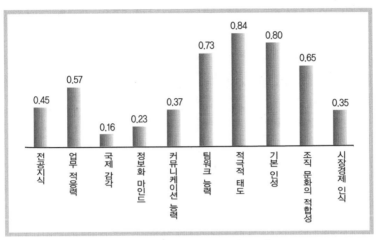

◆ 중요도 − 만족도

대한상공회의소의 조사

대한상공회의소(www.korcham.net)가 지난 2006년 5월 30일부터 6월 2일까지 서울 소재 510개사(대기업 22.9%, 중소기업 77.1%)를 대상으로 '대졸 신입사원이 갖춰야 할 역량들의 중요도와 신입사원으로부터 실제로 느끼는 만족도'에 대해 비교 · 조사한 결과를 발표했다.

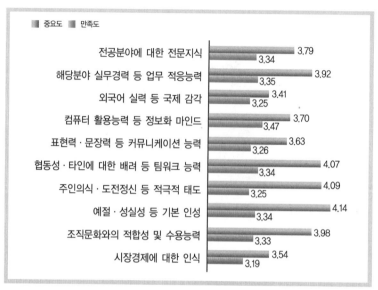

■ 중요도 ■ 만족도

전공분야에 대한 전문지식	3.79	3.34
해당분야 실무경력 등 업무 적응능력	3.92	3.35
외국어 실력 등 국제 감각	3.41	3.25
컴퓨터 활용능력 등 정보화 마인드	3.70	3.47
표현력 · 문장력 등 커뮤니케이션 능력	3.63	3.26
협동성 · 타인에 대한 배려 등 팀워크 능력	4.07	3.34
주인의식 · 도전정신 등 적극적 태도	4.09	3.25
예절 · 성실성 등 기본 인성	4.14	3.34
조직문화와의 적합성 및 수용능력	3.98	3.33
시장경제에 대한 인식	3.54	3.19

◆ 대졸 신입사원이 갖춰야 할 역량

  기업들이 대졸 신입사원을 채용할 때 중요하게 고려하는 요소로
는 예절성 · 성실성 등 기본 인성이 5점 만점에 4.14로 높은 편이
고, 그 다음이 주인의식 · 도전정신 등 적극적 태도가 4.09점, 협동
성 · 타인에 대한 배려 등 팀워크 능력이 4.07점 등의 순이었으며,
컴퓨터 활용능력, 외국어 실력 등은 각각 3.70점, 3.41점 등으로
중요도가 비교적 낮았다.

  기업들이 대졸 신입사원으로부터 느끼는 만족도는 예절성 · 성
실성 등 기본 인성이 5점 만점에 3.34점, 주인의식 · 도전정신 등
적극적 태도가 3.25점, 협동성 · 타인에 대한 배려 등 팀워크 능력
이 3.34점 등이며 전공지식, 컴퓨터 실력, 외국어 능력 등에 대한

기업 만족도는 각각 3.34점, 3.47점, 3.25점 등으로 나타났다.

앞에서 살펴본 중요도와 기업들이 신입사원에게 느끼는 만족도는 차이가 나고 있다. 특히 신입사원의 주인의식·도전정신(중요도와 만족도 격차 0.84점)이나 예절·성실성(격차 0.80점)이 결여되어 있는 것으로 평가했다. 반면 기업들이 중요도를 낮게 본 외국어 실력 등 국제 감각, 시장경제에 대한 인식, 컴퓨터 활용능력 등에 대한 만족도는 상대적으로 높았다. 이에 따라 신입사원의 외국어 실력(격차 0.16점)과 컴퓨터 활용능력(격차 0.23점)에 대해서는 불만이 적은 것으로 분석됐다.

● 기업의 대학교육에 대한 인식

(단위 : %)

구분	전혀 비동의	비동의	보통	동의	매우 동의
대학교육이 이론에서 벗어나 사례와 실습 위주로 이뤄지고 있다	5.3	49.0	34.5	10.4	0.8
대학 교과과정이 기업의 요구를 잘 반영하고 있다	5.9	47.5	37.6	8.6	0.4
산업계와 대학간 연계가 잘 이뤄지고 있다	6.1	46.8	36.5	9.8	0.8
대학교육의 성과에 대한 평가가 잘 이뤄지고 있다	5.3	46.9	39.0	8.0	0.8
대학교육 현황에 대한 정보를 입수하기가 쉽다	5.3	44.3	37.5	11.7	1.2
대학 교과과정이 기업의 수요에 따라 유연하게 바뀌고 있다	3.1	43.2	37.6	15.5	0.6
대학교수들은 새로운 이론을 배우고 교수방법 등을 개선하는 데 적극적이다	4.5	39.8	44.5	10.8	0.4
대학들이 획일화되어 있지 않고 강점을 지닌 분야에 전문화하고 있다	2.5	38.3	43.1	15.3	0.8
대학들은 학생·기업 등 대학교육 수요자의 만족도를 높이는 데 많은 관심을 기울이고 있다	2.0	26.8	43.6	25.6	2.0

※ 자료 : 대한상공회의소

기업과 대학의 연계 정도에 대한 기업의 의견

대학 교과과정이 기업의 요구를 잘 반영하고 있는가를 묻는 질문에 대해 '그렇지 않다'는 응답이 53.4%로 '그렇다'는 응답(9.0%)보다 높게 나타났으며, 대학교육이 이론에서 벗어나 사례와 실습 위주로 이뤄지고 있는가를 묻는 질문에 대해서는 '그렇다'는 응답이 11.2%, '그렇지 않다'는 응답이 54.3%였다.

산업계와 대학 간 연계가 잘 이뤄지고 있는가를 묻는 질문에는 '그렇지 않다'는 응답이 52.9%(그렇다, 10.6%), 대학교육의 성과에 대한 평가를 묻는 질문에는 '잘 이뤄지지 않는다'는 응답이 52.2%(잘 이뤄진다 8.8%) 였다.

한편 수요자 지향형 교육을 위한 대학당국의 변화 노력에 대해서 기업들이 내리는 평가는 찬반이 팽팽히 맞서고 있었다. 대학이 기업 등 수요자의 만족도를 높이는 데 관심을 기울이고 있는가에 대해 '그렇다'라는 응답이 27.6%로 '그렇지 않다'(28.8%)라는 응답과 비슷한 수준을 나타냈다.

앞에서 살펴본 바와 같이 대졸 신입직원들이 기업에서 요구하는 기준을 맞추지 못함에 따라 기업은 신입직원을 대상으로 재교육을 실시하고 있으며 그에 따른 비용이 만만치 않다. 기업이 실제 신규 인력을 산업현장에서 활용하기 위해 부담하고 있는 재교육비용은 2004년 기준 8조 2,207억 원에 달하는 것으로 나타났다(경총, 대졸 신입사원 재교육 비용 현황조사, 2005.). 이런 현상을 막기 위하여 전문대학과 4년제 대학교의 취업교육은 다음과 같은 몇 가지 개선방향을 모색해야 한다.

● 기업이 평가한 대졸 신입사원 역량의 중요도와 만족도
(단위 : %)

구분	중요도	만족도	중요도와 만족도 격차
예절·성실성 등 기본 인성	4.14	3.34	0.80
주인의식·도전정신 등 적극성	4.09	3.25	0.84
협동성 및 타인 배려 등 팀워크	4.07	3.34	0.73
조직문화 적합성 및 수용능력	3.98	3.33	0.65
실무능력 등 업무 적응력	3.92	3.35	0.57
전공분야 전문지식	3.79	3.34	0.45
컴퓨터 활용능력	3.70	3.47	0.23
표현력 · 문장력 등 커뮤니케이션 능력	3.63	3.26	0.37
시장 경제에 대한 인식	3.54	3.19	0.35
외국어 실력 등 국제 감각	3.41	3.25	0.16

첫째, 외국어에 대한 교육을 더욱 강화해야 한다. 대졸 신입직원들의 토익점수가 700점 이상이고 800점대가 29.8%, 900점 이상이 4.7%로 나타나고 있기 때문이다. 또한 앞으로 더욱 가속화되는 국제화의 흐름을 주도하기 위하여 대학생들이 토익으로 대표되는 영어는 물론 제2외국어, 제3외국어를 잘할 수 있도록 유도해야 한다. 특히 외국어에서 토익으로 대표되는 듣기의 문제풀기 식보다는 영작을 하는 데 초점을 두어야 한다. 영작을 잘하게 되면 말하기 등도 쉬워지기 때문이다.

둘째, 면접에 신경을 쓰자. 면접전형이 채용에 결정적 요인으로

작용한다. 면접전형에서는 업무관련 지식, 책임감, 활동성 및 협동심, 의사소통 능력, 창의성의 순으로 채용에 높은 영향을 미치는 것으로 나타났다. 업무에 관한 지식을 갖기 위하여 전공에 대한 공부와 자신이 취업하고자 하는 기업에 대한 연구가 필요하고 책임감, 협동심, 커뮤니케이션 능력, 창의성 등에 관하여 대학 시절에 동아리 활동 등을 통하여 체득하도록 지도해야 한다.

셋째, 서류전형에 준비하기 위하여 학점을 잘 관리하고 자격증, 외국어 등 객관적인 수치로 명확히 드러나는 평가요소에 신경을 쓰도록 지도해야 한다. 특히 대학생들이 학점관리에 좀 더 신경을 쓰도록 지도해야 한다.

넷째, 채용과정에서 중요시하는 예절성 · 성실성 등 기본 인성, 주인의식 · 도전정신 등 적극적 태도, 협동성 · 타인에 대한 배려 등 팀워크 능력, 컴퓨터 활용능력, 외국어 실력 등을 갖추도록 지도해야 한다. 특히 대학생들에게 사회생활에 필요한 기본적인 예절과 성실성을 갖도록 지도해야 한다.

다섯째, 대학교육이 산업현장과 대학교육의 괴리를 극복하고 좀 산업현장과 더 긴밀한 유대관계를 가져야 한다. 대학 교과과정이 기업의 요구를 잘 반영하도록 해야 하고, 이론에서 벗어나 사례와 실습 위주로 이뤄져야 하며, 산업계와 대학 간 연계가 잘 이뤄져야 한다.

05

기업이 원하는 인재상과
구직자의 취업전략

구직자들은 기업에서 요구하는 인재상이 무엇인가를 알고 이에 맞추어 희망기업을 정하는 '맞춤식 취업준비'를 해야 할 것이다. 대부분의 기업들은 공통적으로 글로벌 시대에 도전성·창의성·전문성을 가지고 조직 내에서 조화롭게 일할 인재를 원하는 것으로 나타났다. 특히 각 기업에서 정의하는 인재상의 정확한 개념에 맞추어 준비해야 한다.

기업이 원하는 인재상에 대한 조사결과가 전국경제인연합회 산업본부 기반산업팀에 의해 발표됐다. 조사목적은 기업이 원하는 인재상과 신입직원 능력에 대한 기업의 만족도를 조사해 산업계가 원하는 인재 양성을 도모하는 데 있다. 조사내용은 각 기업의 신입직원에 대한 만족도, 인재 채용절차, 인재상 등이다.

조사는 주요 기업(500개)을 대상으로 조사표를 보내어 2008년 5월 21일~6월 11일에 회수된 159개(회수율 31.9%)가 분석에 활용됐다.

● 주요 기업의 신입사원 채용과정 사례

기업	서류전형	필기시험	인·적성검사	면접시험
A	토익점수, 학점, 자기소개서	전공	전문기관 인·적성검사 이용	2단계 면접(실무, 임원)
B	전공, 학점, 자격증, 학위, 외국어	한자	전문기관 인·적성검사 이용	2단계 면접(실무, 임원)
C	학점, 토익·토플점수, 자격증, 전공, 자기소개서	–	전문기관 인·적성검사 이용	2단계 면접(실무, 임원)
D	학점, 전공, 자격증, 봉사활동, 자기소개서	–	자체개발 인·적성검사 이용	2단계 면접(영어회화)
E	학점, 외국어, 경력, 봉사활동, 자기소개서	한자	전문기관 인·적성검사 이용	2단계 면접(영어회화, PT)
F	학점, 토익·토플성적	상식	자체개발 인·적성검사 이용	2단계 면접(PT)

주요 기업의 인재상

기업들은 인재가 꼭 갖추어야 하는 자질로 도전정신과 성취의식을 가장 많이 꼽았으며, 두 번째가 도덕성과 올바른 가치관 등을 선택했다. 다음으로 협동성과 조직적응력, 창의성, 전문지식, 외국어와 국제 감각, 책임감의 순서였다.

38개 기업들이 '도전정신과 성취의식'을 인재가 갖추어야 하는 1순위 자질로 선택했고, 2순위는 18개, 3순위는 27개였다. '도덕성과 올바른 가치관'을 1순위로 선택한 기업은 37개이며, 2순위 20개, 3순위 13개였다. '협동심과 조직적응력'을 1순위로 선택한 기업은 21개이며, 2순위 27개, 3순위 38개였다. '창의성'을 1순위로 선택한 기업은 18개이며, 2순위 33개, 3순위 19개였고, '전문지식'을 1순위로 선택한 기업은 27개이며, 2순위 10개, 3순위 23개였다. '외국어와 국제감각'을 1순위로 선택한 기업은 8개이며, 2순위 25개, 3순위 22개였다. '책임감'을 1순위로 선택한 기업은 12개이며, 2순위 21개, 3순위 12개였다.

주요 기업의 인재상 조사결과, 기업이 원하는 인재의 핵심역량은 창조성과 도전정신, 전문성, 글로벌화, 협동성 등이었다. 대부분의 기업들은 공통적으로, 글로벌 시대에 도전성 · 창의성 · 전문성을 가지고 조직 내에서 조화롭게 일할 인재를 원하는 것으로 나타났다.

주요 기업이 원하는 인재상의 정의를 살펴보면 다음과 같다. 창조성, 도전은 창의력과 책임감을 가지고 진취적으로 도전하는 인재이고, 전문성은 전문지식을 가지고 끊임없이 탐구하며 자기계발에도 노력하는 인재이며, 글로벌화는 글로벌 시대에 적합한 마인드와 외국어 능력의 소유자, 협력 · 윤리는 직업의식, 윤리의식을 가지고 업무에 충실하며 협력적인 인재이다.

2003년도 전경련 조사에서 기업들은 신입사원들에게 '글로벌 역량'에 대한 요구가 높았으나, 2008년도에는 '창의력과 도전정신'에 대한 요구가 높아진 것으로 나타났다. 즉, 2003년도 조사에서 바람직한 직장인은 '글로벌 환경 하에서 전문지식과 프로근성을 갖고, 올바른 가치관, 창의력과 도전정신으로 조직구성원과 상호 협력해 맡은 바 임무를 완수하는 국제화된 인재'였다.

2003년 주요 국내 대기업이 원하는 인재상의 정의는 다음과 같았다. 개인 역량은 기본에 충실하되 폭넓은 교양과 끊임없는 자기계발로 노력하며 변화를 이끄는 프로의식이고, 글로벌 능력은 국제적 감각과 영어 및 중국어 등 외국어 구사 능력을 갖춘 세계인이었다. 조직 역량(대인관계 등)은 상호존중, 깨끗한 매너로 신용을 지키고 책임을 다하는 예의바른 협력자, 태도 및 가치관은 인간적이며 올바른 가치관에 중심을 두되 유연한 사고, 창의력, 도전정신과 열정을 가진 성취인이었다.

● 2008년 주요 기업이 원하는 인재상

창조성, 도전	창의력과 책임감을 가지고 진취적으로 도전하는 인재
전문성	전문지식을 가지고 끊임없이 탐구하여 자기계발에도 노력하는 인재
글로벌화	글로벌 시대에 적합한 마인드와 외국어 능력의 소유자
협력, 윤리	작업의식, 윤리의식을 가지고 업무에 충실하며 협력적인 인재

● 2003년 주요 기업이 원하는 인재상

개인 역량	기본에 충실하되 폭넓은 교양과 끊임없는 자기계발로 노력하며 변화를 이끄는 프로의식
글로벌 역량	국제적 감각과 영어 및 중국어 등 외국어 구사 능력을 갖춘 세계인
조직 역량 (대인관계 등)	상호존중, 깨끗한 매너로 신용을 지키고 책임을 다하는 예의바른 협력자
태도 및 가치관	인간적이며 올바른 가치관에 중심을 두되 유연한 사고, 창의력, 도전정신과 열정을 가진 성취인

기업들은 취업준비자(대학생)들이 협동심과 아이디어의 구체화와 현실화 능력은 매우 부족하며, 커뮤니케이션 능력 · 전공지식은

상대적으로 보통 정도 부족하나, 외국어·교양·사회활동은 크게 부족하지 않은 것으로 응답하고 있었다.

취업준비자가 부족한 자질로 협동심을 든 기업이 1순위 42개, 2순위 39개, 3순위 27개로 각각 나타났으며, 아이디어의 구체화와 현실화를 든 기업이 1순위 43개, 2순위 33개, 3순위 25개로 각각 나타났다. 커뮤니케이션을 든 기업이 1순위 15개, 2순위 29개, 3순위 40개로 각각 나타났고, 전공지식을 든 기업이 1순위 30개, 2순위 6개, 3순위 11개로 각각 나타났다.

외국어를 든 기업은 1순위 11개, 2순위 18개, 3순위 16개였으며, 교양을 든 기업은 1순위 9개, 2순위 14개, 3순위 17개로 각각 나타났다. 사회활동을 든 기업은 1순위 3개, 2순위 7개, 3순위 20개로 각각 나타났다.

기업의 신입직원 만족도

신입사원의 창의력에 대한 전체 응답 기업(159개)의 '만족' 과 '매우 만족'을 합해 51%, '매우 불만' 과 '불만'을 합해 8%, 그저 그렇다고 41%가 응답했다.

외국어 교육 강화와 해외 어학연수 등으로 학생들의 외국어 실력이 향상되면서, 전체 응답기업의 49%가 신입사원의 외국어 능력에 만족하고, 18%는 매우 만족하는 것으로 조사됐으며, 불만족이 2%, 31%가 그저 그렇다고 응답했다. 특히 신입사원의 영어실력에 대해 전체 응답 기업의 71%가 만족했다.

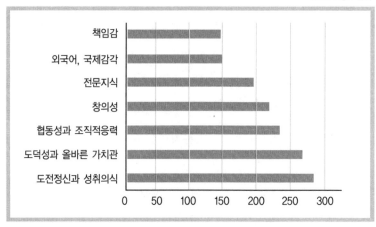

(단위 : 가중치 점수)

◆ 기업이 원하는 인재가 갖추어야 할 자질

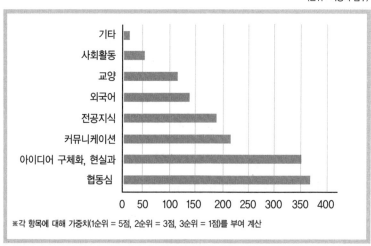

(단위 : 가중치 점수)

※각 항목에 대해 가중치(1순위 = 5점, 2순위 = 3점, 3순위 = 1점)를 부여 계산

◆ 취업준비자의 미흡한 점

한자능력에 대해서는 응답 기업의 54%가 그저 그렇다, 25%는 불만족한다, 21%가 만족한다고 답해 신입사원의 한자능력 향상을 위한 방안 마련이 요구됐다.

2007년 11월 전경련 조사에 따르면 기업들이 바라는 신입사원의 한자능력은 일상생활에 어려움이 없고 의미를 정확하게 파악할 수 있는 수준(한자검정시험 3급 정도)이다. 국어능력에 대해서는 만족한다고 응답한 기업은 70%이며, 그저 그렇거나 불만족한다고 응답한 기업은 30%로 조사됐다.

신입사원의 커뮤니케이션 능력에 대해서는 응답기업의 63%가, 대인관계는 69%가, 업무능력에 대해서는 70%가 만족하는 것으로 나타나 전반적인 신입사원 만족도는 나쁘지 않은 것으로 조사됐다. 이것은 전국경제인연합회 산하 주요기업을 대상으로 조사했기 때문에 이런 결과가 나온 것으로 해석된다.

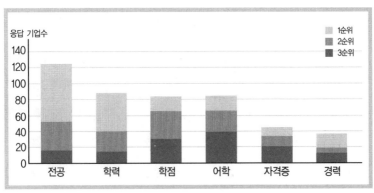

◆ 서류전형시 가장 중요하게 고려하는 요소

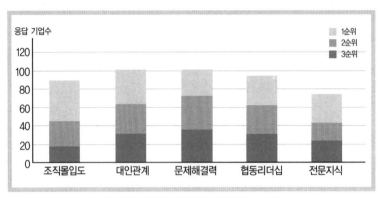

◆ 면접시 가장 중요하게 고려하는 요소

신입사원의 시장경제 이해도에 대해 만족한다고 응답한 기업은 56%이고, 불만족한다 5%, 그저 그렇다고 응답한 기업은 39%로 나타났다. 대졸 신입사원이 입사 후 독자적으로 업무수행이 가능해질 때까지 소요되는 기간은 각 회사와 업무의 특성에 따라 짧게는 3개월에서 길게는 48개월로 조사됐다.

신입직원 채용절차와 주요 평가사항

일반적으로 기업에서 직원 채용 시 '서류전형 – 필기시험 – 인·적성검사 – 면접'의 과정을 거친다. 직원 채용과정에 모든 기업들이 면접을 시행하고 있으며, 98.7%가 서류전형을, 64%는 인·적성검사를, 31%가 필기시험을 시행하는 것으로 조사됐다.

또 기업들에게 서류, 필기, 인·적성검사, 면접과정에서 중요하게 고려하는 것을 1~3순위까지 고르게 했다. 서류전형에서 가장 중요하게 고려하는 요소는 '전공'이며, 그 다음은 '학력', '학점' 순으로 나타났다. 전공을 중요하게 고려한다고 응답한 기업은 전체의 79%이며, 이 가운데 전공을 1순위로 가장 중요하게 고려한다고 응답한 기업은 69개였다. 학력을 중요하게 고려한다고 응답한 기업은 전체의 55%이며, 이 가운데 47개 기업은 학력을 가장 중요하게 고려한다고 응답했다.

서류전형에서 학점과 어학을 중요시한다는 기업은 전체의 50% 수준이며, 경력과 자격증을 반영하는 기업은 전체의 25% 수준이었다. 서류전형에서 경력과 학점을 가장 중요하게 고려한다고 응답한 기업은 각각 17개, 16개였다. 그리고 필기시험에서 가장 중요하게 고려하는 요소는 '외국어'이며, 그 다음은 '전공 점수'로 나타났다. 외국어 점수를 중요하게 고려한다고 응답한 기업은 전체의 71%이며, 이 가운데 외국어를 1순위로 가장 중요하게 고려한다고 응답한 기업은 18개였다. 외국어 필기시험은 토익·토플 점수로도 대체가 가능했다.

전공 점수를 중요하게 고려한다고 응답한 기업은 전체의 61%이며, 이 중 17개 기업은 전공지식을 가장 중요하게 고려한다고 응답했고, 필기시험에서 논술과 상식을 반영하는 기업은 15% 내외였으며 1순위로 중요하게 고려한다고 응답한 기업은 각각 11개, 10개였다.

인·적성검사에서 가장 중요하게 고려하는 요소는 '책임감'이었다. 인·적성검사에서 책임감을 중요하게 고려한다고 응답한 기업은 전체의 76%이며, 이 가운데 책임감을 1순위로 중요하게 고려한다고 응답한 기업은 39개였다. 윤리성을 중요하게 고려한다고 응답한 기업은 전체의 59%이며, 이 중 26개 기업은 윤리성을 가장 중요하게 고려한다고 응답했다. 창의력을 중요하게 고려한다고 응답한 기업은 전체의 55%이며, 이 중 창의력을 가장 중요하게 고려한다고 응답한 기업은 25개였다. 사회성도 전체 기업의 50%대에서 인·적성검사 시 중요하게 생각하는 요소였다. 그러나 인·적성검사 시 이해력과 리더십을 가장 중요하게 생각하는 기업은 10% 내외로 상대적으로 낮은 편이었다.

면접에서 가장 중요하게 고려하는 요소는 '조직몰입도'이며, 그 다음은 '대인관계', '문제해결력' 등으로 나타났다. 조직몰입도를 중요하게 고려한다고 응답한 기업은 전체의 57%이며, 이 중 45개 기업은 조직몰입도를 1순위로 응답했다. 대인관계를 중요하게 고려한다고 응답한 기업은 전체의 64%이며, 이 중 대인관계를 가장 중요하게 고려한다고 응답한 기업은 36개였다. '문제해결력'이라고 응답한 기업은 전체의 65%이며, 이 중 29개 기업이 동일 항목을 가장 중요하게 고려한다고 응답했다. 또한 협동 리더십도 면접 시 가장 중요하게 고려하는 요소로 60% 정도의 기업이 응답을 했으며, 전문지식은 40% 수준이었다.

모든 기업들이 신입직원 채용 시 면접을 시행하고 있으며, 이 중

2단계 면접(1차 실무면접, 2차 임원면접)을 시행하는 기업이 전체 응답기업의 50%로 나타났다. 3단계 면접(1차 실무면접, 2차 임원면접, 3차 대표자 면접)을 시행하고 있는 기업은 24%였다. 한 번에 실무자와 임원의 면접을 모두 보는 1단계 면접을 시행하고 있는 기업은 11%로 조사됐다. 모 기업의 경우 면접과정에서 영어회화와 PT를 보고 있었다.

희망 기업 맞춤식 취업준비

구직자들은 기업에서 요구하는 인재상이 무엇인가를 알고 이에 맞추어 희망 기업을 정하는 맞춤식 취업준비를 해야 할 것이다. 대부분의 기업들은 공통적으로, 글로벌 시대에 도전성 · 창의성 · 전문성을 가지고 조직 내에서 조화롭게 일할 인재를 원하는 것으로 나타났다. 특히 각 기업에서 정의하는 인재상의 정확한 개념에 맞추어 준비해야 한다.

2003년과 비교할 때 2008년도에는 '창의력과 도전정신'에 대한 요구가 커진 것으로 나타났다. 그만큼 창의력과 도전정신이 더욱 중요해졌다. 구직자를 지도하는 담당자들은 구직자들이 창의력과 도전정신을 더 많이 갖도록 지도해야 한다.

기업들은 또 취업준비자(대학생)들이 협동심과 아이디어의 구체화와 현실화 능력은 매우 부족하다고 응답했다. 따라서 협동심과 아이디어의 구체화와 현실화에 대해 공부를 더 많이 해야 할 것이다.

기업은 신입직원들의 영어 실력에 대해서는 비교적 만족하는 편이지만 한자능력에 대해서는 불만족하는 경향이 높았다. 신입직원의 한자능력 향상을 위한 방안이 시급히 마련돼야 한다. 중국과 일본 등 동남아 지역 국가들과의 교류를 위해 한자가 도움이 되기 때문이다. 기업들이 바라는 신입사원의 한자능력은 일상생활에 어려움이 없고 의미를 정확하게 파악할 수 있는 수준인 한자능력검정시험 3급 정도이므로 초등학교 때부터 한자능력검정시험을 준비하는 분위기가 조성될 필요가 있다.

직원채용 과정에 모든 기업들이 면접을 시행하고 있으므로 면접에 대한 준비가 철저하게 이루어져야 한다. 면접에서 가장 중요하게 고려하는 요소는 '조직 몰입도'이며, 그 다음은 '대인관계', '문제 해결력', '협동 리더십' 등으로 이에 대한 준비가 필요하다. 반면 면접에서 전문지식에 대한 준비는 상대적으로 덜 필요한 것으로 나타났다. 면접형태에서 2단계 면접(1차 실무면접, 2차 임원면접)과 3단계 면접(1차 실무면접, 2차 임원면접, 3차 대표자 면접)을 시행하고 있는 기업이 많으므로 이것을 고려한 면접전략을 세워야 한다.

또한 점차 인·적성검사의 비중이 높아지므로 이에 대해도 더욱 집중적으로 준비해야 한다. 인·적성검사를 위해 책임감, 윤리성, 창의력, 사회성을 강조해야 할 것이다.

이번 전국경제인연합회의 조사결과는 기업에 취업을 원하는 구직자나 이들을 지도하는 담당자에게는 매우 중요한 자료이다. 각

기업에서 요구하는 인재상이 무엇이고 각각의 인재상이 무엇을 의미하는지 정확하게 파악해 이에 맞춤식 취업전략을 수립하고 실천하는 것이 무엇보다 필요하다.

성공적인 직장인이 되기 위해
필요한 직업 기초능력

2007년 말 532개 기업, 인사담당자를 대상으로 조사한 결과 문제해결능력, 의사소통능력, 대인관계능력, 자기관리 및 개발능력, 조직이해능력 등에서 기업이 요구하는 능력에 비하여 신입직원들이 부족하다는 결과가 나왔다.

한국직업능력개발원에서는 직업기초능력을 산업계의 수요를 반영해 의사소통능력 자원, 정보 · 기술의 처리 및 활용능력, 종합적 사고력, 글로벌 역량, 대인관계 및 협력능력, 자기관리능력 등 6가지로 규정하고 이를 측정하는 도구를 개발하여 구직자와 직장인들을 위한 평가에 활용하려 하고 있다. 이 6가지 항목이 성공적인 직장인이 되기위해 기본적으로 갖추어야 할 것으로 판단하여 현재 직장을 가지고 있는 사람들도 이런 능력을 충분하게 갖추고 있나 아닌가를 점검해볼 필요가 있다. 그중에서 현재 직장인들의 경력개발과 관련된 몇 가지 내용을 살펴보자.

*의사소통능력

의사소통능력은 경청하고, 이해하고, 의사전달 및 발표, 토론과 중재하는 능력이다. 먼저 상대의 말에 귀 기울여 듣는 태도를 보여야 한다. 청산유수 같은 말솜씨보다는 상대의 말을 귀 기울여 듣는 태도가 더 중요하다. 자신의 의견만 열심히 말하고 직장 내 동료의 말을 흘려 듣는 것은 대단한 실례다. 상호 좋은 관계를 유지하기 위해서는 상대의 말을 경청하고 맞장구를 쳐주는 자세가 필요하다. 상대의 말을 잘 들어주는 것은 직장인으로서의 중요한 자질 중 하나이다.

*이해능력

직장에는 다양한 성격과 관심사를 가진 많은 사람들이 모여 일한다. 서로를 이해하기 쉽지 않지만 먼저 마음을 열고 다가서고, 이해가 상충했을 때 상대방의 입장에 서서 상대를 이해하려 노력하면 동료들과 우호적인 관계를 유지할 수 있다. 반대로 동료들, 또는 상사와 원만한 관계를 유지하지 못하면 이 마음은 일에도 연결되어 즐거운 직장생활을 할 수 없고 심지어 회사를 그만두게 된다.

다음으로는 보고의 기술을 익혀야 한다. 보고는 우리가 직장에서 하는 중요하면서도 흔한 업무다. 관리의 측면에서 상사는 부하의 업무상황을 알고 있어야 일의 진도 및 운영상황을 정확하게 파악할 수 있어 문제가 생겨도 즉시 대처할 수 있다. 직원과 부하의 입장에서는 보고의 기술에 능하면 상사들에게 좋은 이미지를 심어줄 수 있어 승진의 기회를 잡을 수 있다.

*대인관계 및 협력능력

조직 내에서 타인과 협력하여 공동의 목표를 성취하는 능력이다. 협력은 조직의 일원으로 참가하여 그룹의 목표 달성에 공헌하고 그룹

내 다양한 배경을 가진 구성원들과 협력하는 능력이다. 회사에서 협동의 정신은 구성원들이 하는 일의 결과와 직결된다. 난관에 부딪혔을 때 홀로 고군분투하고 동료들과 나누지 않는다면? 공명심에 불타서 자신 능력 밖의 일까지 혼자 매달린다면? 만약 누군가 이런 태도로 조직에서 버티고 있다면 그 개인의 앞날은 암담할 뿐이다. 조직에서는 자신을 단체에 융화시키는 사람만이 큰 성공을 거둘 수 있기 때문이다.

단체에 융화되기 위해서는 먼저 단체정신을 가져야 하고 '독불장군', '안하무인'의 태도를 버려야 한다. 많은 사람이 힘을 합하면 그만큼 힘이 커지므로 조직에서는 마음을 합쳐 협력하는 단체정신을 가져야 한다. 조직에 대한 이해능력은 조직 수행절차를 이해하고, 조직수행에 영향을 끼치는 요신을 가파악하여 그 효과를 예측·평가하며, 업무수행을 향상시키기 위해 기존 시스템을 변화시키거나 새로운 시스템을 설계할 수 있는 능력이다.

수학에서 '1+1=2'다. 그러나 조직에서 한 사람과 한 사람의 능력을 결합하면 그 결과는 2가 아니라 그 몇 배에 이른다. 분업이 세분화되고 경쟁이 치열한 현대 사회에서 전문분야의 능력을 갖는 것은 중요하다. 직장이라는 조직에서 생활할 때 한 사람의 능력으로 많은 일들을 감당할 수는 없다. 자신의 능력으로 일정한 결과를 얻는 것을 부인할 수는 없지만 그 능력을 다른 사람과 결합하면 더 효율적으로 일할 수 있고 더 좋은 결과를 얻는 것을 흔히 보게 된다.

*자기관리능력

자신에 대한 정확한 평가와 개인적 목표를 설정하고 이를 달성하기 위한 과정을 모니터링하여 자기 조절력을 나타내는 능력이다. 자기 주도적 학습능력은 자신에게 가장 적합한 학습방법을 활용하여 새로운 지식과 기술을 습득하고 적용하는 효율적 방법을 이용하는 능력이다.

21세기는 그 어느 때보다 발전 추세가 빠르고 복잡하다. 따라서 회사나 직원 모두 빠른 변화에 능동적으로 대처하지 못하면 금세 도태되고 만다. 따라서 우수한 사원의 자질에는 어떠한 변화에도 자유자재로 적응하고 대처할 수 있는 능력이 요구된다. 이러한 변화에 자유자재로 적응할 수 있는 가장 직접적이면서 효과적인 방법이 바로 학습이다.

지식으로 무장하고 있는 사람들은 업무에서 해결하기 어려운 문제를 만나거나 전혀 새로운 분야를 접해도 지식을 활용하여 남들보다 쉽게 처리한다. 또한 이 지식을 통해 끊임없이 발전하고 나날이 새로워진다.

*목표 지향적 계획수립능력

자신의 인생목표와 개인적 목표를 수립하고 목표 성취를 위한 구체적 절차를 수행해나가는 능력이다. 자신의 목표가 무엇인지 정확하게 파악하고 있을 때에만 우리는 일에 대하여 열정을 가질 수 있고, 주도적으로 일할 수 있으며, 자아실현의 꿈을 이룰 수 있다. 또한 어떠한 환경에 있더라도 외부의 영향에 흔들리지 않고 자신의 일에 매진할 수 있다.

5년 후의 나의 모습, 10년 후의 나의 모습, 20년 후의 나의 모습을 상상해보라. 구체적으로 그릴수록 원하는 목표는 실현 가능성이 높아진다. 자신이 본받고 싶은 역할모델을 찾는 것도 직장인에게는 매우 중요하다.

고흐는 '만종'을 그린 밀레를 자신의 역할모델로 삼고 그와 같은 위대한 화가가 되기 위해 어려운 환경 속에서도 예술의 열정을 불태웠다. 역할모델이 있음으로 해서 나아갈 방향을 찾을 수 있고 효과적으로 목적지에 도달할 수 있으므로 역할모델은 또 하나의 스승인 셈이다.

직장인에게 정서적인 면에서 자기조절도 필요하다. 이것은 자기의 기분이나 느낌 등 정서적 영역을 적절히 조절하는 능력이다. 직장 내에서 스트레스가 쌓일 때 풀지 않고 계속 쌓아두면 병이 되기 쉽다. 정서적으로도 우울하고 쉽게 지친다. 직장일과 여가의 균형을 갖도록 노력하여야 한다. 이것은 일을 더 효율적으로 하기 위한 생산적인 휴식이다. 스트레스를 풀고 활력을 유지할 수 있도록 마음의 여유를 가져야 지치지 않고 언제나 새로운 열정으로 일을 대할 수 있다.

우리나라에서 직업을 갖는 2,000만명이 직업을 갖는 것이 중요한 것이 아니라 직업생활의 질이다. 위에서 살펴본 직업기초능력을 가지면 어떤 직업생활에서 성공할 수 있는 기초적인 것이다. 이런 기초적인 것부터 챙기고 기본에 충실할 때 직장인들의 성공 가능성이 더 높아질 것으로 생각한다.

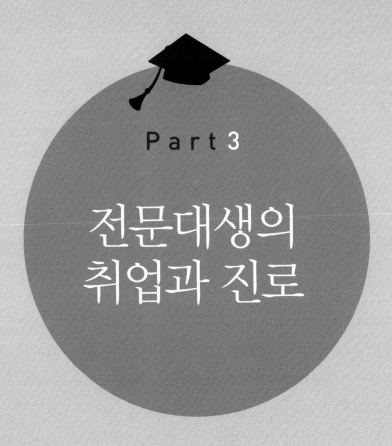

Part 3

전문대생의
취업과 진로

career development

전문대생 취업지도 방향 | 전문대학 취업관련 현황과 과제 |
전문대학의 진로상담 지도방안

01 전문대생
취업지도 방향

　　최근 전문대학에 대해 새로운 관심이 모아지고 있다. 그 이유는 전문대학에서도 4년제 대학과 같은 학사학위를 취득할 수 있기 때문이다. 전문대학 졸업자 중 학사학위를 취득하기 위해 학사학위 취득과정에 진학하는 인원이 약 5만여 명(2006년 현재)에 달하고 있다. 이들은 그동안 4년제 대학 편입, 학점은행제, 독학사학위제 등을 통해 학사학위를 취득해왔다. 그런데 2008학년도부터 전문대학 졸업자들이 전문대학에 설치된 전공 심화과정에 입학해 심화교육을 받아 학사학위를 취득할 수 있게 됐다. 교육인적자원부로부터 인가를 받은 전문대학은 2008학년도부터 전문학사 학위과정 총 입학정원의 20% 범위 내에서, 모집단위별로는 100% 범위 내에서 전공심화과정 입학생을 모집할 수 있게 됐다.

이러한 때 전문대생들의 대학생활과 취업지도방향을 논의해보는 것은 매우 의의가 크다고 본다. 이를 위해 한국직업능력개발원에서는 전문대생에 대한 추적조사를 매년 실시하고 있다. 2006년에는 7월에 전문대학에 재학 중인 학생 732명을 대상으로 학교생활, 학교 외 생활, 고민사항, 진로관련 내용 등을 조사했다. 이들 자료 중에서 전문대생의 취업지도에 참고가 되는 자료를 정리해보았다.

전문대생의 고민 및 희망 진로

전문대생들이 가지는 고민을 조사한 결과 부모(가족)와의 갈등, 사귀는 사람(애인)의 문제, 친구관계는 문제가 없는 경우가 가장 많았으나 자신의 성격, 자신의 외모 등에는 약간의 고민이 있는 편이었고, 나머지 공부, 학교 성적문제, 진학·진로문제, 가정의 경제적 형편, 취업문제에 대해서는 고민이 매우 많은 편이었다.

전문대생들의 졸업 후 희망 진로는 취업이 77.0%, 창업이 0.6%, 편입이 10.5%, 유학이 2.9%, 기타가 8.9%로 각각 나타났다. 전문대생의 진로와 관련한 고민은 매우 높은 편이었다. 2년제는 81.6%, 3년제는 82.5%였으며, 전체적으로 81.8%가 진로에 대해 고민하고 있었다. 취업에 대한 고민도 78.1%나 되었다.

● 전문대생의 고민

(단위 : %)

구분	고민이나 걱정이 없다	고민이 보통이다	고민이 심각하다	고민이 매우 심각하다	계
공부, 학교성적문제	22.8	51.9	21.6	3.7	100.0
진학, 진로문제	18.2	35.9	36.3	9.6	100.0
가정의 경제적 형편	27.3	55.1	15.7	1.9	100.0
부모(가족)와의 갈등	66.8	28.8	3.6	0.8	100.0
사귀는 사람(애인)의 문제	79.5	17.9	2.2	0.4	100.0
친구관계	72.7	25.5	1.4	0.4	100.0
자신의 성격문제	53.8	39.3	5.6	1.2	100.0
자신의 외모, 신체문제	41.5	48.1	8.7	1.6	100.0
취업문제	21.9	42.6	26.9	8.6	100.0

● 전문대생의 졸업 후 희망진로

(단위 : %)

구분	취업	창업	편입	유학	기타	계
비율	77.0	0.6	10.5	2.9	8.9	100.0

전문대생의 희망 진로에서 전문대생의 10.5%는 편입학을 희망하고 있었다.

또 다른 조사에서 편입학에 대한 의견만 조사한 결과 80.2%는 편입학 의사가 없다고 응답했다. 두 조사결과에서 차이가 나는 것은 앞의 조사에서는 졸업하고 취업도 하고 편입학을 동시에 하는 경우를 포함하지 않았기 때문인 것으로 해석된다.

졸업 후 학사편입학을 하려는 경우가 12.2%, 졸업 이전 다른 학교로 편입학이 5.9%, 같은 대학의 다른 학과로 편입이 1.7%로 각각 나타났다. 편입학 시 66.7%가 동일 전공으로 편입학을 하려 하

고 있었으며, 편입학을 하려는 이유 중 2년제 대학은 학력 상승과
취업 전망이 상대적으로 높게 나타난 반면 3년제 대학은 학력 상승
과 대학 평판이 높게 나타났다.

● 전문대생의 편입 이유
(단위 : %)

구분	2년제	3년제	전체
취업 전망	33.0	17.1	28.7
대학 평판	10.6	25.7	14.7
학력 상승	34.0	25.7	31.8
적성 고려	16.0	20.0	17.1
주변의 권유	2.1	5.7	3.1
기타	4.3	5.7	4.7
계	100.0	100.0	100.0

전문대학에서도 해외유학을 희망하는 학생은 전체 학생의
19.2%(2년제 20.8%, 3년제 14.2%)였으며, 유학 가는 시기는 2006년
조사 시점에 2008년이라는 응답이 가장 많았다. 지역별로는 북미
주(25.9%), 유럽(26.6%), 일본(24.5%) 등에 대한 수요가 높으므로 이
들 국가의 유학에 대한 지원이 있어야 한다.

그러나 현재도 그 영향력이 크며 앞으로 더욱 영향력이 커지리
라 예상되는 중국이 4.3%에 불과하고 앞으로 우리나라가 더욱 많
이 진출해야 할 동남아시아는 0.7%에 불과해 이들 지역에 대한 전
문대학 차원의 지원이 필요하다고 본다.

전문대생 중 미래에 어떤 직업을 가질지 결정한 경우가 52.7%에

불과했으며 특히 졸업을 목전에 둔 2년제 학생들의 51.4%가 미래 직업을 결정하지 못한 것은 큰 문제다. 2년제 대학생의 48.6%와 3년제 대학생의 65.0%가 2학년 1학기가 거의 끝난 시점에서도 희망 직업을 결정하지 못하고 있었다.

미래의 직업을 결정하지 못한 이유로는 자신을 몰라서, 직업에 대해 몰라서, 하고 싶은 것이 많아서가 높게 나타났다. 이를 통해 볼 때 전문대학의 진로교육이 잘 안된 것으로 판단된다. 미래 직업을 결정한 경우 85.7%가 자신의 전공과 관련이 높았다.

취업활동 준비

전문대학의 취업준비 상황을 살펴보면 다음과 같다. 전국의 각 전문대학에 소속한 학생들 중 정보검색만이 높게 나왔을 뿐 나머지 활동은 높게 나타나고 있지 않았다. 즉 각종 검사, 면접 등의 영역에서 실제로 경험한 학생들보다 경험해 보지 않은 학생이 많았다.

실제로 이들 취업관련 활동을 경험한 학생들 중 취업정보검색, 일하고 싶은 기관 방문, 취업 부탁, 적성흥미검사, 취업박람회 참여, 인터넷에 구직정보 올리기 등은 효과가 높다는 의견이 많지 않았다. 그러나 직업훈련, 자격증 취득, 아는 사람에게 취업 부탁, 면접훈련 등은 효과가 높은 것으로 나타나고 있었다.

● 전문대생의 취업을 위한 활동의 참여 정도

구분	경험 있음	경험 없음	계
직업훈련	18.7	81.3	100.0
자격증 취득	38.6	61.4	100.0
취업정보검색	51.9	48.1	100.0
아는 사람에게 취업부탁	33.2	66.8	100.0
일하고 싶은 기관 방문 취업부탁	14.1	85.9	100.0
면접훈련	18.3	81.7	100.0
적성흥미검사	32.4	67.6	100.0
취업박람회 참여	14.5	85.5	100.0
구직정보를 인터넷에 올려봄	12.1	87.9	100.0

전문대생 중 자신의 적성에 대해 아는 경우가 2년제 대학의 58.5%, 3년제 대학의 61.0%로 나타나고 있었으며 미래 희망직업의 업무내용과 전망 및 보수에 대해 잘 안다는 경우가 높은 편이었으나, 직업정보를 대학에서 얻는 경우가 1순위 응답자의 43.4%이나 정확도가 상대적으로 떨어지는 부모, 친척이 26.9%나 되고 2순위에서 인터넷과 친구, 선후배가 높게 나타나고 있었다.

전문대생 지도방향

첫째, 전문대생들의 고민을 조사한 결과 부모(가족)와의 갈등, 사귀는 사람(애인)의 문제, 친구관계는 문제가 없는 경우가 가장 많았다. 자신의 성격, 외모 등에는 약간의 고민이 있는 편이었으나 나머지 공부, 학교 성적문제, 진학, 진로문제, 가정의 경제적 형편, 취업문제에 대해서는 고민이 매우 많은 편이었다. 전문대생들이 가지고 있는 다양한 고민사항에 대해 체계적인 지도가 따라야 할 것이다.

둘째, 전문대생의 성격지도와 관련해 전문대학에서 MBTI, 애니어그램, DISC 등 성격검사를 실시하고 충분한 해석을 하여 인성 함양을 위해 노력해야 한다. 흥미, 적성보다 직업선택에서 점차 그 중요성이 커지는 성격을 제대로 알고 이에 대처하는 자세가 필요하다.

셋째, 전문대생들이 등록금 마련 등으로 겪는 어려움과 그에 따른 중도탈락과 휴학 증가에 대처해야 한다. 전국적으로는 2006년 전문대와 산업대의 학생 중도탈락률이 7.8%에 달했다. 이는 지난 95년 전문대의 2.6% 중도탈락률의 3배에 해당하는 것이다. 지난 해 전문대학의 휴학생 비율은 35.5%로 1995년의 27.6%에 비해 7%P 이상 증가했다.

전문대생의 휴학 시기에 따른 복학생의 유형을 구분하고 적절한 상담이 필요하며, 1학년 2학기를 마치고 휴학하는 학생과 2학년 1학기를 마치고 휴학하는 학생에 대해 각각 다른 방법으로 지도해야 한다. 더구나 정부에서는 대학과 전문대 전체 정원(58만 명)의 11%인 6만 4,000명을 기초생활수급자나 차상위 계층(수급자 바로 위 저소득층) 자녀로 뽑고 있다. 이런 학생들을 위해서도 정부에서는 장학금이나 융자를 확대해야 한다.

그러나 이것 또한 4년제 대학과 지방대학 간에 차이가 존재하고 있다. 지방대 장학금 지원이 대폭 확대된다. 비수도권 이공계 대학 진학자 중 수능 수리 · 과학 영역 3등급 이내인 학생 2,000명을 매년 선발해 장학금을 지급할 계획이다. 2003년부터 매년 4,000명에게 이공계 국가장학금을 주고 있지만 지방대 비율(49%)이 낮다는 지적에 따른 것이다. 이공계 국가장학생 전체 수혜인원 중 지방 비율을 65% 수준까지 확대할 방침이다.

125억 원 규모의 지방대 인문계 장학금도 신설된다. 전국 137개 지방 4년제 대학 인문계열 신입생 및 재학생 2,210명(대학 당 평균 16명)에게 4년간 등록금 전액을 지원한다. 수혜대상 학생은 대학이 정하지만 전체 장학생 중 30%는 저소득층에게 배정해야 한다.

반면 전문대는 지방 전문대에 진학하는 저소득층을 위해서는 매년 2,000여 명에게 등록금의 80%를 지원할 계획에 그치고 있다. 전문대생들 가운데 많은 학생들이 부모와 같이 생활하고 있으나 (73.1%) 상당수는 집에서 통학 가능한 전문대학이 없어 집을 떠나 자취를 하거나 기숙사 생활을 하고 있다. 이들 학생들에 대해 학교 당국에서도 신경을 써야 한다.

넷째, 전문대생의 진로와 관련한 고민은 매우 높은 편이었다. 2년제 대학생의 81.6%, 3년제 전문대생의 82.5%, 전체적으로 81.8%가 진로에 대해 고민을 하고 있었다. 취업에 대한 고민의 정도도 78.1%나 되며 미래에 어떤 직업을 가질지 결정한 경우가 52.7%에 불과했으며 특히 졸업을 목전에 둔 2년제 학생들의

51.4%가 미래 직업을 결정하지 못한 것은 문제라고 할 수 있다. 전문대학의 진로교육이 더욱 강화되어야 할 필요성을 제기하고 있다. 전문대생들이 자신에 대해 잘 모르고 직업에 대한 정보나 지식도 비체계적으로 획득하는 만큼 이에 대한 지도가 강화되어야 하겠다.

다섯째, 지구촌화(globalization) 사회에서 전문대생들도 국제화 감각을 갖고 외국어를 습득하도록 지원해야 한다. 2008년부터 베이붐 세대가 정년퇴직하는 일본시장이나 중국과 동남아시아, 남아메리카 등으로 눈을 돌리도록 해야 한다.

아울러 적극적으로 유학생을 유치해야 한다. 우리나라 전체를 볼 때 2004년 대비 2006년 고등교육기관 외국인 유학생 수(국내로 들어온 학생)가 전문대학은 약 2배 증가했는데(19개 전문대학 1,352명에서 23개 대학 2,906명으로 증가) 2006년 아시아 대륙 국가의 유학생 수는 전체의 약 90%를 차지하고 있다.

여섯째, 여학생의 취업과 취업여건 개선을 위한 노력이 필요하다. 2006년 전문대학 졸업생의 취업률은 전문대 84.2%로 대학의 67.3%에 비해 높은 편이나 여성 취업률이 남성에 비해 높은 편이며 전문대졸의 임금 168만 원은 고졸(2005년 162만 원)과 임금 차는 거의 없으나, 대졸 이상(251만 원)과는 임금 차이가 발생하고 있다. 반면 2006년 정규직 취업률은 전문대학(67.1%)이 대학(49.2%)보다 높다.

일곱째, 전문대생들 중 예습과 복습에 충실하지 않은 편이 상대적으로 높게 나타나고 있었다.

앞으로 사회는 평생 학습하지 않으면 안 되는 사회이다. 그만큼 학습하는 방법을 알아야 한다. 전문대생들이 왜 공부를 해야 하며 어떻게 해야 학습을 잘할 수 있는지 알도록 해야 한다. 예습과 복습 방법을 포함해 공부하는 방법을 집중적으로 지도하는 프로그램을 학생지도 차원에서 도입 및 운영하는 것이 바람직하다.

여덟째, 전문대생의 95% 이상이 컴퓨터를 많이 활용하는데, 학습에 활용하는 비율은 상대적으로 낮은 편이다. 현대 디지털 시대와 유비쿼터스 시대이며 전문대생들은 그 첨단을 걷고 있다. 전문대학에서도 학생들의 컴퓨터 사용정도와 경향을 파악해 이를 학교 운영에 참고해야 할 것이다.

예를 들어 전문대생들이 거의 100% 참여하는 것으로 판단되고 상당수 시간을 할애하는 '싸이월드' 라는 사이트를 이용해 클럽을 운영해(http://club.cyworld.com/club/main/club_main.asp?club_id =50753728#) 관심이 같은 학생들을 묶어주거나 수업을 진행할 수 있다. 아니면 교수별로 전문대학의 학교운영이나 수업과 관련된 내용, 또는 외국어 습득, 관련내용을 체계적으로 신문을 발행하듯이 페이퍼를 발행하면 학생들이 언제, 어디서나 볼 수 있게 될 것이다(예 http://paper.cyworld. com/1000186029/).

요즘은 블로그 시대다. 웹(web) 로그(log)의 줄임말로 1997년 미국에서 처음 등장했다. 새로 올리는 글이 맨 위로 올라가는 일지(日

誌) 형식으로 되어 있어 이런 이름이 붙었다. 일반인들이 자신의 관심사에 따라 일기, 칼럼, 기사 등을 자유롭게 올릴 수 있을 뿐 아니라, 개인출판, 개인방송, 커뮤니티까지 다양한 형태를 취하는 일종의 1인 미디어다.

현재 우리나라에 1,000만 개 이상의 블로그가 운영되고 있는데 이를 통해 학생들이 자신이 공부한 흔적을 차곡차곡 기록할 수 있어 차후에 기업에서 사람을 뽑을 때 구직자의 블로그만 보면 그 사람의 준비정도를 알 수 있을 것이다. 앞으로 블로그가 없으면 취직이 안될 것이라는 주장도 있을 정도인 만큼 대학 당국에서도 블로그에 대해 관심을 기울여야 한다.

아홉째, 전문대생들이 4년제 대학생들과 당당하게 경쟁하려면 사회의 변화에 대한 나름대로 시각이 있어야 하며 이를 위해 독서를 더욱 많이 하고 생각하는 기회를 가져야 한다. 이 부분에 대해서도 전문대학에서 신경을 써야 한다.

● 직업정보 습득원 (단위 : %)

구분	1순위	2순위	전체
대학	43.3	13.2	29.3
언론	11.6	7.3	9.6
인터넷	1.9	31.6	15.7
부모/친척	26.9	9.8	18.9
친구/선후배	3.7	25.6	13.9
생활정보지	9.3	4.7	7.2
공공취업기관	2.2	0.9	1.6

사설취업기관	0.4	0.9	0.6
학원	0.0	0.4	0.2
직업훈련기관	0.7	0.4	0.6
취업박람회	0.0	0.9	0.4
기타	0.0	4.3	2.0
계	100.0	100.0	100.0

전문대학, 성인 위한 계속교육기관 역할

전체 고등교육기관 중 학교 수로 44%, 입학생 대비 39%를 차지해 고등교육 대중화에 기여한 전문대학이 그 역할에 대해 올바른 평가를 받아야 한다.

그러나 전문대학 졸업생들이 4년제 대학졸업생에 비해 보수 면에서도 충분한 대접을 못 받고 있다. 통계청의 도시가구 가계수지 조사(2005)에서도 전문대졸 근로자의 월평균 소득은 222만 원으로 대졸자(300만 원)보다는 고졸자(205만 원) 수준에 근접하고 있다. 그결과 전문대 졸업자의 4년제 대학 편입(연간 2만 1,000명)과 방송대편입자 3만 3,000명 등 약 5만 명 이상이 학위를 취득하려 진학하고 있다. 다행히 정부에서 전문대학을 졸업하고 일정한 직업활동을 한 경우에 전문대학에서 다시 공부해 학사학위를 취득할 수 있게 했다. 이렇게 전문대학에서 학사학위를 취득하고 자신이 원하는 대학원에 진학을 할 수도 있게 되었다.

이와 관련해 우리나라의 전문대학은 성인들을 위한 계속교육기관으로서 성인들의 전문대학 입학을 더 많이 유도해야 한다. 35세 이상 대학생 비율이 우리나라는 3.8%에 불과한데 미국은 13.4%, 뉴질랜드는 25.0%나 된다.

전문대생의 상당수는 전문계 고교(과거 실업계 고교) 출신이다. 이들 학생들은 이미 실기에 있어서는 어느 정도 수준에 있는 학생들이지만 기초학습능력이 부족한 상태임을 고려한 교육이 이루어져야 한다. 한국직업능력개발원의 전문대생의 기초학습능력 증진에 관한 연구에 따르면 2002년 수능 평균이 서울 간호보건계가 273점이나 지방 공업계는 119점, 예체능계는 113점에 불과하다. 이들 학생을 대상으로 실기 위주의 교육보다는 학습방법 등을 보충해줘야 한다.

2006년에 전문대학교육협의회에서 2억 원을 들여 개발한 수학, 영어, 국어 등 5종의 교재를 활용하는 것이 바람직하다고 보며, 대학 내에서도 인터넷을 활용한 보충프로그램이 개발 및 활용돼야 한다. 가능하면 대학에 교내 교수학습센터를 설치, 운영하는 것이 바람직하다. 전문대생들을 위해 근로장학제를 확대하고 정부보증 학자금 대출제도를 활성화해야 한다. 교육인적자원부에서는 근로장학제를 통해 수도권 대학생에게도 혜택을 주고, 학자금 대출도 늘리고 있다.

앞으로 정부는 국립전문대학을 통합하고 사립전문대학을 4년제 대학과의 동일 재단으로 통합을 유도해 전문대학 입학정원을 20만 명 수준으로 감축할 계획이다. 그동안 전문대학이 양적인 팽창을

했다면 이제는 정예화의 방향으로 나아가고 산업계에서 필요로 하는 인력을 양성해야 하며 대학 당국도 이러한 취업지도를 위해 좀 더 관심을 가지고 투자를 해야 할 것이다.

02

전문대학 취업관련 현황과 과제

교육부에서는 2005년 전문대학의 취업과 관련한 정보를 모은 「2005 전문대학교육지표」를 발표했다. 이 자료를 중심으로 전문대학의 취업과 관련한 자격증, 현장실습, 동아리 활동 등에 관한 자료를 검토해보자.

졸업생의 진로 현황

2005년 2월 졸업자(위탁생 제외)를 대상으로 해 2005년 4월 1일을 기준으로 졸업생의 진로를 조사했으며 진로의 형태는 취업자, 진학자(산업대학교, 방송통신대학교, 4년제 대학교 편입생 및 해외유학생), 군입대자, 무직 및 미상 등으로 구분했다. 전체적인 취업률은 80.4%로서 2004년의 76.9%보다 약간 증가한 것으로 집계됐다.

설립주체별 졸업생 현황을 보면, 졸업자 19만 7,870명 중에서 국·공립대학이 8,025명, 사립대학이 18만 9,845명으로 집계됐고, 취업자는 국·공립대학이 5,677명, 사립대학이 14만 1,425명으로 조사됐다. 진학자는 국·공립대학이 393명, 사립대학이 1만 1,391명이었으며, 군입대자는 국·공립대학이 225명, 사립대학이 2,929명으로 조사됐다. 취업률은 국·공립대학이 76.6%, 사립대학이 80.6%로 나타났다.

　계열별 취업률은 수·해양계열이 85.3%로 가장 높고 그 다음으로 보건계열(82.2%), 공학계열(81.6%), 인문·사회계열(81.1%), 체육계열(79.9%), 간호계열(79.3%)의 순으로 나타났다. 진학자는 공학계열이 5,448명, 인문·사회계열이 3,504명, 예체능계열이 1,090명의 순이며 전체 졸업생의 약 5.96%가 진학을 하는 것으로 나타났다.

　졸업생을 지역별로 구분해보면 취업률이 가장 높은 지역은 경남(92.9%)이며, 그 다음으로 제주(90.7%), 충북(88.0%), 충남(87.3%)의 순으로 나타났다. 진학자는 경기도가 2,537명으로 가장 많았으며 그 다음으로 부산 2,084명, 서울 1,164명의 순으로 조사됐다.

　졸업생을 성별로 구분해보면, 남자는 9만 337명(45.7%), 여자는 10만 7,533명(54.3%)으로 여자 졸업생이 더 많은 것으로 조사됐다. 취업률은 남자가 82.0%, 여자가 79.1%로 나타나 남자 취업률이 더 높은 것으로 집계됐으며 진학자도 남자가 6,961명, 여자가 4,823명으로 남자가 더 많은 것으로 조사됐다.

(단위 : 명, %)

계열 \ 구분		졸업자 (정원 내외)	졸업자 (위탁생)	취업대상 제외자 군입대자	취업대상 제외자 진학자	취업 대상자	취업자	무직 및 미상	취업률
공학		82,403	11,169	1,598	5,448	75,357	61,500	13,857	81.6
인문사회		52,598	10,456	552	3,504	48,542	39,356	9,186	81.1
자연 과학	보건	22,190	1,178	307	544	21,339	17,550	3,789	82.2
	간호	8,489	0	16	67	8,406	6,669	1,737	79.3
	농업	1,212	40	45	79	1,088	831	257	76.4
	수해양	82	0	8	6	68	58	10	85.3
	가정	11,542	1,873	72	444	11,026	8,645	2,381	78.4
예체능	예능	14,724	1,937	239	1,090	13,395	9,527	3,868	71.1
	체육	4,630	1,084	317	602	3,711	2,966	745	799.9
합계		197,870	27,737	3,154	11,784	182,932	147,102	35,830	80.4

※ 2005년 2월 졸업자에 대한 4월 1일 기준임.

자격증 취득 현황

취업과 관련되는 자격증 취득에 관한 자료를 살펴보자. 국가기술자격은 국가기술자격법에 의해 전공과 관련된 자격증으로 구분했고, 전문대학 입학 전에 이미 취득한 자격증은 제외하고 재학 중에 전공 교과과정을 이수한 결과로 취득한 자격증만으로 한정했다.

설립주체별 자격증 취득 현황을 보면, 전체적으로 11만 3,269명이 자격증을 취득했고, 이 중에서 국·공립대학이 4,024명, 사립대학이 10만 9,245명이었다. 교육과정 이수자는 3만 2,916명인데 국·공립대학이 1,431명, 사립대학이 3만 1,485명이다. 국가기술자격증 취득자는 5만 9,962명 중에서 국·공립대학이 2,151명, 사립대학이 5만 7,811명이었으며, 민간자격 취득자는 1만 1,477명 중에서 국·공립대학이 312명, 사립대학이 1만 1,165명으로 집계됐다. 또한 복수자격 취득자는 8,914명 중에서 국·공립대학이 130명, 사립대학이 8,784명으로 나타났다.

계열별 자격증 취득 현황을 보면, 자격증 취득자 수가 공학계열이 3만 2,972명으로 가장 많았고 그 다음으로 인문·사회계열(2만 6,672명), 보건계열(1만 9,882명)의 순으로 나타났으며, 교육과정 이수자도 공학계열이 7,554명으로 가장 많았고 인문·사회계열(7,483명), 보건계열(5,540명)의 순으로 나타났다. 국가기술자격증 취득자는 공학계열(1만 9,166명), 인문사회계열(1만 2,092명), 보건계열(1만 1,492명), 간호계열(5,895명), 예능계열(5,429명)의 순으로 조사됐다.

민간자격 취득자는 인문·사회계열(3,995명), 공학계열(3,505명), 보건계열(1,310명)의 순이었으며, 복수자격 취득자도 인문사회계열(2,999명), 공학계열(2,747명), 보건계열(1,540명)의 순으로 나타났다.

지역별 자격증 취득 현황을 보면, 자격증 취득자 수가 가장 많은 지역은 경기도로 2만 7,755명이었으며, 그 다음으로 경북(1만 1,802명), 서울(1만 75명), 부산(9,781명), 대구(7,454명)의 순으로 나타났다.

성별 자격증 취득 현황을 보면, 전체 자격증 취득자 수 11만 3,269명 중에 남자가 3만 6,935명(32.6%), 여자가 7만 6,334명(67.4%)으로 여자가 남자보다 많은 것으로 나타났다.

● 계열별 자격증 취득 현황

구분 계열		교육과정 이수자		자격증 취득자						합계	
				국가기술자격		민간자격		복수자격			
		정원내외 (위탁생제외)	위탁생	정원내외 (위탁생제외)	위탁생	정원내외 (위탁생제외)	위탁생	정원내외 (위탁생제외)	위탁생	정원내외 (위탁생제외)	위탁생
공학		7,554	765	19,166	1,303	3,505	312	2,747	223	32,972	2,603
인문사회		7,483	242	12,092	1,315	3,998	590	2,999	300	26,572	2,447
자연 과학	보건	5,540	316	11,492	340	1,310	90	1,540	54	19,882	800
	간호	2,437	0	5,895	0	197	0	715	0	9,244	0
	농업	4	0	155	4	106	0	10	0	275	4
	수해양	0	0	11	0	0	0	0	0	11	0
	가정	1,734	273	4,112	507	871	147	466	46	7,183	973
예체능	예능	5,492	634	5,429	559	834	123	167	27	11,922	1,343
	체육	2,672	621	1,610	287	656	80	270	18	5,208	1,006
합계		32,916	2,851	59,962	4,315	11,477	1.342	8,914	668	113,269	9,176

※ 2005년 2월 졸업자 기준임.
※ 전체 158개 대학 중 사립 2개 대학 제외한 통계임.

현장실습 및 취업

현장실습은 교육을 목적으로 방학 중 또는 학기 중에 산업체에서 일정기간 동안 체계적으로 실습한 경우로 제한했으며, 취업은 인턴이나 시간제 고용, 아르바이트와 같은 불완전한 고용의 경우는 제외했다.

전체 현장실습 업체 수는 7만 3,623개, 총 참여 학생 수는 14만 5,030명이고 현장실습 업체에 취업한 학생 수는 2만 1,915명으로서 취업연계 현장실습률은 15%로 조사됐다. 취업연계 현장실습률은 국·공립대학과 사립대학 모두 15%였으며, 실습 업체당 현장실습 학생 수는 국·공립대학이 2.28명, 사립대학은 1.96명으로 나타났다.

계열별 현장실습 및 취업 실적을 보면 현장실습에 참여해 산업체에 취업한 학생의 비율인 취업연계 현장실습은 간호계열(21%), 인문사회계열(16%), 공학계열, 농업계열(15%), 보건계열, 가정계열 (14%), 체육계열(13%), 수·해양계열(10%), 예능계열(9%) 순으로 나타났다.

지역별 현장실습 및 취업 실적을 보면 현장실습에 참여해 산업체에 취업한 학생의 비율인 취업연계 현장실습은 대전이 26%로 가장 높았고, 울산이 9%로 가장 낮게 나타났다.

● 계열별 현장실습 및 취업현황   (단위 : 개, 명, %)

구분 계열		실습업체 수 (A)	참여학생 수 (B)	실습 업체당 참여학생 수(B/A)	실습업체당 취업자 수(C)	참여학생의 취업률(C/B)
공학		41,894	73,436	1.75	10,780	15
인문사회		14,223	30,049	2.11	4,947	16
자연 과학	보건	7,695	16,600	2.16	2,374	14
	간호	1,036	7,655	7.39	1,615	21
	농업	592	1,120	1.89	172	15
	수해양	11	21	1.91	2	10
	가정	4,935	9,876	2.00	1,370	14
예체능	예능	2,352	4,588	1.95	432	9
	체육	885	1,685	1.90	223	13
합계		73,623	145,030	1.97	21,915	15

※ 2004. 3. 1 ~ 2005. 2. 28 기준임(위탁생 제외)
※ 전체 158개 대학 중 사립 2개 대학 제외한 통계임.

산·학·연·관 협동

국가나 지방자치단체에서 지원해 운영되고 있는 창업보육센터나 산·학·연 컨소시엄, 기술지도대학(TRITAS), 기타 실태를 조사했다. 이 경우에는 1명의 교수가 2건 이상 중복해 참여한 경우는 별도의 건수로 집계했다.

산·학·연·관 협동 실적을 보면 창업보육센터 입주업체가 2004년의 735개에서 2005년에는 750개로 증가했고 산·학·연 컨소시엄 참여업체 수도 2004년의 807개에서 2005년에 1,576개로 증가했다. 기술지도대학(TRITAS)은 지도업체 수 1,304개로 2004년의 1,277개보다 증가했으나 지도일수는 1만 8,568일로 조사되어 2004년의 1만 9,382일보다 감소한 것으로 나타났다. 참여교수 수도 2004년의 3,252명에서 3,402명으로 증가했으며 전임교수 참여율도 2004년의 27.5%에서 29.4%로 증가했다.

설립주체별 전임교수 참여율은 국·공립대학은 36.5%로 2004년의 30.1%보다 증가했고, 사립대학도 29.0%로 2004년의 27.4%보다 증가했으며 국·공립대학의 전임교수 참여율이 사립대학보다 높은 것으로 나타났다.

산·학·연·관 협동 실적을 계열별로 보면 전임교수 참여율은 공학계열이 51.3%로 가장 높고 예·체능계열(16.4%), 자연과학계열(15.2%), 인문사회계열(10.0%) 순으로 나타났다.

산·학·연·관 협동 실적을 지역별로 보면 창업보육센터의 경우 경기지역이 참여교수 수(114명)와 업체 수(180개)가 가장 높게 나타났으며, 매출액은 경북이 293억 8,889만 3,000원으로 가장 많았다. 산·학·연 컨소시엄의 경우 참여교수 수는 경기 지역이 274명으로 가장 많았고, 참여업체 수는 대구 지역이 537개로 가장 많았으며, 수주액은 경기 지역이 62억 539만 7,000원으로 가장 높게 조사됐다. 기술지도대학(TRITAS)은 경기지역이 참여교수 수(300명), 업체 수(300개), 지도 일수(4,835일)가 가장 많은 것으로 나타났다.

산·학·연·관 협동과 취업 실적을 살펴보면 창업보육센터 입주업체에 886명, 산·학·연 컨소시엄 참여업체에 358명, 기술지도대학(TRITAS)에 478명, 기타 분야에 취업이 637명이 취업했다.

동아리 활동

동아리 활동은 취업과 관련이 많다. 동아리 활동은 2005년 4월 1일 현재 당해 대학에 정식으로 인가되어 활동을 하고 있는 동아리를 대상으로 조사했다. 동아리의 유형은 창업 동아리, 전공 동아리, 여가나 취미 동아리, 기타 동아리로 구분했다. 창업 동아리는 창업과 관련되어 만들어진 동아리이고 전공 동아리는 학과단위 전공과 연관되어 만들어진 동아리이며, 여가나 취미 동아리는 공동의 관심사가 있는 학생을 대상으로 만들어진 동아리이고, 그 외에는 기타 동아리로 구분했다. 학생들이 가장 많은 관심을 갖는 동아리는 전공 동아리로 2,634개 동아리에 5만 9,689명이 활동하고 있고, 여가나 취미 동아리는 1,807개 동아리에 4만 6,088명이 활동하고 있으며, 창업 동아리는 517개 동아리에 9,618명이 활동하고 있는 것으로 나타났다. 또한 실제 창업이 이루어진 동아리는 2,022명이 활동한 131개 동아리로 조사됐다.

설립주체별 동아리 활동 현황을 보면 국·공립대학은 328개 동아리에 7,727명이 활동했고 지도교수는 322명인 것으로 조사됐으며, 사립대학은 4,993개 동아리에 11만 5,465명이 활동했고 지도교수는 4,988명으로 집계됐다.

지역별 동아리 활동 현황을 보면 경기도가 가장 많은 1,361개 동아리에 3만 3,692명이 활동하고 있는 것으로 나타났으며, 그 다음으로 부산(580개 동아리, 1만 1,468명), 서울(516개 동아리, 1만 2,183명), 경북(362개 동아리, 8,981명)의 순으로 조사됐다.

향후과제

앞의 현황에 기초해 전문대학에서 취업 증대와 관련하여 다음과 같은 몇 가지를 신경썼으면 한다.

첫째, 4년제 대학과 형평성 있는 지원을 전문대학에 했으면 한다. 4년제 대학에는 BK21에 상당한 예산이 투입되는 것으로 알고 있는데 그 예산의 절반 정도라도 전문대학에 지원하거나 노동부에서 주요 대학에 100억 원의 취업관련 지원을 하는데 전문대학은 졸업생 수에서 4년제와 비슷한데 차별을 받고 있다.

둘째, 「전문대학 혁신 프로그램 개발·보급 사업」의 상당부분이 취업과 진로지도와 관련되는데, 실제 전문대학의 진로와 취업 증대에 도움이 되도록 프로그램이 개발되어야 한다. 연구를 위한 연구로 그치지 말고 전문대학 현장의 진로와 취업여건을 개선하는 데 크게 기여하는 방향으로 연구가 추진되어야 한다.

셋째, 졸업생 중 여학생들이 남학생에 비해 1만 7,000명 이상 많으나 취업률과 진학률에 있어서 여학생들이 상대적으로 불리한 입장에 있다. 전문대학에서 상대적으로 인원수가 많은 여학생들의 취업과 진학에 대해 좀 더 많은 신경을 써야 한다.

넷째, 전문대생들의 상당수가 자격증을 취득하는 것으로 되어 있는데 실제로 전문대학 1학년 수료 이후 볼 수 있는 산업기사 자격증 제도가 전문대생들에게는 불리하다는 주장도 있어 시정되어야 한다. 전문대 1학년 교양과정을 중심으로 하여 전공 공부를 충분하게 하지 못한 상황에서 산업기사를 따기 위해 노력해도 어려움이 많기 때문이다. 노동부는 이런 불합리한 점을 개선하려는 노력을 해야 한다.

다섯째, 현장실습업체에 취업된 경우가 국·공립대학과 사립대학을 합해 15%인데 앞으로 전문대학의 현장실습이 좀 더 내실화되고 취업과 더욱 많이 연계되도록 조치가 있어야 한다.

여섯째, 보다 내실 있는 산·학·연·관 협동이 이루어져 학생들의 취업을 증대해야 한다. 정부에서 약간의 재정투자를 해도

산·학·연·관이 잘되고 상당수의 전문대 졸업생에게 일자리를 제공할 수 있다는 주장도 눈여겨보아야 한다.

일곱째, 취업과 관련한 동아리 활동을 대학에서 적극 지원해야 한다. 동아리의 유형 중 창업 동아리, 전공 동아리 등을 적극적으로 지원해 창업과 취업의 기회를 높여야 한다.

미용 등 과거 전문대학의 고유 영역으로 여겨지던 영역에 4년제 대학이 파고들어 전문대학은 많은 어려움을 겪고 있다. 이런 전문대학이 전문대학 설립 본연의 목적인 이론도 알고 실기도 아는 중견 기능인(테크니션)을 양성해 우리 사회 대졸자의 상당수가 실업자로 전락하는 현상을 막아야 한다.

다시 한 번 전문대학의 진로와 취업에 대해 관심을 두고 투자를 해야 할 때이다.

전문대학의
진로상담 지도방안

진로상담의 필요성

최근 전문대생에 대한 진로상담이 강화되어야 할 필요성이 증대하고 있다. 그 이유는 다음과 같은 몇 가지로 정리할 수 있다.

첫째, 전문대학은 4년제 대학에 비해 학생 구성이 더 다양하다. 즉, 전문대학의 기능은 4년제 대학과는 다르다. 통상적으로 4년제 대학은 학사 양성이 주기능이지만 전문대학은 이론과 실무를 배우는 테크니션(Technician)을 양성하는 것이 주목적이며 여기에 4년제 대학에 편입학을 위한 기능과 경직화된 4년제 대학과는 달리 다양한 계속교육(평생교육) 기회를 제공하기 때문이다.

둘째, 전문대학 재학생들이 전문대학에 입학하기로 결정한 이유 중 가장 큰 것이 취업인 만큼 전문대생에 대한 진로상담과 취업지도가 매우 중요하다. 한 조사결과에 의하면 전문대학생의 전문대학 진학의 목적으로 '취업준비'가 58.1%로 가장 높았으며 '전문지식습득'이 15.3%, '적성과 소질 개발'이 10.4%로 나타났다. 또한 현재 다니는 학과·전공 선택 동기로 '취업전망이 좋아서'가 32.2%로 가장 높았으며 '흥미에 맞아서'가 30%, '적성에 맞아서'가 20.4%, '합격이 가능하여'가 7.7%였다.

셋째, 이렇게 중요한 전문대학의 취업지도 문제를 해결해야 한다. 전문대학의 취업률이 4년제 대학에 비해 높기는 하지만(전문대학의 취업률 83.7%, 4년제 취업률 65.0%) 상급학교 진학자 1만 2,000여 명(5.4%)을 제외한 나머지 3만 4,000여 명(13.3%)이 진로를 결정하지 못한 상태로 사회로 나가고 있었다. 이 인원은 4년제 대학에 비하면 적지만 결코 적은 숫자는 아니다.

● 지역별 졸업자 취업률 (단위 : %)

소재지 \ 구분	대학	전문대학	전체
총계	65.0	83.7	73.8
수도권	69.4	78.9	74.0
비수도권	62.2	86.9	73.7

※ 수도권 : 서울, 경기, 인천
※ 전체 취업률은 전문대학, 대학만을 포함.

아울러 전문대학 졸업자의 취업률이 계속 저하되고 있기 때문이다. 전문대학 졸업자의 취업률은 지난 2001년 81.0%, 2002년 80.7%, 2003년 79.7%, 2004년 77.2%로 계속 감소하는 추세이다.

전문대학에서 숫자상으로 남학생보다 2만여 명이 더 많은 여학생의 취업률이 상대적으로 낮으며 진로 미결정자가 더 많다. 즉 남학생은 취업 84.8%, 진학 6.9%이나 여학생 취업 82.7%, 진학 4.0%로 여학생의 13.3%가 미취업이나 미상이다.

더구나 전문대학에 재학 중인 여학생들의 자신감과 취업준비능력이 남학생에 비해 상대적으로 부족해 특별한 진로상담과 지도가 필요하다. 한국여성개발원의 2004년 조사결과 각 분야의 자신감 정도를 살펴보면 전공분야 지식은 남학생은 39.8%, 여학생은 32.1%이며, 전공 분야에 대한 흥미와 애정은 남학생은 44.3%, 여학생은 35.3%이고, 직업인으로서의 의식과 태도는 남학생이 41.9%, 여학생이 32.0%로 여학생의 자신감이 남학생에 비해 상대적으로 낮은 편으로 나타났다. 실제 직업수행능력 준비도에서도 남학생은 37.3%이고, 여학생은 23.9%로 여학생이 낮게 나타났다.

넷째, 전문대학 졸업생의 전공일치도는 전체적으로 71.4%이며, 전공분야의 취업률이 특히 낮은 계열에 대한 진로상담과 지도가 절실히 필요하다. 교육과 의약계열은 전공일치도가 높으며, 예체능과 공학계열은 중간 정도이나 인문(41.4%), 사회(66.2%), 자연(63.6%) 계열 등이 상대적으로 낮은 편이다.

● 2009년 취업통계 개황
(단위 : 개교, 명, %)

| 구분 | 학교수 | 졸업자 | 취업대상자 | 취업률 | 진학률 | 졸업상황 | | | | | | 외국인유학생 |
						취업자	진학자	입대자	미취업자	책불/능저	미상	
고등교육기관	518	547,416	497,072	76.4	7.2	379,524	39,184	3,317	111,578	263	5,970	7,580
전문대학	154	199,421	187,887	86.5	3.9	162,608	7,753	1,840	23,709	143	1,570	1,798
대학	182	279,059	248,046	68.2	9.6	169,277	26,890	1,191	75,468	98	3,301	2,834
교육대학	11	6,346	6,245	71.2	0.5	4,448	30	70	1,753	–	44	1
산업대학	19	24,252	22,881	77.5	3.8	17,727	910	39	4,876	14	278	408
각종학교	4	309	286	37.8	5.8	108	18	1	67	–	111	4
일반대학원	148	38,029	31,727	79.9	9.4	25,356	3,583	176	5,705	8	666	2,535

※ 학교수에는 분교(대학 11개교, 일반대학원 1개교)가 포함됨
※ 졸업자 : 2008년 후기(8월) 졸업자 및 2009년 전기(2월) 졸업자
※ 취업대상자 = 졸업자−(진학자+입대자+취업불가능자+외국인유학생)
※ 취업률 = 취업자/취업대상자×100
※ 진학률 = 진학자/졸업자×100
※ 취업자 = 정규직+정규직(대기발령)+비정규직(임시직)+비정규직(시간제, 일용직)+자영업
※ 진학자 = 국내전문대학+국내대학+국내대학원+국외전문대학+국외대학+국외대학원
※ 수형자 = 입대자 또는 입영일자가 2개월 전인 자
※ 미취업자 = 국가고시준비+취업준비+진학준비+전업주부+기타
※ 취업불가능자 : 수형자, 사망자, 해외이민자, 6개월 이상 장기입원자
※ 외국인유학생 : 외국국적을 가진 유학생(외국국적 재외동포 포함)

● 최근 6년간 성별 취업률 현황
(단위 : 명, %)

| 구분 | 연도 | 졸업자 | | 취업률 | | 정규직 취업률 | | 비정규직 취업률 | |
		남성	여성	남성	여성	남성	여성	남성	여성
전문대학	2004	106,095	120,791	79.1	75.6	69.2	63.4	9.9	12.2
	2005	106,061	122,275	84.8	82.7	68.6	64.9	16.2	17.8
	2006	106,913	116,060	84.3	84.0	68.1	66.3	14.4	16.6
	2007	103,047	111,993	85.5	84.9	65.9	64.4	17.6	19.2
	2008	96,278	111,463	85.9	85.4	65.1	64.1	18.1	19.9
	2009	87,321	112,100	86.9	86.3	58.2	57.4	26.1	27.3
대학	2004	135,067	131,991	59.3	53.5	53.9	40.9	5.4	12.6
	2005	136,593	132,240	67.7	62.3	57.6	41.7	10.1	20.6
	2006	137,827	132,719	70.0	64.7	56.3	42.0	11.8	21.6
	2007	145,116	132,742	70.5	65.3	55.9	41.2	12.9	23.2
	2008	147,606	135,064	71.2	66.5	54.6	41.2	14.9	24.5
	2009	147,128	131,931	70.2	66.1	45.9	32.8	22.6	32.5

일반 대학원	2004	–	–	–	–	–	–	–	–
	2005	–	–	–	–	–	–	–	–
	2006	21,988	12,887	85.2	76.1	70.2	50.1	10.0	23.0
	2007	21,544	13,489	85.3	75.8	68.4	49.3	11.1	23.3
	2008	21,995	14,109	85.1	76.2	68.2	48.4	11.7	24.9
	2009	22,931	15,098	83.6	74.3	62.5	41.0	15.7	30.4

※ 일반대학원 조사는 2006년부터 실시하였음

● 계열별 졸업현황 (단위 : 명, %)

구분	취업률	정규직 취업률	진학률	졸업자	졸업 현황						
					취업자	진학자	입대자	미취업자	미상	취업불가능자	외국인유학생
전문대학	86.5	57.7	3.9	199,421	162,608	7,753	1,840	23,709	1,570	143	1,798
인문계열	84.8	46.1	9.0	8,757	6,529	784	53	1,129	40	6	216
사회계열	84.8	54.3	3.8	62,332	49,821	2,341	367	8,219	727	56	801
교육계열	91.8	79.0	1.9	9,832	8,824	183	5	732	60	1	27
공학계열	85.7	60.7	3.7	46,370	37,207	1,710	651	5,912	314	25	551
자연계열	86.8	49.2	3.9	13,710	11,293	533	89	1,632	89	26	48
의약계열	90.0	71.6	1.8	24,752	21,665	456	222	2,324	73	6	6
예체능계열	87.1	49.2	5.2	33,668	27,269	1,746	453	3,761	267	23	149
대학	68.2	39.3	9.6	279,059	169,277	26,890	1,191	75,468	3,301	98	2,834
인문계열	64.2	30.2	10.5	37,655	21,176	3,948	115	11,242	587	19	568
사회계열	64.9	40.5	4.3	79,759	48,323	3,427	240	25,015	1,136	34	1,584
교육계열	58.9	26.9	4.1	16,511	9,232	672	114	6,317	112	5	59
공학계열	71.1	52.9	13.0	65,103	39,941	8,493	172	15,578	633	15	271
자연계열	67.1	34.0	18.9	35,653	19,223	6,750	153	9,074	344	10	99
의약계열	89.7	53.0	4.2	12,873	10,889	546	110	1,186	66	2	74
예체능계열	73.3	28.4	9.7	31,505	20,493	3,054	287	7,056	423	13	179
일반대학원	79.9	54.0	9.4	38,029	25,356	3,583	176	5,705	666	8	2,535
인문계열	74.1	31.5	14.9	3,573	2,028	532	3	655	55	4	296
사회계열	78.1	53.8	9.0	5,690	3,429	512	20	835	126	1	767
교육계열	81.3	54.9	5.6	1,812	1,356	101	3	268	44	0	40
공학계열	79.7	67.2	10.1	11,069	7,352	1,114	20	1,734	139	2	708

자연계열	77.2	45.8	12.1	6,835	4,337	828	17	1,127	154	0	372
의약계열	90.8	66.6	4.9	6,057	4,961	297	108	398	102	0	191
예체능계열	72.1	22.6	6.6	2,993	1,893	199	5	688	46	1	161

● 전공 7대 계열별 졸업자 취업률 및 전공일치도 비교

전공분류 　　　　　　구분	취업률(%)	전공 일치도(%)
전문대학	83.7	71.4
인문계열	79.3	41.4
사회계열	83.9	66.2
교육계열	89.6	91.3
공학계열	84.5	71.1
자연계열	81.4	63.6
의학계열	84.5	90.8
예체능계열	82.0	74.5

　　다섯째, 전문대학 졸업자의 취업에 소요되는 기간이 긴 편이다. 한국직업능력개발원에서 2001년 2월 졸업자 8만 4,636명을 대상으로 2004년 2월 조사결과 졸업 후 3년이 지난 조사 시점까지 취업을 하지 못한 경우가 29.5%로 높은 편이었으며 졸업 전 취업이 21.6%, 졸업 후 1~2년에 취업한 경우가 12.8%, 졸업 후 2년 이상 이후에 취업한 경우가 9.7%로 졸업 후 취업하는 데 평균 12.1개월이 소요되는 것으로 나타났다. 그러나 이에는 미취업자가 포함되지 않았는데 이를 반영하면 실제로 전문대학 졸업생들이 취업하는 데는 12.1개월보다 더 많은 시간이 소요되어 전문대학의 진로상담과 지도가 더욱 강화돼야 할 것으로 보인다.

여섯째, 전문대학 졸업자의 상당수가 고등학교 졸업자들이 주로 취업하는 곳에 가고 있다는 것이다. '잡링크'의 조사결과 고졸자를 대상으로 취업자를 뽑는 1,053개 기업 응시자 1만 3,795명 중 전문대졸 이상이 42.3%이며 그중 전문대 졸업자가 63.0%로 나타나 전문대학 졸업자의 상당비율이 고등학교 졸업자를 뽑는 곳에 지원하고 있었다.

일곱째, 전문대학생들의 취업에 전문대학의 진로상담과 취업지도 담당자의 역할이 상대적으로 크기 때문이다. 4년제 대학 졸업생이 취업방법은 공개채용(37.7%)에 의한 비중이 가장 높으나 전문대학은 학교추천이 37.7%로 가장 높아 전문대학의 진로상담과 지도가 더욱 강화되어야 한다.

● 최근 6년간 계열별 취업률 추이

(단위 : 명, %, %p)

계열＼연도	2004	2005	2006	2007	2008(A)	2009(B)	증감(B-A)
전문대학	77.2	83.7	84.2	85.2	85.6	86.5	0.9
인문계열	71.9	79.3	80.5	81.8	82.1	84.8	2.7
사회계열	79.2	83.9	84.0	84.2	84.6	84.8	0.2
교육계열	87.1	89.6	91.3	91.2	91.1	91.8	0.7
공학계열	78.9	84.5	84.2	85.4	85.0	85.7	0.7
자연계열	74.6	81.4	82.5	83.9	86.7	86.8	0.1
의약계열	72.8	84.5	86.2	88.2	89.5	90.0	0.5
예체능계열	75.2	82.0	83.0	84.0	84.4	87.1	2.7
대학	56.4	65.0	67.3	68.0	68.9	68.2	△0.7
인문계열	53.0	62.0	63.6	64.4	64.4	64.2	△0.2
사회계열	51.7	59.8	62.7	63.9	64.6	64.9	0.3
교육계열	53.7	60.8	61.9	60.9	60.9	58.9	△2.0

공학계열	59.1	67.2	69.3	70.5	71.6	71.1	△0.5
자연계열	50.4	60.4	64.6	65.3	66.7	67.1	0.4
의약계열	88.4	89.9	90.2	89.6	92.0	89.7	△2.3
예체능계열	60.9	74.0	76.4	75.4	76.5	73.3	△3.2

※ 일반대학원은 2006년부터 조사 시작

여덟째, 전문대학 졸업자와 4년제 대졸자의 임금격차가 크다. 고졸자의 평균임금을 100으로 했을 때 전문대 졸업자는 4.9%를 더 받는 반면, 4년제 대졸자는 고졸자에 비해 26.7%를 더 받고 있다는 연구결과가 나오고 있다. 전문대학의 취업교육 강화를 통하여 4년제 대졸자와의 임금격차를 해소해야 한다.

또한 전문대학 졸업자의 희망연봉이 기업 제시연봉과 차이가 매우 큰 것 또한 진로상담과 지도가 강조돼야 함을 의미한다. 전문대학 졸업자의 평균 희망연봉은 2,230만 원인 데 반해 기업에서 제시한 연봉 평균은 1,815만 원으로 81.4% 수준이다.

반면 고교 졸업자의 평균 희망연봉은 1,759만 원, 기업이 제시한 연봉은 1,636만 원으로 93.0% 수준이며 4년제 대학 졸업자 평균 희망연봉은 2,825만 원, 기업제시연봉은 2,633만 원으로 93.2% 수준으로 나타났다.

진로상담 현황과 문제

전문대학생들이 자신의 적성과 흥미를 잘 모르고 있다. 전국의 전문대학생에 대한조사 결과 '잘 안다' 가 10.1%로 나타났으며 '어렴풋이 안다' 가 49.0%, '모른다' 가 40.0%로 나타났다. 그 결과 전문대 남학생의 92.6%, 여학생의 97.2%가 적성검사, 성격검사, 흥미검사, 가치관 검사, 자아개념 검사를 희망하고 있다.

전문대학생들의 상당수가 진로결정을 못하고 있다. 전문대학생에 대한 조사결과 진로를 '확실히 결정했음' 이 28.1%에 불과했다. 진로결정 시기는 전문대학 1학년 때가 가장 많아 전문대 1학년생을 대상으로 한 진로지도가 더욱 강화돼야 하겠다.

전문대생들이 취업에 관심을 가장 많이 두고 있다. 전문대생의 고민사항 중 취업이 42.5%로 가장 많았다. 전문대생들은 컴퓨터망을 활용한 진로정보 활용을 가장 많이 희망하고 있었으나 전문대학 취업전산망의 정보수준이 낮거나 정보가 활성화되지 못한 것으로 생각하고 있었다.

우리나라 전체의 취업자 수는 연평균 1.2% 증가해 2004년 2,250만 명(여성 940만 명)에서 2015년 2,560만 명(여성 1,080만 명)에 이를 전망이다.

산업별로는 제조업 비중이 지속적으로 감소(2004년 19.4%→2015년 18.3%)할 것으로 전망되지만 취업자 수는 기계·전자계열의 성장으로 소폭 증가할 전망이다. 전자, 자동차, 운송기계, 전기 등 취업자는 2015년까지 1.3~6.2% 증가할 전망이다. 서비스업은 연평균 1.68%의 증가세를 지속하리라 예상되며 전통서비스업인 도·소매업을 제외한 전 분야에서 증가할 것으로 예상된다.

직업별로는 전문직이 증가하고 농어업직과 판매 종사자는 감소
하고 과학전문가(7.3%)와 공학전문가(5.4%) 등은 크게 증가, 농림
어업 종사자는 2.8% 감소할 전망이다.

학력별로는 전문대 이상 고학력자의 비중이 증가하고(2004년
30.5% → 2015년 43.7%), 여성 취업자의 비중 또한 증가(2004년
41.5%→2015년 42.3%)할 전망이다.

신규 인력수급 전망을 살펴보면 2005~2015년간 전문대 35만
4,000명, 대학 19 만명, 대학원 4,000명의 초과공급이 예상된다.

● 5년간 계열별 졸업자 취업률 변동 추이

전공부류 ＼ 연도	2001	2002	2003	2004	2005
전문대학	81.0	80.7	79.7	77.2	83.7
인문계열	74.3	72.6	74.2	71.9	79.3
사회계열	82.7	81.7	81.4	79.2	83.9
교육계열	89.9	88.8	89.4	87.1	89.6
공학계열	82.2	82.2	81.5	78.9	84.5
자연계열	76.4	77.8	76.8	74.6	81.4
의학계열	78.3	79.5	73.5	72.8	84.5
예체능 계열	79.1	78.1	76.6	75.2	82.0

OECD의 분류기준에 따라 직업을 고숙련과 저숙련 및 생산직과
사무직의 4가지로 구분하고 있는데 이를 살펴보면 다음과 같다.

고숙련 사무직은 행정 및 경영관리자, 과학전문가, 교육전문가
등 전문가 집단, 각종 분야 준 전문가 및 과학 관련기술 종사자 등
표준직업분류(중분류)상 20개 직업이다. 고숙련 생산직은 도소매

판매종사자, 농업 숙련 종사자 등 표준직업분류(중분류)상 6개 직업이다.

저숙련 사무직은 고객서비스 사무 종사자, 여행 및 운송관련 종사자 등 표준직업분류(중분류)상 6개 직업이다. 저숙련 생산직은 금속 관련 종사자, 조립 종사자, 단순노무 종사자 등 표준직업분류(중분류)상 13개 직업이다.

대학에서는 고숙련 사무직은 68만 9,000명이 공급과잉인 반면 저숙련 사무직은 29만 6,000명, 고숙련 생산직은 6만 4,000명, 저숙련생산직은 138만 9,000명이 부족할 것으로 전망된다.

전문대학에서는 고숙련 사무직은 58만 5,000명이, 저숙련 사무직은 12만 9,000명이 공급과잉인 반면 고숙련 생산직은 9만 2,000명이, 저숙련 생산직은 26만 9,000명이 부족한 것으로 전망된다. 따라서 이를 반영한 학과개편이 계획되어야 한다.

● 대학별 취업경로　　　　　　　　　　　　　　　　　　　(단위 : 명, %)

구분	전체		전문대학		대학	
	취업자	비율	취업자	비율	취업자	비율
공개채용	94,715	28.5	36,397	20.5	58,318	37.7
학원	93,244	28.0	66,083	37.1	27,161	17.6
인터넷 및 신문 · 방송	38,780	11.7	15,271	8.6	23,509	15.2
친인척	15,766	4.7	8,231	4.6	7,535	4.9
자영	12,727	3.8	6,448	3.6	6,279	4.1
취업전문기관	7,885	2.4	4,467	2.5	3,418	2.2
기타	69,344	20.9	41,022	23.1	28,322	18.3

전문대학생을 위한 진로상담 강화방안

첫째, 전문대생의 취업률을 증대하기 위한 특별 대책이 필요하다. 특히 수도권의 전문대 남학생, 전문대 여학생, 전공일치도가 매우 낮은 계열(인문계열, 자연계열, 사회계열 등) 재학생들의 취업률을 증대하기 위해 노력해야 한다.

둘째, 전문대학의 진로상담을 강화하기 위한 시스템을 갖춰야 한다. 장기적인 직업전망에 기초해 전문대학의 학과를 개편하고, 전문대학의 취업관련기구를 설치하고 인력(특히 전문상담원)을 확보하고, 더욱 효율적인 취업관련 정보망을 구축하고 운영해야 한다.

셋째, 전문대학의 진로상담을 강화하기 위해 운영 면에서 개선책을 강구해야 한다. 전문대생들의 공개채용에 대한 준비와 전문대학 교수들의 취업지도 역량을 강화하고, 전문대생의 자기 이해의 기회를 증대하고, 전문대생 대상 취업강좌를 개설 및 운영(특히 사이버를 통한 강좌 활성화)해야 한다.

넷째, 전문대학의 진로상담을 강화하기 위한 여건을 조성해야 한다. 취업과 관련한 연구를 강화하고, 전문대학 취업담당자에 대한 교육훈련을 강화해야 한다, 특히 심리검사기법과 상담기법 등의 전문적인 강좌를 제공하고 전문대학 취업담당자에 대한 해외연수 기회를 확대(일본, 영국, 미국 등)하며, 전문대학의 취업여건 개선을 위해 정부의 투자를 늘리고 여건을 개선해야 한다.

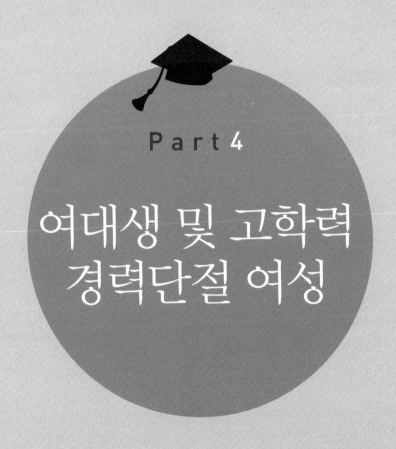

Part 4

여대생 및 고학력 경력단절 여성

career development

고학력 경력단절 여성의 재취업 강화 | 여대생 경력개발의 현황과 과제 |
여대생 특화 진로교육과정사업의 성과와 과제

01

고학력 경력단절
여성의 재취업 강화

2007년 당시 교육인적자원부는 고학력 경력단절 여성 커리어 코 칭 사업을 추진할 지역으로 대전, 충청북도, 전라북도, 부산을 선정 하고 총 5억 원을 지원했다. 2007년 처음으로 시작된 이 사업은 지 방자치단체가 중심이 되어 해당 지역의 출산과 육아 등으로 경력이 단절된 전문대졸 이상 여성에게 맞춤형 직업교육을 제공해 재취업 할 수 있도록 지원하는 것이 목적이었다.

선정된 4개 지역(대전, 충북, 전북, 부산)은 고학력 경력단절 여성의 직업역량개발에서 취업지원에 이르기까지 통합된 서비스를 제공하 기 위해 대학을 비롯한 교육훈련기관, 교육청, 산업체, 고용지원센 터 등과 협력체계를 구축하고, 직업기초교육과 직업전문교육, 직업 현장체험까지 포함한 맞춤형 직업교육과정을 기획하였다.

(단위 : %)

구분	초졸	중고졸	대졸
OECD 여성 평균	51.0	70.4	82.3
한국 여성	59.0	56.3	60.2

※ 자료 : 『Employment Outlook』(2005년 기준, 25세에서 65세 사이 여성을 대상으로 함), OECD, 2007

고학력 경력단절 여성에 대한 관심의 필요성

먼저 우리나라 여성의 전체적인 취업현황을 살펴보면 다음과 같다. 2005년 여성의 경제활동 참가율은 50.1%로 남성의 경우는 74.6%에 비해 낮은 편이다. 2005년 연령대별 여성의 경제활동 참가율은 20대와 40대 연령층은 타 연령대보다 높은 60% 이상의 경제활동 참가율을 보였으나 30대 여성의 경제활동 참가율은 낮은 것으로 나타났다. 2005년 여성 취업자의 연령별 구성비는 2000년 이후 40대 이상 연령층의 취업자 구성비는 계속 상승하고 있는 반면, 40대 미만 연령층에서는 계속 하락하는 것으로 나타났다.

여성 근로자의 근속연수는 2년 이하인 경우가 55.1%로 나타났다. 여성 근로자의 근속연수별 구성비를 보면 1~2년이 31.0%, 1년 미만이 24.1%, 3~4년이 18.0%, 5~9년이 15.8%, 10년 이상이 11.1% 순이다.

다음은 고등교육을 이수한 고학력 여성의 경우를 살펴보자. 우리나라의 경우 여성의 고등교육 진학률이 높아 고학력 여성들이 많이 배출되고 있다. 이들 여성들이 출산과 육아 등으로 경력이 단절된 후 노동시장으로 재진입하지 못하고 있어, 개인 자신은 물론 국가적으로 큰 손실이 발생되고 있다. 대졸자의 경제활동 참가율(2004년)은 우리나라 여성 59.1%로 OECD 평균인 여성 82%에 비해 크게 낮은 편이다.

우리나라 여성들의 여성 경제활동 참가행태는 M자형 커브로 결혼 및 출산으로 인한 경력단절 현상이 나타나고 있다. 즉, 기혼 직장여성의 절반이 육아문제로 퇴사 권유를 받았으며, 일하는 엄마 2명 중 1명이 첫째 아이 출산 전후 취업을 중단하고 있다. 여성 취업이 힘든 이유로 육아 부담이 60%로 나타났으며, 일하는 엄마들의 가장 큰 고민이 육아문제라는 것이다. 직장 내 보육시설을 설치해야 하는 563개 업체 중 263곳만 직장 보육시설을 운영할 정도로 출산여성근로자 보호는 아직 갈 길이 멀다고 판단되며, 그에 따라 출산휴가 후 그만두는 경우가 많다.

25~34세의 여성들이 노동시장을 이탈하는 현상을 경력단절현상이라고 하는데 우리나라의 사회적 상황이 여성들이 가정과 경제활동을 병행하기 어렵게 만들기 때문이다. 출산·육아문제로 노동시장 이탈 후 하향 재진입하는 M자형 커브 현상과 고학력 여성이 노동시장 이탈 후 재진입을 포기하는 L자형 커브 현상이 존재하고 있다.

● 여성의 연령별 경제활동 참가율 　　　　　　　　　　　　　　　(단위 : %)

연도	전체	15~19	20~24	25~29	30~34	35~39	40~44	45~49	50~54	55~59	60세 이상
1995	48.4	14.5	66.1	47.9	47.6	59.2	65.7	60.6	58.8	54.1	28.7
1998	47.1	11.9	61.1	51.5	47.5	58.6	63.6	61.5	55.3	51.4	27.9
2000	48.8	12.6	61.2	55.9	48.8	59.3	63.8	64.9	55.3	51.3	30.2
2005	50.1	10.3	62.6	66.1	50.2	59.0	65.6	63.1	58.3	49.1	28.1
2007	50.2	8.1	56.4	68.2	53.7	58.6	66.6	65.0	59.3	50.6	28.7
2008	50.0	7.5	54.6	69.3	53.3	58.5	65.9	65.8	60.3	52.5	27.9

※ 자료 : 통계청, 통계정보시스템(KOSIS)

산전후 휴가 활용과 노동시장 복귀 실태조사결과

저출산고령사회위원회는 '산전후 휴가 미활용·실태조사 및 노동시장복귀 활성화방안에 대한 연구' 결과를 발표했다. 이 연구는 전국 대도시(서울·부산·대구·광주·인천)에 위치한 사업장의 여성 근로자 중 2005년 3월~2006년 2월에 출산한 여성 근로자 총 568명과 기업체 212개소를 대상으로 실시되었다.

산전후 휴가를 제대로 사용하지 못한 이유로는 동료에 대한 부담(29.4%), 복직에 대한 불안(23.5%), 회사관행(15.7%) 순으로 복직에 대한 불안이 큰 비중을 차지함을 알 수 있다. 또한 산전후 휴가 기간 중 업무대행에 대한 기업체 응답은 대체인력 활용 41.3%, 다른 직원들 협조 40.2%로 나타나 실제로 산전후 휴가 사용이 동료 근로자의 업무 부담으로 작용하는 것으로 나타났다. 출산여성근로자의 복귀 후 업무에 영향이 큰 부분은 육아문제 76.3%, 가사노동

10.0%의 순이었다.

또한 업무효율성 증대를 위해 개선을 원하는 사항으로는 직장 내 보육시설 44.4%, 자유로운 출·퇴근시간 35.0%라고 응답해 여성 근로자의 업무능률 관건은 육아문제 해결임을 알 수 있다.

출산을 계기로 직장을 퇴직한 퇴직자를 대상으로 경제활동 복귀에 대해 조사한 결과, 노동시장에서 이탈된 지 1년이 지나지 않은 응답자의 80% 이상이 노동시장의 복귀에 긍정적인 것으로 조사되었다.

노동시장 복귀를 희망하는 이유는 경제적 필요가 69.9%이고 개인적인 욕구가 28.1%로 경제적 필요가 월등한 것으로 나타났다.

이와 관련해 노동부가 일반국민 1,000명을 대상으로 남녀고용평등 국민의식조사를 한 결과 응답자의 과반수(59.8%)가 '육아부담'이 여성취업의 가장 큰 장애요인이라고 대답했다.

아기를 양육하고 있는 일하는 엄마에게 가장 도움이 되는 시설이나 제도에 대해서는 응답자의 과반수가 '직장보육시설'(59.1%)을 꼽았다. 이어 '육아휴직제도'(14.3%), '육아를 위한 근무시간 단축'(9.3%), '육아수당 지급'(7.8%), '배우자 출산휴가제'(7.6%) 순으로

● 노동시장 복귀 희망이유 (단위 : %)

경제적으로 필요	69.9
성취감 욕구(자신의 능력 표출 등)	18.3
사회적 정체감 탈피(사회적 소속감 욕구 등)	9.8
부담스런 육아, 가사 탈피	0.0
기타	2.0

● 노동시장 복귀 시 장애요인 (단위 : %)

육아문제	가사노동	가족의 반대	기타
92.5	6.0	1.5	0.0

나타났다.

육아휴직제도가 여성의 경력 단절을 막는 데 도움이 되는지 여부에 대한 질문에 대해서는 '도움이 된다'는 응답(65.9%)이 '도움이 되지 않는다'는 응답(31.3%)에 비해 2배가 넘었다.

육아·가사 부담 완화를 위해 시급히 추진해야 할 과제에 대해서는 '탄력적인 근로시간 운용'이 48.5%로 가장 높았다. 다음으로 '육아휴직제 확대'(21.7%), '가족간호휴직제 도입'(13.3%), '파파쿼터제 도입'(11.1%) 순으로 나타났다.

경력단절 여성의 사회 재진출을 위한 기존 정부시책

저출산, 고령화사회 진입으로 여성인적자원의 개발과 활용이 요구되고 있으나 최근 저출산, 고령화의 가속화가 생산인구를 감소시키고 있다. 따라서 이로 인한 경제활력 저하와 경쟁력 약화를 막고 국가 및 지역의 경쟁력 강화를 위해서는 잠재인력인 유능한 여성인력을 효과적으로 양성, 활용할 수 있어야 한다. 유휴 여성인력의 활용은 국가 및 지역의 새로운 성장동력이 될 것이 분명하기 때문이다.

자녀 양육관계로 쉬었다가 다시 취업하려는 여성에 대한 지원이 각 부처에서 다양한 프로그램으로 운영되고 있다. 정부에서는 2010년까지 여성 일자리 60만 개 창출을 목표로 전업주부에게 일자리를 찾아주고자 하고 있다.

먼저 여성가족부에서는 경력단절 주부층의 취업지원에 나서며, 교육인적자원부에서는 고학력 경력단절 여성 커리어 코칭사업을 실시하며, 보건복지 분야 등에서 여성 2,000명의 취업을 지원하고 있다.

여성가족부에서는 190개 교육훈련과정을 통해 4,700여 명의 미취업 여성들의 취업을 지원하고 있다. 그중에서 경력단절 여성 사회서비스 분야 취업지원사업이 있다.

'사회서비스 분야 일자리'란 보건·복지·교육·문화·환경 등 주로 사회복지서비스업에 포함되는 직종으로, 사회적으로 꼭 필요하지만 수익성이 부족해 시장이 충분히 공급하지 못하는 일자리를 의미한다.

사회서비스 분야 취업지원사업에 대해 좀 더 자세하게 살펴보자. 경력단절 여성을 위한 직업교육훈련 및 취업지원을 통한 여성의 일자리창출 지원이 목적이다. 경력단절 여성을 대상으로 사회서비스 분야의 직업교육을 제공하고 희망일터지원단 등 취업연계망을 구축해 취업과 연계되도록 지원하는 것이다.

2006년도 사업실적을 보면 53개 기관 70개 과정을 통해 07년 2월 말까지 수료자 수가 1,739명(수료율 95.5%), 취업자 수가 1,303명(취업률 74.9%)이다. 2007년의 사업목표는 교육인원 약 2,000명(최종 취업률 63% 이상)이다. 사업규모는 약 13억 4,000만 원(과정당 1,450만 원, 80개 과정)이다. 여성인력개발센터, 전문 직업훈련기관 등을 통해 106시간 정도의 교육훈련을 받는다.

교육 분야는 POP강사양성과정, 간병/산모도우미, 경로케어복지사, 노인수발사/노인요양사, 멀티케어매니저, 모자케어복지사, 방과후 독서논술, 방과후 아동지도사, 방과후 지도사, 베이비시터, 보육돌보미 양성과정, 보조원 양성과정, 실버 생활관리사, 실버케어 전담인력, 실버 헬퍼, 아동미술지도사, 아동보육지도사, 아동수학지도사, 요양보호사, 유−차일드케어, 자연생태체험지도사, 장애아동 통합교육, 장애아동 특수교육, 전문 간병사, 초등영어지도사과정, 케어복지사, 통합논술지도사, 한자지도사범과정, 홈케어관리사, 홈헬퍼(육아 · 가사서비스)이다.

여성가족부는 전업주부 중심의 경력단절 여성을 대상으로 한 '2007년도 전업주부 중소기업 취업지원사업'을 펼치고 있는데 이 사업은 실업률 증가 등 일자리 부족 현상과 중소기업의 인력난이 동시에 존재하는 인력수급 미스매칭을 해소하기 위함이다. 전국 45개 여성인력개발센터를 통해 전산세무회계, 무역사무원, IT고객상담사, e쇼핑몰창업과정 등 중소기업 부분 여성 취업유망직종 50개 교육과정이 진행되는 이 사업에는 총 4억 5,000만 원의 국비가 지원되고 있다. 수강료는 거의 무료이며, 2~3개월 과정으로 총 1,000여 명을 지원하고 있다. 2006년도 사업을 통해 1,081명 중 735명이 회계경리, 유통관리사 등의 중소기업 분야 직종으로 취업하거나 인터넷 쇼핑몰을 창업하는 등 68%의 취업률을 달성하는 높은 성과를 보였다.

2006년 중소기업 인력실태 조사결과에 따르면 중소제조업의 부족인력은 총 8만 6,651명이며, 사무관리, 판매관리, 서비스직 등 여성취업에 적합한 직종의 부족인원은 약 1만 2,000명으로 파악되고 있다. 또한, 중소 제조업을 대상으로 한 조사결과 인력문제 타개 대책으로 '여성인력 활용 확대(28.0%)'가 높게 나타났는데 이는 여성인력 활용에 대한 기업의 요구가 반영된 것이라고 볼 수 있다.

여성 관련 취업정보를 종합적으로 제공하고 있는 여성전문 취업 포털사이트인 '여성워크넷(http:// women.work.go.kr)'이 개설한 지 90여 일 만에 방문자 수가 20만 명을 넘기도 했다. 여성워크넷은 주부 일자리, 여성 단기 일자리, 직업훈련, 창업 소식, 여성정책 뉴스, 보육지원 등 여성들이 알아야 하는 각종 취업정보와 정부지원정책 등 유용한 정보를 제공하고 있다.

특히, '여성직종 Top 20' 코너에서는 구인 요구가 많은 직종 20개를 순위별로 선정, 구인업체 현황을 매일매일 제공하고 있다.

● 여성직종 Top 20

순위	직종
1	회계 · 경리사무
2	일반사무
3	요리 · 서빙 · 배달
4	비서 · 사무보조
5	디자인
6	보육 · 생활지도
7	안내 · 고객관리
8	판매
9	간호사 · 간호조무 · 간병
10	자재 · 구매 · 생산 · 품질
11	단순생산
12	청소
13	운송 · 선적 · 무역
14	전기 · 전자
15	금융 · 증권 · 보험사무, 학원강사, 매장관리, 여행 · 관광, 텔레마케팅, 기계

여성관련 일자리 정보를 업종별 · 직종별 · 지역별 등으로 구분, 제공하므로 관련 내용을 쉽게 검색할 수 있다.

여성고용지원센터(주부취업상담실)를 여성들이 많이 출입하는 곳(예 백화점 등)에 두어 장도 보고, 일자리도 알아보게 하고 있다. 또한 일과 가정의 양립을 위해 이제는 기업이 나서고 있기도 하다.

저출산고령사회위원회는 '일의 중단 또는 포기 없는 일과 가정의 양립환경 조성'을 위한 다양한 대책을 마련해 시행 중이다. 2006년 7월 범정부적인 '제1차 저출산고령사회기본계획(2006~2010년)'을 수립하고 출산여성근로자의 모성보호와 직장복귀 활성화를 위한 정책을 반영하고 있다.

먼저 2006년부터 중소기업의 산전후 휴가급여 지원을 확대(30일 → 90일)하고 고용보험에서 전액 지급토록 해 중소기업의 비용부담을 낮추었으며, 모성보호 강화를 위해 유산 · 사산 휴가를 정식 법제화했다.

또한 육아휴직의 활성화를 위해 휴직요건 완화(만 1세 → 만 3세 미만), 급여 인상(40만 → 50만 원) 및 대체 인력 채용지원금 인상(월 10만~15만 원 → 월 20만~30만 원)을 실시하고, 육아기 근로시간 단축제도 도입(2008년)을 추진 중이다.

출산 · 육아기 이후 노동시장 복귀 지원을 위해 '출산여성재취업장려금(6개월간 월 40만 원)', 비정규직 여성을 위한 '출산후계속고용지원금(6개월간 40만~60만 원)' 등을 신설했다. 아울러, 산전후 휴가 등 모성보호규정에 대한 홍보, 사업장에 대한 적극적인 지도·감독 등을 통해 지속적으로 제도 활용 여건을 조성했다.

그 결과, 기본계획의 첫 시행시기인 2006년의 경우 산전후 휴가 급여는 총 4만 8,972명에 909억 원이 지급되어, 2005년 대비 급여 건수는 19.1%, 지원액은 97.6% 증가했다.(2005년의 경우는 2004년 대비 각각 6.7%, 10.8% 증가)

따라서 현재 시행 중인 다양한 정부지원정책이 원활히 정착될 경우, 산전후 휴가 활용도가 높아질 것으로 기대되고 있으나, 아직 미흡한 것이 사실이므로, 향후 저출산고령사회위원회는 이번 연구결과를 바탕으로 출산여성근로자의 모성보호를 위해 관련부처와 긴밀한 협조관계를 유지하고 공동 대응키로 했다.

산전후 휴가 등 모성보호제도의 활용실태를 지속적으로 점검, 기존 제도의 미비점을 보완·강화하고, 노동부와 협의를 통해 대체인력 활용 지원, 산업단지 등 사업장 밀집지역 보육시설 설치, 근로시간의 탄력적 운영 등 출산여성근로자의 노동시장 이탈 방지 및 복귀 활성화를 위한 정책을 펼쳐나가기로 했다.

경력단절 여성을 위한 향후과제

우리나라가 앞으로 국민소득 3만~4만 달러가 되기 위해서는 여성인력이 더 많이 활용돼야 한다. 더구나 앞으로는 디지털과 필링(feeling), 픽션을 중요시하는 직업이 뜰 것이고 그런 직업은 여성들이 더 많은 역할을 해야 할 분야이다.

우리나라의 경우에는 기혼여성들이 자녀출산과 양육관계로 경력이 단절되는 M자형, 혹은 재진입을 포기하는 L자형 경제활동상황을 보여주고 있다. 선진외국과 같이 U자를 거꾸로 한 모양으로 변화되어야 한다.

이를 위해 여성 경제활동의 중요성을 인식하고, 여성 경제활동의 장애요인으로 작용하고 있는 육아부담 문제를 해결하는 데 노력을 기울여야 한다. 아울러 자녀 양육을 위해 경력이 단절된 여성들의 재취업을 위해 충분한 교육훈련과 지원을 펼쳐야 한다.

현재 이들 사업은 여성가족부, 교육과학기술부, 노동부, 보건복지부, 저출산고령사회위원회 등 여러 부처에서 다양하게 펼쳐지고 있다. 이들 사업을 국무조정실 등에서 총괄적으로 조정해 상호 중복되지 않고 윈윈(win-win)할 수 있도록 유도해야 한다.

이들 사업을 펼치는 것 못지않게 중요한 것은 출산 등으로 경력이 단절된 여성들이 이런 사업이 있다는 것을 알게 해야 한다는 점이다. 실제로 이들 사업을 필요로 하는 사람들이 알고 선택하도록 충분한 정보를 제공해야 한다.

다음으로 경력단절 여성에게 적합한 직종을 개발하고 자세한 직무분석을 통해 그 직업에서는 무엇을 하며, 그 직업에서 성공하기 위해 어떠한 지식·기능·태도를 가져야 하며, 이를 어떻게 교육훈련시켜야 하며 자격증과 연계하려는 노력이 필요하다. 현재 경력단절여성을 위한 직종은 몇 개 분야에 집중되어 있고 그 숫자가 많지 않다.

정부에서 마련한 저출산고령사회 5개년 계획을 기초로 해, 여성가족부의 2008년 제3차 여성정책 5개년 계획 수립과 노동부의 여성직업능력 개발 종합계획 등을 통해 경력단절 여성들의 재취업을 위한 정책이 강화되기를 바란다.

02

여대생 경력개발의 현황과 과제

여대생에 대한 경력개발의 필요성

최근 각 대학에서 여학생에 대한 취업과 경력개발을 특히 강조하고 있다. 여학생에 대한 진로 및 경력개발의 현황과 나아갈 방향에 대하여 살펴보자.

먼저 대학에서 여학생 비율은 어느 정도나 될까? 대학에서의 여학생 수는 상당하다. 최근 발표된 교육통계에 따르면 전국 4년제 대학 재학생은 185만 9,639명이며 이 가운데 여성은 37%인 68만 4,238명을 차지한다. 여성들의 전공 분야도 기존 인문·사회대·가정대 집중에서 법학·경영학·이공학 분야로 급격히 확대되고 있다. 교육현장에선 남성 독점적인 학문 분야의 구분이 없어진 지 오래다.

하지만 이렇게 상당한 비율을 차지하는 여자 대학생들이 진로 및 경력개발 면에서 불리한 현실과, 대학이 왜 여학생들에 대한 경력개발을 위해 좀 더 노력해야 하는가를 살펴보자.

첫째, 여자 졸업생의 취업률이 남자 졸업생에 비하여 떨어지고 있다. 여성대졸자의 신규 노동시장 진입률도 남성에 비해 낮은 수준이다. 특히 4년제 대학 여자 졸업자의 취업률은 최근 3년간 59.1%에서 53.5%로 크게 하락하고 있다. 전문대학을 포함한 고등교육기관 졸업자의 2004년도 취업률의 경우 남성이 68.2%로 여성의 64.3%에 비하여 높은 편이다.

둘째, 여성의 취업률이 낮을 뿐만 아니라 진출 분야에서도 차이가 나고 있다. 앞으로의 직업 변화를 고려하면 남성들에 비하여 여성들에게 취업에 유리한 분야가 더 많다. 즉 앞으로 직업사회는 디지털화되고 감성이 중요시 될 것이므로 남성에 비하여 여성이 두뇌구조학적으로 더 유리해질 것이다. 그러나 문화사업 서비스 등 주요 유망 분야에 대한 여성의 진출이 저조하고, 고용의 질도 낮은 편이다.

셋째, 여학생들의 상당수가 재학하고 있는 이공계 교육이 여학생에게 불리한 면이 많다. 이공계 여학생 수는 증가했지만 이학계 중심의 여성인력 양성구조로 공학계 여학생 비율은 여전히 낮으며 석ㆍ박사과정으로 갈수록 공학계 여학생 양성인력의 저조현상이 심화되고 있다. 공학계열 여학생 비율(2005년 말)은 대학 18.3%, 석사 13.0%, 박사 10.4%이다. 적은 수의 여학생이 공학계로 유입되고 있음에도 불구하고 이들이 전공을 살려 취업하는 비율은 남학생에 비해 상대적으로 저조하다. 공학계열 취업 비율(2005년)은 남성 81.1%, 여성 67.2%이다. 공학계열 여학생들의 전공 분야 취업이 저조한 원인은 남녀의 특성을 고려하지 않은 공대 교육으로 인해 여학생들의 전공 친화력이 낮고, 현장적응력이나 리더십 등의 소프트스킬과 취업에 대한 자신감이 부족하기 때문이다.

넷째, 고학력 여성인력 개발을 위한 국가 인프라가 미비하다. 전국 16개 시·도 중 정부지원 여대생커리어개발센터가 설치된 지역은 5개(2005년)에 불과하고, 전국 4년제 대학 200여 개 중 설치비율은 2.5% 수준이다. 또한 전국 여성과학기술인 지원센터도 전국에 중앙센터 1개소에 불과하다.

다섯째, 우리나라가 선진국이 되기 위해서는 여성들의 경제활동 비율이 더욱 증가해야 하고 특히 대학을 졸업한 여성들의 더 많은 경제활동 참여가 필요한데 이를 위한 진로 및 경력개발이 미흡하다. 여성의 경제활동 참가율(2000)은 48.8%로 OECD 평균(약 60%)에 미달하고 있다. 프랑스(50.7%), 영국(55.6%), 미국(59.5%) 등 (2003)에 비하여 월등하게 떨어지고 있다.

여성들의 경제활동이 좀 더 크게 증가해야 할 것으로 보인다. 특히 전체 취업자 가운데 그 비율이 증가하게 될 전문대 이상 고학력자(2004년 30.5% → 15년 43.7%)들에 대한 특별한 진로 및 경력개발이 필요하다. 대졸 이상 고학력 여성의 경우 경제활동 참가율은

OECD 국가 중 최하위 수준이며 OECD 국가는 학력이 높을수록 여성 경제활동률이 높은 반면, 우리나라는 중졸 이하 여성의 경제활동률이 가장 높은 특징을 나타내고 있다.

● 취업 준비 시 항목별 자신감 정도(재학생)

구분		매우 자신 없다	별로 자신 없다	보통이다	어느 정도 자신 있다	매우 자신 있다	합계
전공	남	30(3.4)	112(12.6)	302(34.0)	367(41.3)	78(8.8)	889(100.0)
	여	22(1.8)	208(17.4)	503(42.2)	414(34.7)	46(3.9)	1,193(100.0)
대학 성적	남	32(3.6)	149(16.8)	375(42.3)	281(31.7)	50(5.6)	887(100.0)
	여	43(3.6)	205(17.2)	510(42.7)	390(32.6)	47(3.9)	1,195(100.0)
일반능력 (영어, 상식, 컴퓨터)	남	28(3.2)	156(17.6)	383(43.2)	269(30.3)	51(5.7)	887(100.0)
	여	46(3.9)	349(29.3)	574(48.1)	212(17.8)	12(1.0)	1,193(100.0)
실무능력	남	18(2.0)	129(14.6)	369(41.8)	291(33.0)	75(8.5)	882(100.0)
	여	26(2.2)	288(24.3)	523(44.1)	320(27.0)	28(2.4)	1,185(100.0)
가정 배경	남	20(2.3)	130(14.7)	423(48.0)	242(27.4)	67(7.6)	882(100.0)
	여	15(1.3)	157(13.2)	616(51.9)	335(28.2)	63(5.3)	1,186(100.0)
대학 평판	남	26(2.9)	152(17.2)	418(47.3)	241(27.3)	47(5.3)	884(100.0)
	여	31(2.6)	240(20.3)	568(48.0)	306(25.8)	39(3.3)	1,184(100.0)
면접 능력	남	9(1.0)	117(13.3)	319(36.1)	347(39.3)	91(10.3)	883(100.0)
	여	25(2.1)	245(20.6)	516(43.5)	358(30.2)	43(3.6)	1,187(100.0)
외모	남	14(1.6)	68(7.7)	403(45.6)	309(35.0)	89(10.1)	883(100.0)
	여	15(1.3)	144(12.2)	692(58.4)	286(24.1)	48(4.1)	1,185(100.0)
성별	남	10(1.1)	25(2.8)	462(52.5)	304(34.5)	79(9.0)	880(100.0)
	여	13(1.1)	141(11.9)	690(58.3)	288(24.3)	51(4.3)	1,183(100.0)

※ 자료 : 「고학력 여성들의 취업실태 및 정책방안(이상민 외)」, 국내 5개 대학 취업실태 및 여대생커리어개발센터를 중심으로, 여성부, 2004

여섯째, 여자대학생들의 직업과 관련해서도 몇 가지 문제점이 있다. 한양대 이상민 교수팀의 연구에 의하면 여자 재학생 및 졸업생들의 취업의식이 남성에 비해 비교적 소극적이고, 여학생들이 남학생에 비해 뒤늦게 취업 준비를 하고 있으며, 여학생들의 조직에 대한 이해와 적응은 남성에 비해 매우 부족한 것으로 나타났다. 여성들은 취업시 필요한 정보수집의 어려움을 이야기하고 있다. 여학생들의 취업정보 능력은 남학생들에 비해 약한 것으로 조사되었다. 따라서 이러한 여학생들의 특성을 고려한 경력개발지도가 이루어져야 한다.

여대생 경력개발의 현황

여성가족부, 교육부, 노동부, 지식경제부 등 14개 관계부처가 공동으로 작성한 여성인력개발 종합계획(2006~2010년) 중 여성능력 개발 및 고용기회 확대 분야에서는 다음과 같은 사업을 펼치고 있다.

첫째, 여학생 진로지도, 고학력 청년여성 취업촉진 및 재직여성 능력 개발 활성화이다. 이를 위하여 여학생 진로지도 및 직업교육 강화, 학교-노동시장 간 연계 강화를 위해 대학에 여대생 커리어개발센터 설치 및 운영, 대학출신 우수 여학생 취업촉진을 위한 '지역사회 맞춤형 취업지원사업'을 활성화하며, 재직여성 등 여성 근로자의 전문성을 제고하고 있다.

둘째, 전문직업 분야로의 여성 진출 확대이다. 이를 위하여 과학기술분야, 학계 등 전문 직업분야에 대한 여성의 진출을 확대하고 공공부문의 여성대표성을 제고하기 위해 공공부문 양성평등 채용목표제의 지속 주진 및 5급 이상 관리직 비율을 확대하고 있다.

셋째, 경력단절 여성 등 여성 잠재인력의 활용 극대화이다. 이를 위하여 경력 단절 여성의 능력 개발 및 재취업 지원을 위한 법적 기반 구축, 케어복지사, 장애아 통합교사, 방과 후 교사 등 유망 사회 서비스 영역 전문 직업훈련 확충, 고학력 경력단절 여성의 직업능력 개발 지원, 중소기업 취업 유망 분야 직업훈련 프로그램 개발 운영, 전업 주부, 여성 가장, 고령 여성 등 대상별 특화된 직업성취 프로그램 및 취업지원 인프라 구축 등을 추진하고 있다. 이들 다양한 사업 중 여자대학생의 진로 및 경력개발을 위한 주요 사업을 살펴보면 다음과 같다.

먼저 교육부에서 운영하는 여대생 특화 진로교육과정 지원사업이 있다. 2006년 처음 시작한 이 사업은 여대생들이 학점을 취득하면서 조기에 진로탐색을 할 수 있도록 하여 여대생의 취업경쟁력을 강화하기 위한 것이 목적으로, 여학생의 특성을 고려한 맞춤식 정규교육과정(교양과목) 개설을 조건으로 했다. 2006년도 8개 대학에서 11개 교육과정 운영을 지원하고 있는데 그 사업명칭은 여성의 진로탐색과 커리어개발, 여성과 취업(여성의 취업과 경력개발), 커리어 맵 디자인, 여성취업과 파워플랜, 여대생과 진로설계, 여대생 리더십 향상과 성공취업, 여대생 진로설계와 실천전략, 여대생 커리어탐색과 커리어 도전 등이다.

다음은 여성 공학교육 선도대학 지원사업이다. 교육부와 지식경제부는 산업 현장에 필요한 멀티플레이어형 여성인력 양성을 위해 2006년부터 '여학생 공학교육 선도대학 지원(WIE, Women Into Engineering Program)' 사업을 추진하고 있다.

● 여대생의 취업증대를 위한 정부정책

세부과제	사업내용	추진부처	
		주관부처	관계부처
여대생의 직업·진로지도 강화	① 여대생 직업의식 교육프로그램 개발	여가부	
	② 여대생 특화 진로교육과정 지원	교육부	
	③ 여대생의 CAP 참여 활성화 및 직장체험프로그램 운영	노동부	여가부
	④ 이공계분야 여성 CTO, CEO의 공학교육 지원 실시	산자부	
	⑤ 여성 공학교육 선도대학 지원	교육부 산자부	
여대생커리어 개발센터 확대 및 기능 강화	① 지역 내 전략산업, 중소기업 취업의 구심점으로 육성	여가부	지자체
	② 여대생 취업지원 기능 확대	여가부	
	③ 지역 내 여성 평생교육기관으로 기능 확대	여가부	
	④ 센터의 본격적 확산 추진	여가부	교육부
온라인 여성 취업 정보망 구축	① 여성취업관련 종합정보서비스 기능 강화	노동부 여가부	
	② 여성취업기관 간 네트워크 강화를 위한 정보망 구축	여가부	

공과대학 여학생의 전공분야로의 진출을 촉진하기 위하여 '여성 공학교육 선도대학' 지원 및 우수 모델을 보급하고 성 통합적 관점

에서 공학교육체제를 개편하고 여학생의 현장적응력을 제고하기 위한 프로그램을 개발·운영하고 있다. 5년간(2006~2010년) 총 44억 원을 지원해 선도학교 모델을 완성한다는 계획이다. 선정된 대학은 연세대학교, 성균관대학교, 강원대학교, 부경대학교, 군산대학교이다.

정부의 역할과 계획

여성부에서는 고학력 여성의 경력개발 및 인력활용도를 높이고, 직업 세계로의 여행을 위한 종합서비스를 제공하기 위해 2003년부터 2005년까지 시범사업으로 전국 5개 지역(서울, 경기, 충청, 전라, 경상) 대학(한양대, 아주대, 충남대, 전북대, 신라대)을 거점으로 여대생커리어개발센터 설립을 지원해 운영했다. 여성가족부는 앞으로 여대생커리어개발센터의 기능을 강화하고 30개 대학으로 확대할 계획도 가지고 있다.

그 구체적인 계획내용을 살펴보면, 먼저 여대생커리어개발센터를 지역 내 전략산업, 중소기업 취업의 구심점으로 육성할 계획이다. 즉, 지역 중소기업과의 활발한 정보교환을 위한 DB를 구축해 적극적인 취업 연계활동을 활성화하게 된다.

둘째, 여대생 취업지원기능을 확대한다. 기업체 수요조사 등을 정기적으로 실시하고 센터별로 기업 및 학생DB를 관리하는 일자리 지원기구를 구성해 인적네트워크를 강화하고 소수 여대생을 선발해 일대일 집중관리 실시한다. 연간 센터의 목표인원 및 목표 취업률을 설정해 점검하고 재학 중 취업의 전 과정을 지원하는 맞춤형 취업지원서비스를 제공하게 된다. 여대생의 취업네트워크를 강화하는 다양한 지원을 실시하는데 여학생 소모임 구성 및 선배 등과의 멘토링을 실시한다.

셋째, 지역 내 여성평생교육기관으로 기능을 확대한다. 주요 타깃 집단을 재학생 위주에서 졸업생까지 확대하고 최종적으로는 '지역 내 고학력 여성인력'으로 설정해, 여대생커리어개발센터가 고학력 여성의 평생교육기관으로 발전할 수 있도록 육성하는 것이다.

넷째, 여대생 커리어개발센터의 본격적 확산을 추진한다. 여대생 커리어개발센터를 2005년도 5개소에서 향후 30개소로 확대한다. 센터 간 교류 활성화 및 센터 운영을 내실화하기 위해 센터 간 표준 프로그램을 개발·보급하고, 패키지화된 '진로 및 경력 설계' 프로그램을 정규과목화한다.

여자대학생 경력개발 방향

앞에서 여대생에 대한 경력개발의 필요성과 정부의 정책을 중심으로 한 사업현황을 살펴보았다. 전체 대학생 인구의 반가량이 여학생이고 앞으로 한국경제를 재도약시키는 데 대학을 졸업한 여성들이 절대적으로 필요한 점을 고려하여 여대생 경력개발에 더욱 많은 신경을 써야 한다.

첫째, 여자대학 졸업생의 취업률을 남학생과 동등한 수준이 되도록 구조적인 문제를 제거하고 학생 개인과 대학의 취업증대를 위해 노력하도록 여건을 만들어야 한다.

둘째, 남녀간 성적인 차이에 따라 유리하고 불리한 직종이 있는 것이 사실이지만 여성이기 때문에 겪어야 하는 진입장벽이나 진입 후 차별을 없애야 한다.

셋째, 상대적으로 여성이 유리한 분야를 중심으로 직종개발과 직무분석이 대대적으로 실시되어 실질적으로 여대생의 취업증대에 도움이 돼야 한다.

넷째, 여학생에게 불리한 이공계 교육이 개선되고 보완돼야 한다. 공대교육은 남녀의 특성을 고려해야 하고 여학생들의 전공 친화력을 높이고 현장적응력, 리더십 등 소프트스킬을 보충하고, 취업에 대한 자신감을 키워줘야 한다.

다섯째, 여대생커리어개발센터는 그 규모가 훨씬 크고 체계적으로 움직이는 대학 내 인력개발센터로 통합하는 것이 바람직하다는 주장이 있는 만큼 이에 대해 종합적으로 분석한 후 확대하는 것이 바람직하다.

여섯째, 앞으로 우리 사회에 큰 역할을 하리라 기대되는 대졸 여성들의 경제활동을 지원할 충분한 제도적 뒷받침이 마련돼야 하며 여대생들에게도 이를 반영한 경력초기, 결혼과 육아가 관련되는 경력중기, 경력후기 등에 대한 나름대로의 커리어 로드맵을 작성해보도록 하는 지도를 해야 한다.

일곱째, 여성인력개발 종합계획(2006~2010년) 이후에도 여대생 커리어개발센터를 중심으로 한 사업이 집중적으로 제시되어야 할 것이다.

여덟째, 여대생만을 위한 사업 아이덴티티에 관하여 좀 더 검토 해야 한다. 여성가족부나 교육인적자원부의 여성교육정책과에서 추진하는 사업은 예산 규모도 적고, 대상학교도 적고, 이를 뒷받침 하는 인력도 충분하지 않으며, 기존의 인력개발센터에서 하는 사업 과 중복되는 면도 없지 않다. 이런 면에서 여대생만을 위한 사업이 상징적으로 의미가 있지만 사업에 대한 분석이 좀더 필요하다.

아홉째, 여자대학생들의 취업의식을 제고시켜 대학교 저학년부 터 단계적으로 경력개발을 준비하도록 지원해야 한다.

열번째, 여학생들이 남학생에 비하여 불리한 분야인 조직에 대한 이해, 인맥 쌓는 법, 각종 정보의 수집과 활용 등에 대하여 집중적 으로 보충하는 프로그램을 운영해야 한다.

03

여대생 특화 진로교육과정사업의 성과와 과제

정부에서는 2008년도 여대생 특화 진로교육과정 개설 지원 대학으로 숙명여대, 동아대, 동의과학대학, 남도대학 등 총 40개 대학(4년제 대학 26개교, 전문대학 14개교)을 선정·발표했다.

이 사업은 선정대학이 취업특강과 같은 일회성 행사를 지양하고, 여대생들이 학점을 인정받으며 조기에 진로를 탐색하면서, 진로개발을 위한 기초능력을 기를 수 있도록 정규교과과정(교양과목)을 개설·운영하는 것이다.

이 사업은 2006년 8개 대학 지원을 시작으로, 2007년 24개 대학에 3억원을, 2008년에는 40개 대학에 5억원을 지원하며 여대생들에게 맞춤형 진로교육을 실시하고 있다.

2007년에는 총 2,331명이 여대생 특화 진로교육과정을 수강했다. 특히, 커리어 캠프 체험, 팀 티칭 등 다양한 교수학습 방법을 활용해 여학생들의 적극적인 참여를 이끌어낸 결과, 참여 여학생의 84.5%가 교육과정에 만족한 것으로 나타났다.

2008년에는 이 사업 공모에 총 68개 대학이 지원했다. 지원대학 선정기준으로는 교육과정의 실용성과 우수성을 가장 중요한 기준으로 삼고, 그 밖에 사업목적에 대한 이해도, 추진체제의 적절성, 학내외 유관기구 사업과의 연계성 및 차별성, 재정 집행계획의 적절성 등을 평가했다.

이와 관련해 한국직업능력개발원에서는 이영대 박사와 윤형한 연구원이 여대생 특화 진로교육과정 지원사업에 대한 평가보고서를 작성했다. 그 주요 내용을 살펴보면 다음과 같다.

사업의 개요

정부가 추진하고 있는 '여대생 특화 진로교육과정 개설 지원 사업'은 여대생들의 조기 진로탐색을 유도해 직업의식을 제고함으로써 여대생의 진로개발 및 취업활성화를 도모하고, 직업역량을 강화해 취업·진로개발 관련 애로에 대처하고, 주도적으로 경제활동을 할 수 있도록 유도해 고학력 여성의 경제활동 참가율을 높이는 데 목적을 두고 있다.

한국직업능력개발원은 2006년도부터 참여해 왔는데, 2007년에는 2006년 시범 운영 대학 및 2007년에 4년제 대학 및 전문대학 중 여대생 특화 진로교육과정을 개설해 운영하고자 하는 신규 대학의 심사 평가, 선정대학의 진로교육과정 운영 지원 및 모니터링, 그리고 여학생 진로교육과정 운영성과 분석에 사업의 목적을 두었다.

● 2차년도 운영대학

구분	대학	교육과정
4 년 제	덕성여대학교	1. 여성의 진로탐색과 설계 2. 여대생 커리어개발의 실제와 실습
	이화여대학교	글로벌 리더십과 커리어 개발
	건양대학교	여대생 경력개발과 사회진출
	상지대학교	현대여성과 직업세계
	세명대학교	여대생의 진로설계
	부산대학교	여성과 직업/여성의 커리어 개발
	계명대학교	여대생 진로선택과 커리어 개발
	동서대학교	여성과 진로I(1학기)/여성과 진로II(2학기)
	제주대학교	여대생 커리어 개발과 실천전략
	조선대학교	여대생 진로설계와 취업 I · II
전 문 대	동서울대학	여대생 진로와 직업교육과정 운영
	장안대학	여대생 자기주도형 진로탐색 · 경력개발
	강릉영동대학	여대생 지역특화형 기초직업능력 개발
	공주영상대학	직업과 Pro Woman
	경남정보대학	여대생 맞춤형 진로설계 1. 인문사회분야과정 2. 자연공학분야과정
	안동과학대학	여대생 진로개발과 리더십

● 2008년 여대생 특화 진로교육과정 지원사업 선정대학 현황

구분	대학	교육과정
4년제	숙명여자대학교	진로설계와 취업
	공주대학교	여대생 프로파워 리더십(Women ProPower Leadership Course)
	한림대학교	여성 리더십과 경력 개발
	대진대학교	글로벌 시대 여대생의 성공취업 전략
	중앙대학교(안성)	여성의 진로설계와 직업세계 이해/여대생커리어 개발과 리더십
	충주대학교	여대생 커리어 개발
	영동대학교	여성의 자아발견과 취업
	신라대학교	여대생특화 진로교육과정(내가 만드는 커리어플랜과 컬러 리더십)
	동아대학교	여대생의 취업진로의 계획/여대생의 자기계발
	경성대학교	여대생 생애설계와 취업전략
	동국대학교(경주)	여성 진로설정 및 경력개발 진로교육 교과과정
	위덕대학교	여대생의 진로선택과 커리어 개발
	대구대학교	여대생 진로탐색과 설계
	호남대학교	여대생의 진로탐색과 취업성공 전략/여대생과 진로탐색/여대생과 취업성공 전략
	전북대학교	여대생 진로개발 포트폴리오
	목포대학교	여성의 직업과 진로개발
전문대	대림대학	여대생 진로탐색 및 직업기초능력 개발
	우송정보대학	여대생 직업탐색과 자기관리능력 개발
	동남보건대학	글로벌 여성과 Career Power
	동의과학대학	DIT-WCMS(Woman Career Management System) 운영을 통한 여대생 맞춤형 진로탐색과 경력개발
	남도대학	여대생 직업능력 개발과 진로설계트랙
	동강대학	여대생의 진로설계와 성공적 취업전략
	순천제일대학	여대생의 직업과 자기관리(여대생 직업과 진로결정(1학년 2학기)/여대생 취업과 성공적인 직장생활(2학년 1학기))
	전남과학대학	여대생 진로설계와 탐색

주요 결과

이 사업의 내용은 여학생의 진로교육과정 관련자료 분석, 진로교육과정 대학 선정 심사평가, 진로교육과정 운영 모니터링, 대학의 진로 및 취업관련 교육과정 운영 실태 분석, 진로교육과정 운영성과 분석 등이다. 사업의 주요 결과를 정리하면 다음과 같다.

2007년 '여대생 진로교육과정 지원 사업'에 참여하기 위해 공모한 대학은 총 62개교로 대학교 44곳, 전문대학 18곳이었고 전문가 8인에 의해 대학교 18곳, 전문대학 6곳을 선정했다.

대학생의 진로개발준비 실태

한국직업능력개발원 커리어넷에서 진로개발 준비도 검사를 실시한 고등교육단계 학령기 여학생들은 남학생에 비해 학년이 올라갈수록 자기이해가 증가하는 경향을 보였고 전공 및 직업에 대한 지식, 진로결정 확신도가 남학생보다 높은 것으로 나타났다. 하지만 의사결정 자신감, 관계활용 효능감은 남학생보다 낮은 것으로 나타났다. 그리고 구직준비도에 있어서 여학생은 저학년 때는 남학생에 비해 낮지만 고학년 때는 남학생보다 높은 것으로 나타났다.

진로교육과정 운영 정량적 성과분석

여대생 특화 진로교육과정을 운영한 대학의 운영결과는 다음과 같다.

첫째, 진로교육과정 운영을 위한 의견수렴 및 모니터링은 총 135회(평균 4.4회)가 실시됐다. 대학별로 교외기관과 평균 2.7개, 교내기관과 평균 1.7개 연계해 진로교육과정을 운영했다.

둘째, 진로교육과정 수강생은 총 2,530명으로 대학별 평균 81.6명이었고 이 중 여학생은 2,426명(95.9%), 남학생은 104명(4.1%)이었다.

셋째, 진로교육과정 운영을 위한 전담조직을 갖고 운영됐다. 교육과정 운영에 참여한 전체 인력은 총 596명으로 대학별 평균 19.2명이었는데 이 중 내부인력은 대학당 평균 13.6명으로 내부인력 비율은 71.0%였다.

넷째, 진로교육과정 운영 대학의 총예산은 4억 1,000만 원을 상회하고 대학당 평균 1,300만 원이었다. 대학이 자체 부담한 예산은 9,900만 원으로 총사업비의 23.9%를 차지했고 대학당 평균 320만 원이었다.

다섯째, 진로교육과정을 운영하기 위해 대학 내·외 기관과 연계해 운영한 횟수는 총 131회로 대학당 평균 4.2회였다. 교내기관과의 연계는 1.7회, 외부기관과의 연계는 2.5회였다.

여섯째, 대학 중 연초의 교육과정 운영계획을 변경해 운영한 대학은 11곳이었고 대학 자체적으로 교육과정을 개발해 운영한 대학은 5곳이었으며 교재개발 대학은 21곳이었다.

일곱째, 진로교육과정 중 자기이해, 진로설계, 정보활동 등 진로교육에 관련된 내용의 비율은 84.7%였다.

여덟째, 실제 수업시간 대비 대학 내부인력 63.0%, 외부인력 27.0%로 내부인력이 진로교육과정 운영을 담당하는 비율이 높았다. 소수의 대학들이 수업에 대해 학생들의 의견을 수렴해 교육과정 운영에 반영했다.

아홉째, 대학에서는 진로교육과정 수강생에 대한 평가를 위해 수시로 수업 참여도 및 학습태도를 평가하고 발표 및 과제, 중간·기말시험, 출석 등 다양한 방법을 활용했다.

열째, 진로교육과정 운영 및 학생들의 활동에 대한 산출물로는 매수업 강의평가, 검사결과, 수업소감문, 자기성찰보고서, 커리어플랜, 자기소개서, 과제 및 연구보고서, 견학 및 활동보고서, 취업준비계획서, 커리어 포트폴리오, 강의교재 등 다양했으며 이러한 유형들 중 대학별로 평균 3.8건의 산출물을 보였다. 수강생들의 진로교육과정 수강 전·후를 비교해 수업의 효과를 분석하는 대학은 1학기 11곳, 2학기 17곳이었다.

열한째, 진로교육과정 수업에 참여한 학생들의 만족도를 살펴보면, 추천의향 86.9%, 수업내용 84.8%, 강사 84.3%, 운영방법 82.1%의 순으로 나타났다. 이 4가지 항목을 합산한 학생 만족도 평균은 84.5%였다.

진로교육과정 운영 정성적 성과분석

진로교육과정 수강 여학생들 중 학번을 기재하지 않은 자료를 제외하고 16개 대학으로부터 총 1,310명(14개 대학교 996명, 2개 전문대학 314명)의 설문조사 자료를 분석했다.

① 자기상태의 변화

대학교 및 전문대학에서 진로교육과정을 수강한 여대생들은 7가지 영역 모두 학기초에 비해 학기말에 의미 있는 수준에서 자기상태의 변화가 나타났는데, 진로교육과정을 수강한 후 수강 전에 비해 점수가 증가한 영역은 직업탐색과 진로설계방법을 알고 있는 정도(0.72점), 바람직한 여성 직업인상을 알고 있는 정도(0.69점), 진로와 취업준비를 위해 알고 있는 정보의 정도(0.66점), 진로에서 여성으로서 겪게 될 제약과 기회에 대해 알고 있는 정도(0.65점), 자신의 적성과 성격 등 자신에 대해 알고 있는 정도(0.51점), 자신의 진로계발에 대한 의지(0.44점)의 순이었다.

여대생의 경우 직업탐색과 진로설계방법을 알고 있는 정도(0.84점), 바람직한 여성 직업인상을 알고 있는 정도(0.81점), 진로에서 여성으로서 겪게 될 제약들과 기회에 대해 알고 있는 정도(0.75점), 진로와 취업준비를 위해 알고 있는 정보 정도(0.75점)의 증가가 다른 영역에 비해 높았다.

전문대학 여대생의 경우 적성과 성격 등 자신에 대해 알고 있는 정도(0.52점), 진로와 취업준비를 위해 알고 있는 정보의 정도(0.42

점), 자신의 진로계발에 대한 의지(0.41점), 직업탐색과 진로설계방법을 알고 있는 정도(0.41점), 바람직한 여성 직업인상을 알고 있는 정도(0.39점), 진로에서 여성으로서 겪게 될 제약과 기회에 대해 알고 있는 정도(0.38점)에서 증가를 보였다.

② 진로결정 상태의 변화

수강 여대생 전체 중 학기초에 진로를 결정하지 못했지만 학기말에 진로방향을 설정한 여대생은 60.7%, 직업을 결정한 여학생은 12.6%, 직업준비를 하는 여대생들은 8.4%였다. 학기초에 진로방향을 설정했던 여대생 중 학기말에 직업을 결정한 학생은 25.6%, 직업을 구체적으로 준비하고 있는 학생은 32.4%였으며, 학기초에 직업을 결정했던 여학생 중 학기말에 직업을 구체적으로 준비하고 있는 학생은 32.4%로 나타났다.

이렇게 대학교 및 전문대학 전체 여대생 중 학기초에는 진로를 결정하지 못했지만 진로교육과정을 이수하면서 학기말에 진로방향을 어느 정도 결정하거나 또는 직업을 갖기 위해 구체적으로 준비하는 여대생은 81.8%로 나타났다. 그리고 학기초에는 진로방향만 어느 정도 설정했지만 진로교육과정을 이수하면서 학기말에 직업을 결정, 직업을 갖기 위해 준비를 하는 여대생은 58.0%로 나타났다.

대학교 여대생의 진로결정 상태의 변화를 살펴보면, 학기초에 진로를 결정하지 못한 여학생 중 학기말에 진로방향을 어느 정도 설정한 여대생은 65.7%, 직업을 결정한 여대생은 8.6%, 직업을 갖기 위해 준비하는 여대생은 6.6%였고, 학기초에 진로방향을 어느 정도 설정한 여대생 중 학기말에 직업을 결정한 여대생은 14.3%, 직업을 갖기 위해 구체적으로 준비하는 여대생은 18.4%로 나타났으며, 학기초에 직업을 결정한 여대생들이 학기말에 직업을 준비하는 비율은 40.0%였다.

전문대학 여대생의 진로결정상태 변화를 살펴보면, 학기초에 진로를 결정하지 못한 여학생 중 학기말에 직업을 결정한 여대생은 62.5%, 직업을 구체적으로 준비하는 여대생은 31.3%였고, 학기초에 진로방향을 어느 정도 결정하고 있던 여대생 중 56.1%가 직업을 결정한 것으로 나타났고, 직업을 구체적으로 준비하는 여대생은 25.8%였다. 그리고 학기초에 직업을 결정하고 있던 여대생들 중 27.8%는 학기말에 직업을 구체적으로 준비하는 것으로 나타났다.

③ 진로개발준비도의 변화

진로교육과정 수강의 진로개발준비도 변화를 정리하면 다음과 같다. 먼저, 전체 여대생들이 진로개발준비도 하위요인들 중 학기초에 비해 학기말에 의미 있는 증가를 보인 요인은 자기이해, 전공 및 직업에 대한 지식, 진로결정 확신도, 관계활용 자신감, 구직준비도였고 감소한 요인은 의사결정 자신감이었다.

둘째, 저학년 여대생들의 경우는 전공 및 직업에 대한 지식의 변화, 구직준비도의 변화가 다른 요인들의 변화와 전문대학 저학년 여대생들의 자기이해 증가가 두드러진다. 고학년 여대생들의 경우는 진로결정 확신도의 증가와 구직준비도의 증가가 높은 반면, 대학교 고학년 여대생들은 전공 및 직업에 대한 지식이 높아진 반면, 전문대학 고학년 여대생들은 관계활용 자신감이 크게 증가한 것으로 나타났다.

셋째, 진로교육과정을 수강함으로써 여대생들의 진로개발준비도는 학기초에 비해 학기 말에 12.1%p 증가한 것으로 나타났다. 대학교 여대생들의 경우는 12.7%p(저학년 12.4%p, 고학년 13.0%p), 전문대학 여대생들은 10.4%p(저학년 9.9%p, 고학년 11.4%p) 높아졌다.

향후 과제

올해 사업의 결과를 바탕으로 이 사업의 향후 발전을 위해 다음과 같은 제언을 하고자 한다.

첫째, 대학 선정 확정이 2월 초에 이루어질 필요가 있다. 1학기에 진로교육과정을 운영하는 대학의 경우 대학 내부의 교육과정 승인, 교육과정 운영 준비, 강사 섭외, 학생 모집 등 전반적인 교육과정 운영 프로세스에 어려움을 겪고 있다. 따라서 1월 중에 사업 공고, 2월 초에 대학을 선정·통보해 내실 있게 교육과정이 운영될 수 있도록 여건을 조성해야 한다.

둘째, 사업 운영의 내실화를 위한 모니터링 및 지속적인 운영성과를 분석해야 한다. 2007년도에는 운영성과를 어떤 내용과 방식으로 할 것인지 기준을 마련해 사업에 선정된 대학에 대한 성과분석을 위한 기초자료 제출을 의무화하고 주기적인 모니터링을 실시했다. 하지만 앞으로는 좀 더 체계적인 모니터링과 운영성과를 입체적으로 파악하도록 해야 한다.

셋째, 여대생 진로교육과정 운영을 위한 기준 모델(전문대학 및 4년제 대학)을 마련하기 위한 기초연구가 필요하다. 2006년과 2007년도 사업에서는 참여 대학들이 자체적으로 진로교육과정을 마련해 창의적이고 다양한 우수 프로그램들이 운영돼 왔지만 대학 유형 및 지역에 따라 차이가 많았다. 특히 교육여건이 열악한 대학들은 본 사업에서 제시한 조건(예: 내부인력 활용, 진로 관련내용 비중 등)을 충족하지 못하는 경우가 있었다. 따라서 대학에서 여대생 진로교육과정 운영 기준을 마련하기 위한 기초연구가 필요하다.

넷째, 여대생 진로교육과정 지원사업은 대학이 자체적으로 교육과정을 운영토록 여건을 조성해 준다는 데 의미가 있다. 이를 위해서는 대학 진로교육과정 담당자 및 코디네이터들이 여대생 특화 진로교육과정의 개발 · 운영 · 평가 등 전 과정에 대한 연수와 교육을 받을 수 있도록 뒷받침해야 한다.

다섯째, 이 사업에 참여하는 대학뿐만 아니라 여대생들의 진로 및 취업을 위해 교육과정을 마련해 운영하고자 하는 대학들이 많을 것으로 예상된다. 따라서 향후에는 사업 참여 대학뿐만 아니라 비참여 대학들이 여대생에 특화된 진로교육과정을 대학별로 특성화해 마련 · 운영하고 또 우수한 진로교육과정들이 대학에 확산 · 보급될 수 있도록 진로교육과정을 상호 공유하고 교류할 수 있는 시스템을 마련해야 한다.

여섯째, 국고보조예산 집행에 대한 기준이 마련돼야 한다. 일부 대학의 경우 산학협력단을 통해 본 사업이 진행되는데 강사료 책정 시 대학 내부 기준과 산학협력단 기준 간에 차이가 있어 운영상 어려움을 겪기도 한다. 이러한 기준은 대학별로 필요에 따라 제공되어야 한다.

십년 후
난 뭐하지?

한국방송공사는 방송 80년 KBS 연중기획 희망릴레이 1편 청소년 희망백서! 〈십년 후 난 뭐하지?〉라는 프로그램을 방송하며 필자가 패널로 참여할 기회를 가졌다. 그 가운데 필자가 발언한 내용을 정리해 보았다.

"10년 후 우리 애는 도대체 뭘 하고 살까?"는 자식을 가진 부모라면 정말 궁금해 할 만한 문제이다. 한국직업능력개발원의 조사에 의하면 앞으로 진로를 결정한 비율은 82.6%이다. 이 비율은 진학을 할 것인지, 취업을 할 것인지 등을 결정한 비율을 나타낸다고 보아야 한다.

반면에 졸업 후 어떤 직업을 가질지 결정을 한 학생은 48.6%이다. 이렇게 차이가 나는 것은 대학진학이라는 진로는 정했으나 구체적인 분야는 결정하지 못한 학생이 많다는 것으로 해석해도 될 것이다.

이것은 우리 사회에서 어느 대학을 가야 할지 '진학교육'은 열심히 시키면서 앞으로 수십 년간 종사할 직업을 어떻게 선택하고 그 안에서 어떻게 성공하여야 할 것인가, '진로교육'은 한 게 없구나 하는 것으로도 볼 수 있다.

이번 기회에 진로교육과 진학교육의 차이에 대해서 명확히 알아두자. 말 그대로 진학교육은 상급학교에 진학을 하기 위한 교육이고 진로교육은 어떤 인생을 살 것인지, 인생 전반에 걸친 미래 설계방법을 가르치는 것이다. 진로교육 중에 어떤 직업을 가질지도 포함이 되며 중, 고등학교 시절에는 어떤 직업을 가질지 구체적으로 생각해보고 다양한 직업을 체험해 봄으로써 장래에 가질 직업을 정하는 것이 가장 중요한 진로교육이다.

그에 따라 진로교육에는 자기 자신이 잘하는 것, 하고 싶은 것, 자신에 대하여 자신감을 갖는 것, 공부하는 법, 직업에 대하여 긍정적인 가치관을 갖는 것, 직업세계를 거시적으로 보는 것 등이 포함된다. 때문에 진로교육은 가능하면 일찍, 체계적으로 이뤄져야 한다. 안타깝게도 현재 우리나라는 마치 교육의 목표가 대학진학인 것처럼 진학교육에만 열중하고 진로교육을 등한시하고 있다.

청소년기에는 꿈이 굉장히 많을 것 같은데 막상 희망 직장이나 직업을 살펴보니까 고등학생이나 대학생이나 별 차이가 없다. 안정된 직업을 추구하는 사회 분위기가 반영되었다고도 할 수 있지만 현장에서 학생들을 만나 얘기를 해보면 학생들이 직업에 대해서 잘 모른다. 노동부가 발행하는 『한국직업사전』에 수록된 직업 명칭은 약 1만여 개에 이르는데 학생들을 대상으로 선호직업을 조사해보면 전체학생의 50%가 대는 직업이 고작 19개 정도이다.

그것도 대부분 공부하고만 관련된 직업들이다. 그러니까 실제 성적이 그에 미치지 않는 학생들은 꿈조차 꾸지 못하는 경우가 많다.

실제로 아이들이 진로를 결정하지 못하는 이유를 조사해보면 "자기의 적성과 흥미를 몰라서(33.6%), 하고 싶은 것이 많아 선택하기 힘들어서(26.6%), 직업에 대해서 아는 게 적어서(16.5%)"라는 대답이 많다.

이 결과를 보면 아이들이 학교나 가정에서 꿈이나 진로를 정할 수 있는 정보들을 거의 얻지 못한다는 것을 알 수 있다. 실제로 조사를 해본 결과 70%가 넘는 학생들이 진로지도나 직업체험을 전혀 경험해보지 못한 것으로 나타났다.

그런데 사실 부모들은 진로교육을 어떻게 해야 할지 막막해 한다. '학교에서 좀 알아서 해주면 안 됩니까?' 라는 생각을 많이 한다. 진로교육은 학교와 가정, 사회가 모두 나서서 해야 하는 것이다. 서로 미루다보면 지금처럼 죽도 밥도 안 된다.

학교교육에서도 진로적성검사나 직업체험의 기회를 강화해야겠지만 부모들도 과연 아이가 이 성적으로 어떤 대학에 갈 수 있느냐 하는 것보다 아이가 자신의 취향과 적성에 맞는 길을 찾아서 소질을 개발할 수 있도록 해야 한다. 학교 현장에서 꿈을 찾는 선생님과 학생들이 많다. 앞으로 더 많은 교육현장에서 진정한 진로교육이 이뤄져서 한 사람도 탈락하는 일 없이 자신의 꿈을 향해 매진, 학생들 모두가 국제사회에 대한민국을 알리는 경쟁력 있는 인재로 거듭나야 한다. 억지로 시키는 공부가 아니라 스스로 자신의 꿈을 이루기 위해서, 필요에 의해서 공부를 하니까 상당히 즐겁게 한다. 그런 의미에서 고등학교를 졸업한 후 일을 하면서 자신이 정말 좋아하는 일이 뭔지 고민을 해본 후 그에 맞는 전공을 찾아 대학에 들어가는 방법도 한번 생각해볼 수 있다. 그러니까 지금 청소년도 혹시 원하는 꿈에 대해 용기가 필요하다면 젖 먹던 힘까지 노력을 해야 할 것이다.

전 세계 65억 인구가 다 같이 경쟁을 하는 것이나 마찬가지이다. 다른 쪽으로 생각하면 그만큼 기회가 많아지는 것일 수 있다. 우리 청소년들 중 일부는 지금까지는 없던 새로운 직업에 종사할 수도 있고 스스로 만들 수도 있다. 그리고 우리나라에서는 앞선 부문이지만 다른 나라에서는 뒤처진 산업을 일으키는 일을 할 수도 있다. 그러니 나를 둘러싼 세계와 직업환경 변화를 잘 파악해서 미래에 대비할 수 있도록 청소년들과 부모님 모두가 노력해야 할 것이다.

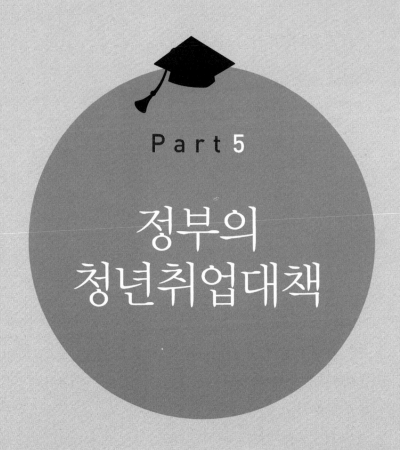

Part 5

정부의
청년취업대책

career development

전문계 고교 및 대학 취업지원사업 ｜ 대학 취업지원사업 확충의 성과와 활성화 방안 ｜
「청년고용촉진 특별법」으로의 개정과 정책과제

01

전문계 고교 및
대학 취업지원사업

노동부의 '전문계 고교 취업지원사업'

고졸 이하 청년층의 실업은 일자리 감소 등 일반적인 청년실업 원인 외에도 고학력자의 하향 취업, 잦은 이직 등에 의해 심화되고 있으나, 고졸 이하 청년층에 중점을 둔 정부의 취업지원 대책사업은 상대적으로 미흡했다.

이에 노동부는 전문계 고교가 학생들의 취업지원활동에 자체적으로 적극 나서도록 유도하기 위해 '취업활동 지원금'을 지원하기 시작했다. '전문계 고교 취업지원기능 확충사업'은 전문계 고교가 재학생 및 미취업 졸업생을 대상으로 직업진로지도 및 취업지원사업을 실시하는 경우 소요비용의 일부를 지원해주는 것이다. 학교는 정부지원금을 받아 학교별로 직업강좌특강, 취업캠프, 직업진로지도 프로그램, 학교 내 직업진로정보센터 설립 등 다양한 취업지원사업을 전개하게 된다.

노동부는 전문계 고교의 취업지원 노력을 활성화하기 위해 2007년 처음으로 47억 원의 취업활동지원금을 지원했다. 이는 16개 시·도 지방고용심의회에서 공모·심의한 결과 전국적으로 171개 고교를 선정해 1개 학교당 평균 2,700만 원을 지원하는 것이다

선정된 고교들의 사업내용을 보면 알로이시오 전자기계공고의 '취업 역량강화 프로그램', 창녕 제일고등학교의 '학과별 특성에 맞춘 취업지원 강화사업', 삼천포고등학교의 '지역특성에 맞는 산학연계 프로그램을 통한 직업체험 활성화 사업' 등이다.

알로이시오전자기계공고의 '취업 역량강화 프로그램'은 학생들에게 진로카드를 직접 작성하게 해 자신의 진로를 스스로 정립하게 하며, 직장예절교육을 통해 사회 경험이 다소 부족한 학생들에게 현장적응력을 배양시키며, 취업대비 이력서 작성, 모의면접지도 등을 통해 학생 스스로 자신의 진로를 관리할 수 있는 역량을 개발할 수 있도록 지원하는 프로그램이다.

창녕 제일고등학교는 학생들에게 자아이해, 직업이해, 올바른 직업관 형성, 직업진로 계획 및 설정에 도움을 주고자 학과별 특성에 맞는 '자동차과의 자작차 제작'과 '조경과의 조경시공 실습' 프로그램을 운영해 학생들의 관심과 흥미를 유발함과 동시에 취업기술을 향상시키는 '학과별 특성에 맞춘 취업지원 강화' 사업을 실시한다.

● 전문계고 육성 방안

과제	소관부처
가. 전문고 특성화	
가-1. 정부부처에서 위탁 · 지원하는 특성화고 육성	교육과학기술부
가-2. 지자체, 산업체에서 위탁 · 운영하는 특성화고 신규 육성	교육과학기술부
나. 전문고 졸업 후 취업 및 학사학위 취득까지 가능한 경력 경로 구축	
나-1. '산학협력 취업약정제(협약학과)' 활성화	교육과학기술부
나-2. 공고 연계 중소기업 맞춤형 인재 양성 활성화	중소기업청
나-3. 전문고 졸업생들의 우선취업 기회 확대	
○ 공기업 · 공무원 특채에 전문고 졸업생 우선 채용 권고	교육과학기술부
○ 학교장 추천에 의한 선발추천 입사제	교육과학기술부
나-4. 전문고−직장−대학을 연계하는 순환적 교육체제 구축	교육과학기술부
○ 고용보험기금 대학 학비지원 대상 선정기준에 전문고 졸업생 포함	노동부
○ 전문대 전공심화과정 도입	교육과학기술부
다. 직업교육 과정 혁신 및 운영 내실화	
다-1. 전문계고 교육과정 혁신	
○ 현장실습 운영시기 · 방법 다양화	교육과학기술부
○ 산학협력위원 제도 도입	교육과학기술부
다-2. 직업 · 진로교육 강화	
○ 전문상담교사 배치	교육과학기술부
○ 진로선택 안내제 시행	교육과학기술부
○ 전문계고의 직업진로지도 및 취업지원 강화	노동부
다-3. 장학금 비율 확대 및 학급당 인원수 감축	
○ 장학금 수혜율 80%까지 확대(공업계 우대)	교육과학기술부
○ 학급당 인원수 조정	교육과학기술부
다-4. 고교단계 직업교육 성공사례 홍보	교육과학기술부

　삼천포고등학교는 학교가 위치한 지역의 항공우주산업, 조선산업 기지 등 지방산업단지 조성을 고려한 '지역특성에 맞는 산학연

계 프로그램을 통한 직업체험 활성화사업'을 계획하고 있다.

노동부에서는 이 사업을 통해 전문계 고교가 취업중심의 학교로 거듭나는 중요한 계기가 될 것으로 기대하고 있다. 그러나 우리나라 전문계 고교들이 취업중심 학교가 되기 위해서는 더욱 많은 변화가 있어야 한다.

우리나라 전문계 고교의 현실

한국직업능력개발원의 교육고용패널조사에서 중학생, 전문계 고교생 각각 2,000명을 조사한 결과, 전문계 고교에 많은 문제가 있어 우선적으로 개선이 이뤄져야 할 것으로 나타났다.

중학생들 중 전문계 고교에 진학하고자 하는 학생은 11.2%에 불과하다. 실제로 이 정도의 학생만이 전문계 고교에 진학하려 할 것이며 나머지 학생들은 성적이나 가정 형편에 의해 어쩔 수 없이 진학한 경우가 많다고 판단된다.

그 결과 자신의 미래직업을 설정할 때 전문계 고교가 중학생이나 인문계 고교생에 비해 떨어지고 있었다. 즉, 미래직업 결정여부에 대한 2004년도 조사에 따르면 중학생이 62.6%, 전문계고 60.6%, 인문계고 72.2%로 각각 나타났다. 전문계 고교생의 진로성숙도는 5점 만점에 3.34점으로 인문계 고교생의 3.50점보다 낮으며, 중학생의 3.30점과 비슷하게 나타나고 있었다. 전문계 고교생들은 졸업 후 더 이상 공부를 하지 않으려는 비율이 9.8%로 인문계 고교의 0.5%와 비교가 됐지만 매우 높은 편이었다.

2005 1차년도 조사에서 전문계 고교생의 68.3%가 진학을 희망했다. 실제로 전문계 고교 졸업생의 68.4%가 진학을 했다. 진학을 하지 않은 취업 혹은 비진학자 중 농고는 40%, 공고는 63%, 상고는 72.7%, 해양은 44.4%, 가정은 33.3%로 나타났다. 그러나 취업자의 15.3%가 이미 다른 직업으로 전직을 희망하고 있었는데 더 나은 직업과 사회적 대우를 바라기 때문이었다.

● 고교 졸업 후 계획(고등학교)

(단위 : 명(%))

고교 졸업 후 계획	전문계 고등학교	일반계 고등학교
대학 진학	1,367(68.4)	1,907(95.4)
취업, 창업	472(23.6)	31(1.6)
군 입대, 결혼	69(3.5)	19(1.0)
무보수 가업 도움	1(0.1)	1(0.1)
해외 유학	11(0.6)	21(1.1)
아직 결정하지 못함	80(4.0)	21(1.1)
전체	2,000(100.0)	2,000(100.0)

전문계 고교 취업기능 강화방향

최근 우리 사회에서 전문계 고교 교육에 대한 관심이 증대하고 있다. 2+5라고 해 사회에 2년 빨리 진출하고 5년 더 일하자는 것에 그 2년을 빨리 당기는 방법으로 전문계 고교 교육을 강조하자는 것이다.

전문계 고교 졸업자 중 취업을 희망하는 자들이 자신이 원하는 분야에 취업할 수 있도록 전문계 고교의 중요 기능인 취업지도 기능을 강조해야 한다. 전문계 고교 학생들의 부정적인 아이덴티티로 인해 취업기능이 많이 위축됐는데 이를 보완해야 한다. 고등학교를 졸업하고 즉시 전문대학이나 대학에 진학하지 않고 취업을 먼저 한 다음 일정기간 경험을 쌓은 후 진학을 유도하는 것이 바람직하다. 고등학교 졸업 후 무조건 대학 진학이라는 경로에서 벗어나 학교 재학 중 그리고 졸업 후 직업의 세계를 체험하는 것이 중요하다.

특히 우리나라의 경우 학생들이 고교 재학 중에 일을 체험하는 비율이 선진국에 비해 크게 낮으며 고교 졸업 후 직장체험을 하고 진학하는 이의 비중도 선진국에 비해 매우 낮다. 고교 졸업자가 졸업 후 즉시 진학을 하게 되는 '학교에서 학교(school-to-school)'로의 이행경로 외에도, 졸업자가 졸업 후 일터를 경험하게 되는 '학교에서 일터로(school-to-work)'의 경로를 개발해 확장할 필요가 있다.

한편 '학교에서 일터로' 경로의 진정한 개선을 위해서는 '일터에서 학교로(work-to-school)'의 경로를 촉진해야 한다. 졸업자를 위한 이행경로의 개선은 '학교에서 일터로'의 촉진과 '일터에서 학교로'의 촉진 모두를 필요로 한다고 볼 수 있다(학교와 직업으로의 경로의 대전환, 최지희, 제1회 직업세계 체험주간 기념 세미나 발표자료).

2007년 5월 17일 재정경제부에서는 성인 학습자가 서류전형과 면접만으로 대학에 입학·편입할 수 있도록 하는 한편 주말 집중

수업 허용 등을 통해 시간제 등록생 제도를 활성화하기로 하는 방안을 발표했다. 이 방안이 전문계 고교의 취업지원기능 강화에 도움을 줄 것으로 기대된다.

● 취업 희망 이유

(단위 : 명(%))

구분		중학교	전문계 고등학교	일반계 고등학교
취업(또는 창업)을 원하는 이유	사회생활을 일찍 경험하고 싶어서	27(15.6)	94(19.9)	11(35.5)
	대학에 진학할 실력이 안 되어서	31(17.9)	24(5.1)	1(3.2)
	가정의 경제적 곤란으로	13(7.5)	122(25.8)	3(9.7)
	공부하기 싫어서	19(11.0)	13(2.8)	1(3.2)
	대학을 나와도 별로 도움이 될 것 같지 않아서	21(12.1)	73(15.5)	5(16.1)
	돈을 벌고 싶어서	61(35.3)	144(30.5)	10(32.2)
	가업을 잇기 위해	1(0.6)	2(0.4)	0(0.0)
	전체	173(100.0)	472(100.0)	31(100.0)

노동부 대학 취업지원기능 확충사업

대학과 학과별 취업률이 공개된 이후 대학의 취업률이 진학 대학을 결정하는 중요한 요소가 됐다.

이에 따라 노동부는 2006년에 이어 2007년에도 '대학 취업지원기능 확충사업'을 펼쳤다. 이 사업은 대학이 재학생 및 미취업 졸업생을 대상으로 직업진로지도 및 취업지원사업을 실시하는 데 소요되는 비용의 일부를 정부가 매칭펀드 방식으로 대학당 최고 2억 5,000만 원까지 지원해주는 것이다. 대학은 정부지원금을 받아 대학별로 취업캠프, 취업교과목 개설, 직업진로지도 프로그램, 취업

지원부서 직원 전문성 강화 등 다양한 취업지원사업에 사용하게 된다. 이 사업은 대학에 재학 중인 청년층에 대한 직업진로 지도·설계, 취업지원 등에 필요한 비용의 일부를 선별적으로 지원

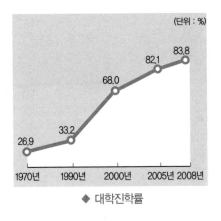

◆ 대학진학률

함으로써 대학의 자율적인 청년실업해결 노력 활성화를 유도하는 데 그 목적이 있다.

사업 추진방식은 다음과 같다. 지원 대상 대학(05년 384개소)에 대한 사업계획 공모·심사를 거쳐 예산범위(07년 146억 원) 내에서 선정·지원한다. 유형(16개 지방고용심의회/4년제·전문대)별 학생비율에 따라 지원액 쿼터를 설정, 형평성을 확보한다. 지원기간은 1년으로 하고, 선정된 대학은 다음 2년간 우선권을 부여해 대학의 취업지원기능 기반의 구축을 유도한다. 재학생 수에 따라 상한을 두고 대학의 사업계획에 따른 매칭펀드 방식으로 지원(대학당 3,000만~최고 2.5억 원)한다. 매칭펀드 비율은 정부지원 75% 이내, 대학부담 25% 이상이다.

지원대상이 되는 사업을 예시하면 다음과 같다. 첫째, 진로개발·지도프로그램은 학년 또는 진로성숙 단계에 따른 진로지도 등 진로개발 지원프로그램 등이다. 둘째, 취업활동 지원프로그램은

취업박람회·취업캠프, 모의면접 등 취업기술 향상 프로그램이다. 취업캠프는 대학생 등을 대상으로 2박 3일 일정으로 취업지원 프로그램을 운영해 취업에 대한 자신감 제고와 취업기술 향상을 지원하는 것이다. 셋째, 사업인프라 구축 프로그램으로 취업관련 정보관리 프로그램 개발 등이다.

당초 이 사업은 2006년부터 실시되어 왔다. 실제로 2006년 96개 대학에 100억 원의 예산을 투입한 결과, 대학의 인력과 시설이 보강되는 등 취업지원활동이 활성화됐고, 취업지원 프로그램 참여 학생의 만족도가 높아지는 등 사업 효과가 큰 것으로 평가되고 있다.

2007년에는 대학(전문대 포함)에 지원되는 '취업지원기능 확충사업'의 규모가 대폭 확대됐다. 정부지원금이 145억 원으로 2006년의 100억 원에 비해 45% 증가했고, 지원대학 수도 171개로 2006년 96개에 비해 78.1% 증가했다. 지원대학은 전국 380개 대학 중 절반 정도에 해당하는 것으로 16개 시·도별 지방고용심의회에서 선정됐다.

특히 2007년 지원대학들의 사업내용을 보면 동아대학교의 '취업동아리 사업', 영진전문대학의 '수요자 중심의 주문형 포털 취업지원 시스템구축 사업', 대구대학교의 '장애학생 특별 취업지원 및 중증장애학생 직장체험 사업' 등 대학마다 지역 및 학교 특성에 따라 다양한 프로그램을 계획하고 있다. 동아대의 경우 취업동아리(Dong-A Leader's Club) 지원 프로그램 실시를 계획하고 있는바,

이 동아리 출신자의 2006년 취업률은 취업대상자 237명 중 200명이 취업해 취업률 84%(2007년 4월 현재)로 학교 전체 취업률 64.1% 보다 높은 성과를 보이고 있고, 대학 취업지원부서에서 엄격한 절차를 거쳐 동아리 회원을 선발하고 취업한 동아리 졸업생 멘토링 시스템과 연계함으로써 동문 취업네트워크를 견고하게 구축해 학생들의 취업에 직접적인 효과가 나타나자 학생들로부터 폭발적인 반응을 얻고 있다.

노동부에서는 이 사업을 통해 대학생들의 직업지도 및 취업에 큰 도움이 될 것으로 기대하고 있다.

대학생 취업지원 강화 전제조건

그러나 한국직업능력개발원의 다음과 같은 연구보고에 따르면 대학들의 취업지원기능에 많은 문제가 있는 것으로 나타나 개선이 필요하다.

먼저 한국직업능력개발원의 패널조사에 따르면 대학 신입생의 53.6%는 미래에 희망하는 직업이 미결정 상태이다. 34.9%가 편입, 전과, 자퇴를 하고 싶어 했다. 또 다른 조사에 따르면 대학생의 55.8%가 장래에 종사할 직업을 결정하지 못한 것으로 나타났으며, 학년이 올라갈수록 미래 직업결정률은 감소했으나 43.7%의 학생이 자신이 잘하고 좋아하는 것이 무엇인지 몰라서, 22.5%의 학생이 하고 싶은 것이 많아서, 15.5%는 직업에 대한 정보부족 등을 들고 있었다(임언, 2004).

대학생들의 진로와 관련한 고민이 많음을 알 수 있다. 실제로 대학에서 가장 인기 있는 강좌 중의 하나는 대학생을 위한 진로탐색이다. 대학생들이 중학교와 고등학교 시절에 해야 할 진로탐색을 대학생 때 하고 있다. 재학 중 전공을 결정한 학생 중, 입학시 희망 전공과 다른 전공을 선택한 경우가 38.4%라는 사실에서 진로선택이 가변적임을 시사하고, 40.7%의 학생이 복수전공 또는 편입을 고려하고 있다(임언 외, 2003). 대학생 중 절반을 상회하는 학생이 대학의 전공에 만족하지 못하고 있다(진미석·한상근, 2002).

또 대학생의 일 체험 비율은 전문대생 35.8%, 대학생 30.7%로 일 체험 경험이 부족한 것으로 나타났다. 대학생들이 일 체험을 경험하는 주된 경로는 관련 분야 아르바이트(전문대학 40.4%, 4년제 대학 43.8%)와 현장실습(전문대학 36.6%, 4년제 대학 29.4%)이며, 직장 체험 프로그램(전문대 6.6%, 4년제 대학 6.7%), 인턴제도(전문대 3.0%, 4년제 대학 5.4%)는 활용 정도가 미약한 수준이다(최동선 외, 2005).

학생들을 대상으로 수요를 조사한 결과 학생생활연구소 개인상담(6.9%)과 취업정보실 개인상담(4.3%) 이용률이 낮은 반면에 진로 관련 검사에 대한 경험은 46.6%의 학생이 있는 것으로 나타나 이런 기관의 주요서비스가 심리검사라는 추측을 하게 하며, 전공 선배와의 진로 관련 대화(57.9%), 교수와의 진로 관련 대화(38.7%), 진로 및 직업탐색 교과목 수강(31.6%), 취업세미나 및 특강(27.7%), 교내 취업 전산망을 통한 정보수집(25.8%)에 대한 경험이 상대적으로 높게 나타났다(임언, 2003).

취업 담당자의 전문성 미흡 및 담당 전문 인력이 부족하고 70% 이상의 대학이 담당자가 3명 이내였다. 이에 따라 민간 취업지원기관에 대한 의존이 과다하고 서비스 질에 대한 평가체제가 부족하다. 92%의 대학이 민간업체로부터 1종 이상의 서비스를 지원받고 있었다(임언 외, 2005).

민간 기업으로부터 받고 있는 서비스로 취업행사가 35.2%(만족도 3.76/5점), 교과목 운영협조 39.2%(4.14점), 강좌운영 60.9%(4.05점), 프로그램 운영 63.4%(4.17점), 전산망 개발 67.1%(3.90점), 전산망 정보제공 77.5%(3.90점), 자료집 개발 63.8%(3.94점)이다.

대학 취업지원기능 강화 방향

노동부의 대학에 대한 취업지원기능 확충사업은 이상의 문제를 해결하는 데 도움을 주는 방향으로 펼쳐져야 한다. 특히 노동부의 사업이 결국 민간업체에 다시 위탁을 줌으로써 전문계고교와 대학의 취업능력을 향상시키는 데 도움을 주지 못하고 있다. 이를 위해 민간업체 업무수행 결과에 대한 평가와 민간업체의 업무과정에 대한 모니터링을 강화할 필요가 있다.

무엇보다도 대학 취업 담당자의 대학생 취업지원능력을 향상시켜, 직업체험, 상담 등의 적절한 프로그램을 통해 대학생들이 자신의 진로를 스스로 결정하도록 해야 한다. 또한 노동부의 지원사업을 통해 교수들이 학생들의 취업에 관심을 가져야 하며, 각 학과별로 졸업 후 나갈 수 있는 커리어에 대한 로드맵을 만들어 활용하는 것도 바람직하다.

대학 취업지원 사업확충의 성과와 활성화 방안

노동부는 청년실업을 예방하기 위해 2006년부터 '대학취업지원 기능 확충사업'을 펼치고 있다. 대학취업지원기능 확충사업은 대학이 재학생 및 미취업 졸업생을 대상으로 직업진로지도 및 취업지원 관련기능을 강화하는 사업이다. 대학에 재학 중인 청년층에 대한 직업진로지도·설계, 취업지원 등을 위해 필요로 하는 비용의 일부를 선별적으로 정부에서 지원함으로써 대학의 자율적인 고학력 청년실업 해결 노력을 활성화하도록 유도하기 위한 것이다.

노동부에서는 2006년 96개 대학에 100억 원과 2007년 171개 대학에 145억 원을 지원한 바 있다. 한국직업능력개발원에서는 2006년과 2007년에 '노동부의 대학취업지원기능 확충사업 활성화방안'에 대한 연구를 수행했다. 이 연구는 '대학취업지원기능 확충사업'의 운영 실태와 관계자들이 직면하는 운영상의 이슈들을 다각적으로 검토하고, '대학 취업지원기능 확충사업'의 성과를 분석해, 향후 본 사업의 확대에 따른 활성화 방안과 효과적인 사업운영을 위한 개선방안을 제안하는 데 목적을 두었다.

위와 같은 연구목적을 달성하기 위해 2006년과 2007년 각 대학에서 보고한 최종보고서를 검토한 후 2007년 현재 '대학취업지원기능 확충사업' 운영대상인 171개 대학을 대상으로 대학 취업관련 부서 담당자들에게 면담조사와 이메일을 통해 설문조사를 실시했다.

● 2009년 고등교육기관 졸업자 취업통계조사 경과 개황 　　　　(단위 : 교, 명, %)

구분	학교 수		졸업자		취업자		취업률		정규직 취업률		비정규직 취업률	
	'08년	'09년	'08년	'09년	'08년	'09년	'08년	'09년	'08년	'09년	'08년	'09년
고등교육기관 전체	520	518	558,964	547,416	387,487	379,524	76.7	76.4	56.1	48.3	18.8	26.2
전문대학	159	154	207,741	199,421	167,526	162,608	85.6	86.5	64.5	57.7	19.1	26.8
대학	180	182	282,670	279,059	170,878	169,277	68.9	68.2	48.0	39.6	19.6	27.4
교육대학	11	11	6,963	6,346	4,942	4,448	72.3	71.2	66.9	64.1	5.4	7.1
산업대학	19	19	25,227	24,252	19,133	17,727	79.8	77.5	63.1	54.0	13.5	20.2
각종 학교	5	4	259	309	173	108	73.0	37.8	52.7	16.8	19.0	17.1
일반대학원	146	148	36,104	38,029	24,835	25,356	81.6	79.9	60.5	54.0	16.8	21.5

※ 학교수에는 분교(대학 11개교, 일반대학원 1개교)가 포함됨
※ 취업자 = 정규직 + 정규직(대기발령) + 비정규직(임시직) + 비정규직(시간제, 일용직) + 자영업

아울러 한국직업능력개발원에서 실시한 진로교육지표조사에 따라 2006년과 2007년에 동시 지원을 받은 대학, 2007년에만 지원을 받은 대학, 지원을 전혀 받지 못한 대학 등을 비교했다. 또한 대

학취업기능 확충사업을 총괄적으로 담당하는 고용지원센터 담당자들에 대한 면담 및 설문조사도 실시했다.

사업확충의 목적

현재 대학생들의 취업에 임하는 행동과 이를 뒷받침하기 위해서는 대학취업지원사업이 계속적으로 확대돼야 한다. 노동부에서 대학취업기능 확충사업을 펼치는 이유도 아래와 같다.

첫째, 대학생들이 가장 고민하는 문제는 진로와 취업문제이기 때문이다. 한국직업능력개발원의 패널조사에 따르면 대학신입생의 53.6%는 미래에 희망하는 직업이 미결정 상태이다. 대학생의 34.9%가 편입, 전과, 자퇴를 하고 싶어했다. 또한 대학생의 55.8%가 장래에 종사할 직업을 결정하지 못한 것으로 나타났으며, 학년이 올라갈수록 미래직업 결정률은 감소했으나 43.7%의 학생이 자신이 잘하고 좋아하는 것이 무엇인지 몰라서, 22.5%의 학생이 하고 싶은 것이 많아서, 15.5%는 직업에 대한 정보 부족을 들고 있다.

둘째, 대학생들의 진로가 불확실하다. 재학 중 전공을 결정한 학생 중 입학시 희망전공과 다른 전공을 선택한 경우가 38.4%라는 사실에서 진로선택이 가변적임을 시사하고, 40.7%의 학생이 복수전공 또는 편입을 고려하고 있으며, 대학생 중 절반을 상회하는 학생이 전공에 만족하지 못하고 있는 상황이다.

셋째, 대학생들이 직업에 대해 잘 모르고 직업 체험도 부족하다.

대학생 중 직업(일) 체험 비율은 전문대생 35.8%, 대학생 30.7% 정도이다. 대학생들이 일을 경험하는 주된 경로는 관련 분야 아르바이트(전문대학 40.4%, 4년제 대학 43.8%)와 현장실습(전문대학 36.6%, 4년제 대학 29.4%)이며, 직장체험 프로그램(전문대 6.6%, 4년제 대학 6.7%), 인턴제도(전문대 3.0%, 4년제 대학 5.4%)는 활용 정도가 미약한 수준이다.

넷째, 학생들의 진로와 취업에 대한 수요가 매우 높다. 대학생들을 대상으로 수요를 조사한 결과 학생생활연구소 개인상담(6.9%)과 취업정보실 개인상담(4.3%) 이용률이 낮은 반면에 46.6%의 학생이 진로와 관련한 검사 경험이 있는 것으로 나타나 이런 기관의 주요 서비스가 심리검사라는 추측을 하게 하며, 전공 선배와의 진로 관련 대화(57.9%), 교수와의 진로 관련 대화(38.7%), 진로 및 직업탐색 교과목 수강(31.6%), 취업세미나 및 특강(27.7%), 교내 취업 전산망을 통한 정보수집(25.8%)에 대한 경험이 상대적으로 높게 나타났다. 이들 프로그램이 체계적으로 제공되고 있지 못 함을 알 수 있다.

다섯째, 취업 담당자의 전문성이 미흡하고 담당 전문인력이 부족해 각 대학이 취업지도에 많은 문제점을 갖고 있다. 70% 이상의 대학이 담당자 3명 이내로 배치돼 있다. 이에 따라 민간 취업지원 기관에 지나치게 의존하고 있으며 서비스 질에 대한 평가 체제가 부족하다. 92%의 대학이 민간 업체로부터 1종 이상의 서비스를 지원받고 있다. 민간 기업으로부터 받고 있는 서비스로 취업행사가

35.2%(만족도 3.76/5점), 교과목 운영 협조 39.2%(4.14점), 강좌 운영 60.9%(4.05점), 프로그램 운영 63.4%(4.17점), 전산망 개발 67.1%(3.90점), 전산망 정보 제공 77.5%(3.90점), 자료집 개발 63.8%(3.94점)이다.

● 대학생들의 진로관련 상황

(단위 : %)

구분	2년제(549명)	3년제(183명)	4년제(1,036명)
진학진로문제 고민 정도	81.6	82.5	88.6
취업고민 정도	78.5	77.0	76.3
미래직업 결정여부	48.6	65	44.4
전공일치도	82.3	93.3	75.2
희망직업 업무 내용 아는 정도	54.7	60.5	45.2
전망 및 보수에 대해 아는 정도	46.2	58.0	42.4
대학으로부터 정보	47.8	53.3	41.7
직업훈련 경험	19.9	0.0	0.0
자격증 취득 경험	37.2	60.0	16.7
취업정보검색 경험	53.5	26.7	50.0
취업부탁 경험	32.7	40.0	8.3
방문취업부탁 경험	13.3	26.7	0.0
면접훈련 경험	18.1	20.0	8.3
적성흥미검사 경험	32.7	26.7	25.0
취업박람회 경험	13.7	26.7	8.3
구직정보탑재 경험	12.0	13.3	8.3
학교 진로상담 만족 정도	31.4	33.9	28.0
졸업 후 취업 계획 있음	76.1	93.8	75.0

※ 한국직업능력개발원에서 고교 3학년 때부터 매년 추적하는 2,000명 중 대학 진학자 1,768명에 대한 자료임. 주로 대학교 2학년으로 2년제 대학은 졸업반임(2007년 조사자료)

대학에 대한 노동부의 취업지원기능 확충사업은 이와 같은 문제를 해결하기 위해 필요하다. 노동부의 지원사업을 통해 대학 내 취업담당자의 대학생 취업지원 능력을 향상시킴으로써 직업체험, 상담 등의 적절한 프로그램을 활용해 대학생들이 스스로 진로를 결정하도록 도울 수 있기 때문이다.

또한 노동부의 지원사업을 통해 교수들이 학생들의 취업에 관심을 갖고 되고, 학과별로 졸업 후 나갈 수 있는 커리어에 대한 로드맵을 만들어 활용할 수 있기 때문이다.

사업 효과

첫째, 대학 내 취업지원부서의 위상이 제고됐다. 취업담당자의 53.5%와 고용지원센터 직원들의 83.4%는 '대학 내 취업지원센터의 위상이 높아졌다' 고 응답했다.

둘째, 대학생들에게서 변화가 나타났다. '대학 내 취업지원센터를 찾는 대학생들이 증가했다' 에 대학 취업 담당자들의 77.5%가 응답을 했으며, '감소했다' 는 4.2%로 나타났다. 노동부의 대학취업지원기능 확충사업이 취업 담당자뿐만 아니라 학생들에게도 파급효과가 나타나는 것으로 조사됐다.

● 대학취업지원사업 지원여부 및 지원기간에 따른 비교(대학취업담당자의 의견) (단위 : %, 명, 개)

구분	2년차 (28개 대학)	1년차 (86개 대학)	비지원 (119개 대학)	전체 (233개 대학)
진로교육 연간계획 수립	100.0	97.7	68.9	83.3
진로 교과목 운영	92.9	90.7	61.3	76.0
취업지도 인력(4년제)	8.9	6.8	3.5	4.9
취업지도 인력(2, 3년제)	6.1	5.4	2.9	4.9
연수 제공	96.4	94.2	69.7	82.0
연계 프로그램 운영	92.9	90.7	62.2	76.4
수업 이외 프로그램 운영	100.0	100.0	92.4	96.1
적성검사 실시	100.0	90.7	63	77
진로 취업 전문인력 보유	96.4	77.9	51	67.4
대학 내 자체 연수	75.0	48.8	16.8	35.6
취업진로 전담기관 설치	82.1	84.9	45.4	64.4
상담 여부	96.4	89.5	79.0	85.0
오프라인 상담 제공	100.0	98.8	96.6	97.9
학생 요구 파악	100.0	95.3	79.0	87.6
학생 특성 반영	92.9	90.7	55.4	73.0
계획평가 및 피드백	96.4	89.5	54.6	72.5
진학/유학 정보 제공	75.0	75.6	69.7	72.5
자체 프로그램 운영	92.9	82.6	44.5	64.4
진로 정보수집 제공	78.6	77.9	56.3	67.0
별도의 정보시스템 운영	35.7	10.5	4.2	10.3
커리어 포트폴리오 운영	67.9	57.0	29.4	44.2
자체개발 프로그램 수(4년제)	18.3	7.8	3.4	5.6
자체개발 프로그램 수(2, 3년제)	6.3	6.4	1.6	5.6
프로그램 만족도 조사	96.4	90.7	45.4	68.2
학생의 변화	100.0	98.8	92.4	95.7
취업진로예산 확보	100.0	93.0	71.4	82.8
총(학)장의 진로교육 필요성 인식	96.4	100.0	95.0	97.0
진로취업 부서장의 진로교육 필요성 인식	100.0	98.8	99.2	99.1

셋째, 대학교수를 포함한 취업 담당자들에게서 변화를 찾을 수 있다. 취업 담당자들은 '교내 타 부서 또는 교수인력으로부터 협조가 증대됐다'에 대해 60.6%가 동의를 하며, 9.8%는 '동의하지 않는다'에, 29.6%는 '보통'으로 응답하고 있다.

넷째, 대학에서 취업 담당자들이 증원되고 이들의 전문성이 향상됐다.

다섯째, 노동부의 대학취업지원사업을 통해 학생들의 취업률이 증대되고 청년실업문제 해결에 기여한 것으로 나타나고 있다. 노동부의 취업지원을 받는 대학 취업 담당자들은 노동부의 취업지원 기능 확충사업을 통한 효과로 '학생들의 취업률이 높아졌다'가 13.1%이고, '청년실업문제 해결에 도움을 주었다'는 의견이 5.8%로 각각 나타났다.

전체적으로 효과가 각각 다르게 나타나고 있다. 취업지원기능 확충사업의 효과를 나타낸 프로그램 취업 담당자들과 고용지원센터 직원들의 응답결과에 따르면 모든 사업이 효과가 있고 학생들에게 도움이 되는 것으로 나타났다. 특히 취업 담당자들은 취업캠프(5점 만점에 4.42점)가 가장 효과가 높은 것으로 판단하고 있었으며, 다음으로 취업준비 프로그램(이력서, 면접클리닉 등)이 4.35점, 취업관련 교과목이 4.19점, 취업특강이 4.18점, 진로와 취업상담이 4.02점으로 나타나 상대적으로 학생들에게 도움이 된다고 생각하고 있다.

반대로 도움이 상대적으로 적은 것으로는 취업박람회가 3.49점으로 가장 낮게 나타났으며, 취업멘토링이 3.52점, 자격증 취득 프로그램이 3.62점, 외국어 프로그램이 3.63점으로 각각 나타나 효과가 상대적으로 적은 것으로 나타났다.

대학취업지원 확충사업은 고용지원센터에도 많은 영향은 미쳤다. 고용지원센터 직원들은 '고용지원센터의 인지도가 높아졌다'는 항목에 82.4%가 응답을 하고, 실제로 '고용지원센터의 취업지원 관련 업무가 많아졌다'가 66.7%로 나타났다. 이것으로 볼 때 대학취업지원기능 확충사업이 고용지원센터에도 많은 변화를 가져왔음을 알 수 있다.

이 사업이 2년 전 도입돼 2년차 지원대학, 1년차 지원대학이 있는데 이들 사업의 성과도 차이가 난다. '대학취업지원기능 확충사업'의 예산 지원을 받은 대학과 지원을 받지 않은 대학을 구분해 분석을 실시했다. 예산 지원을 받은 대학은 1년간 받은 대학과 2년 동안 받은 대학으로 구분했고, 4년제 대학교와 전문대학으로 구분해 조사했다.

'귀교에서는 진로 및 취업과 관련된 교과목을 개설해 운영하고 있습니까?'라는 질문에 대해 4년제 대학의 경우 노동부의 지원을 받은 대학 100%가 취업관련 교과목을 운영하고 있었으나, 지원받지 않은 4년제 대학은 73.2%만이 운영하고 있다. 반면 전문대학은 2차년도 지원대학의 80%, 1차년도 지원대학의 76.5%가 취업관련

강좌를 운영하고 있다. 지원받지 못한 전문대학의 경우 50.8%만이 취업관련 교과목을 운영하고 있어 차이가 나고 있다.

노동부의 취업지원사업을 통해 대학에서 취업관련 교과목을 많이 채택하고 있다. 특히 4년제 대학보다 전문대학에서 지원예산을 통해 취업관련 교과목 개설에 많은 성과를 거두고 있음을 알 수 있다. 실제로 대학의 취업지원사업 중 상대적으로 효과가 큰 취업관련 교과목을 채택하는 데 이 사업이 매우 효과가 큼을 알 수 있다.

'진로 및 취업지도 관련 인력의 연수나 교육'에 관한 사항에서 지원받은 4년제 대학 중 1차년도 지원을 받은 대학의 경우 94.2%, 2차년도 지원을 받은 대학은 100% 연수나 교육을 운영하고 있다. 반면에 지원을 받지 못한 4년제 대학의 경우 75%만이 연수나 교육을 받고 있다. 전문대학도 마찬가지로 1차년도 지원을 받은 대학의 경우 94.1%, 2차년도 교육을 받은 대학의 경우 90%로 나타났지만, 지원을 받지 못한 대학은 65.1%로 낮게 나타났다.

진로 및 취업지도 관련 인력의 전문성을 향상시키기 위해서는 꾸준한 교육이나 연수를 받아야 한다. 하지만 지원받지 못한 대학의 경우 지원을 받은 대학보다 전문성을 갖추기가 어렵다. 노동부의 대학취업지원 확충사업이 대학 진로 및 취업지도 담당자의 전문성 향상에 기여하고 있다고 볼 수 있다.

'기업(산업체 현장) 혹은 지역사회와 연계 프로그램'에 관한 조사는 지역에 관계없이 4년제 대학, 전문대학 모두 지원받은 대학과 지원받지 않은 대학 간에 차이가 있었다. 4년제 대학의 경우 지원을 받은 대학은 1차년도, 2차년도 지원받은 대학의 경우 90.4%, 88.9%로 많은 대학이 기업 또는 지역사회와 연계한 프로그램을 운영하고 있었지만, 지원을 받지 못한 대학의 경우 67.9%가 기업 혹은 산업체와 연계프로그램을 운영하고 있었다. 전문대학의 경우도 마찬가지로 1차년도, 2차년도 지원을 받은 대학은 91.2%, 100%로 매우 높게 나타났다. 그러나 지원받지 못한 대학들은 57.1%만 연계프로그램을 운영하고 있었다.

기업체나 지역사회와의 연계 프로그램을 운영하기 위해서는 학생들에게 비용 부문에 있어서 어느 정도 보조금을 지급해주어야 예산 지원을 받은 대학이 취업교육을 효과적으로 실행할 수 있는 능력을 갖게 된다.

'진로 및 취업지도 전문 전담인력 보유 여부'에 관한 질문을 살펴보면 역시 지원받은 대학과 지원받지 못한 대학 간의 차이를 알 수 있다. 지원받은 4년제 대학의 경우 80.8%, 94.4%로 전담인력 보유율이 높게 나타나지만, 지원받지 못한 대학은 53.6%로 보유율이 다소 낮음을 알 수 있다. 전문대학의 경우 지원을 받는 대학은 73.5%, 100%지만, 지원을 받지 못한 대학의 경우 36.5%에 그쳤다. 또한 2차년도의 지원 대학들은 1차년도보다 보유율이 높음을 알 수 있는데, 이는 취업지원 확충사업의 예산을 통해 전문 전담인력을 보유할 수 있도록 도와주는 좋은 사례다.

'진로 및 취업지도담당 인력의 대학 내부 교육 또는 연수의 실시 여부'에 대한 조사에서는 지원받은 대학과 지원받지 않은 대학 간에 차이가 있다. 또한 지원 1차년도 대학과 2차년도 대학 간의 비교에서도 차이가 있다. 4년제 대학에서는 지원 1차년도 대학은 42.3%, 2차년도 대학은 72.2%로 지원받은 대학들이 자체적으로 교육이나 연수를 실시하고 있었다.

　그러나 지원을 받지 못한 대학은 17.9%로 1차년도 지원을 받은 대학의 절반에도 미치지 못하고 있다. 전문대학의 경우도 1차년도 지원을 받은 대학 중 58.8%, 2차년도 지원을 받는 대학 중 80.0%가 교육이나 연수를 실시했지만, 지원을 받지 않은 대학 중 15.9% 만이 교육이나 연수를 실시하고 있어 큰 차이를 보이고 있음을 확인할 수 있다.

　'독립된 진로 및 취업지도 관련 기관이 설치돼 운영되고 있습니까?'라는 질문에 지원받은 대학과 그렇지 않은 대학 간에서도 차이점을 발견할 수 있었다. 1차년도 지원을 받은 4년제 대학과 전문대학들 중 80.8%, 91.2%가 취업지도기관이 있었고, 2차년도 지원을 받는 4년제 대학과 전문대학들 중 83.3%, 80.0%가 취업지도기관이 있었다. 반면에 지원받지 않은 4년제 대학과 전문대학은 53.6%, 38.1%로 취업지도기관의 설치도가 낮았다. '대학취업지원 기능 확충사업'이 양질의 서비스를 제공할 수 있는 토대를 세우는 데 핵심적인 역할을 하고 있음을 알 수 있다.

'학생들에게 진로 및 취업지도를 위해 대학 자체적으로 프로그램(예 : 자기적성찾기, MBTI, 리더십 증진 프로그램 등)을 개발해 운영하고 있습니까' 라는 질문에 지원받은 대학과 그렇지 못한 대학 간에 차이점이 나타났다. 4년제 대학 중 지원 1년차 대학들의 92.3%, 지원 2년차 대학들은 100%로 자체 프로그램을 운영하는 것으로 나타났지만, 지원받지 못한 대학은 58.9%로 특성화가 이루어지지 않고 있음을 볼 수 있다. 전문대학의 경우도 마찬가지로 지원 1년차 대학은 67.6%, 지원 2년차 대학은 80.0%였지만 지원을 받지 못한 대학은 31.7%였다.

'자체 프로그램 종류의 수' 에 관한 결과를 보면 지원 1년차의 4년제 대학은 평균 7.8개, 전문대학은 6.4개였고, 지원 2년차 4년제 대학의 평균은 18.3개, 전문대학 6.3개였다. 4년제 대학의 경우 지원을 연속으로 더 받으면 거의 3배에 가까운 프로그램이 개발될 수 있음을 알 수 있다. 지원받지 않은 4년제 대학은 평균 3.4개, 전문대학은 평균 1.6개로 지원받은 대학과 큰 차이가 있음을 알 수 있다.

'취업관련 프로그램에 대한 학생들의 만족도 조사의 실시 여부' 에 대한 조사에서는 지원 1년차 4년제 대학과 전문대학은 98.1%, 79.4%로 많은 대학이 만족도 조사를 실시하고 있었고, 지원 2년차 4년제 대학 100%로 모든 대학이, 전문대학 중 90%가 만족도 조사를 실시했으나, 지원받지 않은 4년제 대학과 전문대학은 48.2%,

42.9%로 지원대상 대학의 절반에 그쳤다.

이처럼 지원받은 대학과 그렇지 못한 대학 간의 차이가 큰 것을 알 수 있었고, 지원을 1년 받은 대학과 2년간 받은 대학 간에도 진로·취업지도 관련 프로그램 운영에 차이가 있음을 확인할 수 있다.

● 대학 유형별 선정현황

(단위 : 개수/백만원)

2·3년제 대학		4년제 대학		계	
대학 수	지원금	대학 수	지원금	대학 수	지원금
66	3,956	105	10,592	171	14,548

※ 4년제 대학 1개교당 평균 1억원, 2년제 대학 1개교당 평균 6,000만원임

향후과제

노동부의 대학취업지원기능 사업이 더욱 확대돼야 한다. 왜냐하면 고졸자의 8명 중 7명이 대학을 진학하고 대학 취업문제는 사회적 문제이기 때문이다. 또한 노동부 지원사업을 통해 교수들이 학생들의 취업에 관심을 가지고, 각 학과별로 졸업 후 나갈 수 있는 커리어 로드맵을 만들어 활용하는 방안을 이끌어내도록 해야 한다.

따라서 노동부에서 지원하는 사업 중 효과가 큰 사업을 중심으로 집중 투자하도록 해야 한다. 대학교 취업 담당자를 대상으로 조사한 결과 비교적 효과가 큰 사업으로는 캠프, 클리닉, 교과목 개설, 특강, 상담, 검사 등이었고, 반면 효과가 낮은 박람회, 멘토링, 자격증 취득지원 등은 지원 대상에서 제외하는 것을 검토해야 한

다. 특히 대학에서 학점을 인정하는 정규과정으로서 교과목 개설을 장려하는 것이 바람직하다.

아울러 노동부에서 개발돼 대학생들이 활용할 수 있는 직업선호도검사와 성인용 직업적성검사 등에 대한 해석을 지원하는 상담기능을 강화해야 한다. 여건이 허락된다면 노동부에서 개발한 각종 심리검사를 실시하고 이를 해석하는 전문 상담인력에 대한 인건비를 지원하는 것이 바람직하고, 대학에서 입학사정관을 선발 배치하듯이 대학에 취업 전담 교수제를 운영해 취업업무만을 전문적으로 지도해야 한다.

노동부의 지원을 받는 대학의 홈페이지에 노동부에서 상당한 금액을 투자해 운영하고 있는 워크넷, 큐넷, KNOW, 한국고용정보원의 자료(CDP-C), 직업방송, 한국산업인력공단의 학습미디어센터 자료 등을 탑재해 활용하도록 해야 한다.

대학교 취업 담당자들에게 교육연수를 시켜 이들이 취업 전문인력으로 육성되도록 해야 한다. 특히 대학생을 위한 NEW-CAP이라는 취업 프로그램이 개발됐는데 이를 우선적으로 대학 취업 담당자에게 교육시켜 대학 내에서 자체적으로 실시할 수 있도록 해야 한다.

03 「청년고용촉진 특별법」으로의 개정과 과제

정부는 「청년실업해소 특별법」 개정법률안을 지난 2008년 10월 7일 국무회의에서 의결했다. 이 개정안에 따르면 2004년 제정되어 2008년 말까지 한시법으로 되어 있던 법의 유효기한을 2013년까지 5년 연장했고, 법제명도 「청년고용촉진 특별법」으로 변경했다. 이 개정법률안은 2008년 정기국회에 제출되어 2009년 1월 1일부터 시행되고 있다. 이 개정된 법률안의 주요 개정내용을 살펴보면 국가의 청년고용 문제에 대한 적극적 의지를 반영했다.

산·학·관 연계 기본원칙 및 각 주체별 책무 명시

이 조항에서는 청년 고용 촉진을 위한 산·학·관 연계를 위한 산·학·관 각 주체별 의무를 구체화했다. 먼저 국가 및 지자체는 청년실업 해소를 위한 종합대책을 수립·시행한다. 학교의 사회적 책무도 신설됐는데 학교는 산업수요에 맞는 청년인력 양성, 직업진로 교육 강화, 학생들에게 직장체험 기회 확대 등 책무를 수행한다.

「공공기관 운영에 관한 법률」 제정(2007. 1. 19)에 따른 현행법의 관련 규정도 정비했다. 즉, 종전 「정부투자기관 관리기본법」 및 「정부산하기관 관리기본법」이 폐지되고, 「공공기관 운영에 관한 법률」로 통합했다. 또한 우수한 청년 인재 양성과 청년고용촉진을 위한 기업·학교·정부 간 협력체계 구축과 상호 협력의무를 명시했다. 그 내용은 다음과 같다.

제3조(국가 및 지방자치단체의 책무)

① 국가 및 지방자치단체는 청년고용을 촉진하기 위해 인력수급전망, 청년 미취업자 실태 조사, 직업 지도, 취업 알선 및 직업능력개발훈련 등을 포함한 대책을 수립·시행해야 한다.

② 기업과 「공공기관의 운영에 관한 법률」에 따른 공공기관(이하 '기업 등'이라 한다)은 청년고용을 촉진하기 위한 국가 및 지방자치단체의 대책에 적극 협조해야 한다.

③ 「초·중등교육법」 및 「고등교육법」에 따른 각급 학교는 산업현장에서 요구하는 인력의 양성을 위한 교육과정 운영, 직업 지도 및 직업현장 체험기회제공을 위해 노력해야 한다.

제4조(협력체계의 구축)

① 정부는 「고등교육법」에 따른 학교(이하 '대학 등'이라 한다) 및 기업 등과의 협력체계를 구축해 청년고용을 촉진하기 위한 협력사업을 공동으로 개발·시행한다.

② 제1항에 따른 협력체계의 구축·운영, 협력사업의 개발·시행 등에 필요한 사항은 대통령령으로 정한다.

● 주요 고용지표 추이

(단위 : 만명(%))

구분	2007년			2008년						2010년
	연간	9월	1~9월	1/4	2/4	3/4	8월	9월	1~9월	3월
• 실업률	3.2	3.0	3.3	3.4	3.1	3.1	3.1	3.0	3.2	4.1
– 청년실업률(15~29세)	7.2	7.0	7.3	7.3	7.4	6.9	7.1	6.1	7.2	9.0
• 고용률	59.8	60.2	59.8	58.5	60.3	59.9	59.6	59.8	59.6	58.5
• 취업자 수	2,343	2,362	2,338	2,305	2,387	2,375	2,362	2,373	2,356	2,238
– 전년 동월비 증감 (증가율)	28.2 (1.2)	29.2 (1.3)	28.3 (1.2)	20.9 (0.9)	17.3 (0.7)	14.1 (0.6)	15.9 (0.7)	11.2 (0.5)	17.5 (0.8)	26.7 (1.2)

청년층의 직장체험 기회제공 조항 신설

먼저 개정내용을 살펴보면 제2장 청년 미취업자 고용확대 지원을 청년 미취업자에 대한 고용확대 및 직업지도 등으로 확대됐다. 아울러 청년에 대한 직장체험 기회제공 조문을 신설했다. 정부는 청년층에게 다양한 직장체험 기회가 제공될 수 있도록 노력하며, 기업 또는 대학이 직장체험 프로그램을 운영하는 경우 그 소요 비용을 지원한다. 그 조문을 살펴보면 과거에는 청년 미취업자 고용확대 지원으로만 되어 있는데 제2장 청년 미취업자에 대한 고용확대 및 직업 지도 등을 신설했다.

● 청년층의 주요 직장체험 형태

(단위 : 천명(%))

구분	직장체험 경험자	전일제로 직장에 취업	시간제로 아르바이트	학교의 현장 실습	기업 인턴	정부지원 직장 체험프로그램
2008. 5.	3,635(100.0)	895(24.6)	2,003(55.1)	579(15.9)	102(2.8)	55(1.5)
남자	1,668(100.0)	484(29.0)	933(55.9)	190(11.4)	45(2.7)	16(1.0)
여자	1,967(100.0)	411(20.9)	1,070(54.4)	389(19.8)	58(2.9)	39(2.0)
2007. 5.	3,797(100.0)	1,008(26.5)	2,024(53.3)	617(16.2)	108(2.8)	41(1.1)

제8조의 2(청년에 대한 직장체험 기회제공)

① 정부는 청년이 직업을 선택하기 전에 기업 등에서 직업을 체험할 수 있는 기회를 제공하도록 노력해야 한다.

② 정부는 기업 등이나 경제단체 또는 대학 등이 제1항에 따른 직장체험 기회제공사업에 참여하는 경우 그 소요 비용의 전부 또는 일부를 지원할 수 있다.

직업지도 프로그램 개발 · 운영 및 제공 조항 신설

개정내용은 정부는 직업상담, 적성검사 등 다양한 직업지도 프로그램을 개발하고 직업안정기관을 통해 직접 운영하거나, 각급 학교에 프로그램을 제공한다(정부는 학교의 프로그램 운영에 필요한 지원을 실시한다)는 조문을 신설했다.

그 구체적인 조문은 제8조의 3(직업지도 프로그램의 개발 · 운영 및 제공)이다.

① 정부는 청년이 적성과 능력에 맞는 직업을 선택할 수 있도록 직업상담, 직업적성검사 등 다양한 직업지도 프로그램을 개발해 「직업안정법」 제4조 제1호에 따른 직업안정기관을 통해 직접 운영하거나 민간에 위탁해 운영할 수 있다.

② 정부는 「초·중등교육법」 및 「고등교육법」에 따른 각급 학교가 제1항에 따른 프로그램을 운영할 수 있도록 지원할 수 있다.

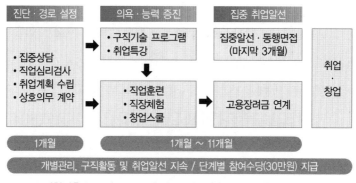

◆ 〈청년층 뉴스타트 프로젝트〉 – 취약 청년의 취업촉진 프로그램

취업애로 청년층에 대한 고용지원서비스 제공 조항 신설

개정내용을 보면 정부는 취업애로 청년에게 개인별 심층상담–직장체험·직업훈련–집중 취업알선 등 고용서비스를 종합적·체계적으로 제공하고, 참여자에게 필요한 지원을 할 수 있는 규정을 명시했다. 그 세부 조문을 살펴보면 다음과 같다.

제8조의 4(취업애로 청년에 대한 고용지원서비스 제공)

① 정부는 청년 중 저학력, 경력 및 직업기술의 부족 등을 이유로 취업에 어려움을 겪고 있는, 대통령령으로 정하는 청년(이하 '취업애로 청년' 이라 한다)에게 개인별 심층상담을 통한 직업경로 설계, 직장체험 · 직업능력 개발훈련을 통한 취업의욕과 능력 증진, 취업알선 등의 고용지원서비스를 제공하도록 노력해야 한다.

② 정부는 제1항에 따른 고용지원서비스를 제공하는 경우 취업애로 청년의 참여를 유도하고 취업을 촉진하기 위해 필요한 지원을 할 수 있다.

글로벌 인재 양성사업 및 협력체계 개정

개정내용은 정부는 산 · 학 · 관 협력체계를 바탕으로 해외 인턴 · 해외연수 · 해외 봉사활동 등 다양한 사업을 시행하고, 민간 재정지원 · 우수 민간기관 우대조치 · 사후관리 등을 중점 이행하고, 대학은 어학교육 등 우수한 인재양성을 위해 노력하고, 경험자를 우대하는 대책을 마련 · 시행하며, 기업은 해외 수요처 발굴 등 정부시책에 적극 협력한다는 것이다. 개정된 조문은 다음과 같다.

12조(글로벌인재 양성사업 및 협력체계)

① 정부는 제4조 제1항에 따른 협력체계를 활용해 국제적 경험을 갖춘 우수한 청년 인재를 양성하고 청년의 고용을 촉진하기 위

해 해외 직장체험, 해외 봉사활동 등 다양한 인재양성사업(이하 '글로벌 인재양성사업'이라 한다)을 해야 한다. 이 경우 정부는 다음 각 호의 사항을 우선적으로 이행하도록 노력해야 한다.

1. 글로벌인재 양성사업과 관련해 다음 각 항목 등과 연계한 인력수급 및 취업정보 전산망 구축
가. 기업 등
나. 대학 등
다. 「직업안정법」 제19조에 따른 국외 유료 직업소개사업을 하는 자
2. 글로벌인재 양성사업에서 우수한 성과를 거둔 제1호 각 목에 해당하는 자 등에 대한 우대조치 시행
3. 글로벌인재 양성사업에 참여하는 청년의 비자 발급지원 및 현지 정보 제공
4. 글로벌인재 양성사업에 참여한 청년의 사후관리 방안 마련
② 기업 등은 글로벌인재 양성사업을 지원할 수 있는 국외 기관의 발굴 등 제1항에 따라 정부가 하는 사업에 협조해야 한다.
③ 대학 등은 다음 각 호의 사항에 관해 제1항에 따라 정부가 하는 사업에 협조함으로써 글로벌인재를 양성하고 청년고용을 촉진하기 위해 노력해야 한다.

1. 글로벌인재 양성사업 대상 청년의 외국어능력 향상 및 소양교육 강화

2. 글로벌인재 양성사업 참여자에 대한 학점인정 등 우대방안 마련

④ 정부는 제1항 제1호 각 항목의 어느 하나에 해당하는 자 등이 글로벌인재 양성사업을 하는 경우 소요비용의 전부 또는 일부를 지원할 수 있다.

향후과제

이 법의 개정이 갖는 의미와 과제를 제시해보고자 한다. 먼저 의미와 기대효과를 살펴보면 다음과 같다.

첫째, 2008년 12월 31일이라는 한시적인 시한을 가진 법률을 5년 연장한 것은 나름대로 의미가 있으며 그 개정과정에서 좀 더 실질적인 내용으로 개정한 것은 매우 적절하다.

둘째, 「청년실업해소 특별법」을 「청년고용촉진 특별법」으로 변경한 것은 국가의 청년고용 문제에 대한 적극적 의지를 반영하고 있다. 이를 통해 비경제활동 상태에 있는 청년층을 노동시장으로 유인하는 적극적 의지가 여타 정책으로 연계되는 데 기여할 것으로 기대된다.

그러나 우리나라 20대의 경제활동 참가율은 이 연령대 인구 가운데 취업자와 구직활동을 벌인 실업자가 차지하는 비중으로 2004

년에는 65%대까지 높아졌으나 2006년에 64%대, 2007년 63%대로 내려간 데 이어 2008년 9월에는 처음으로 62%대로 떨어졌다. 이는 관련 통계 작성이 시작된 1999년 6월 이후 가장 낮은 수치다.

20대의 경제활동 참가율이 급락하고 있는 것은 취업난이 지속되면서 아예 일자리 찾기를 포기하고 취업준비자 등으로 편입되는 20대가 많아지고 있기 때문이다. 법 명칭을 변경한다고 계속 떨어지는 청년층의 경제활동 참가율이 크게 향상되지는 않는다. 이 법의 개정을 계기로 획기적인 청년층 경제활동 참가·증대방안이 마련되어야 한다.

셋째, 청년고용 촉진을 위한 산·학·관 연계 기본원칙 및 각 주체별 책무를 명시함으로써 청년 고용 문제의 해결을 위해 기업, 학교, 정부가 공동으로 노력하는 시스템이 마련되어 범사회적인 관심과 지원이 이루어지고, 청년고용에 책임이 있는 정부·기업·학교 등 사회 구성 주체의 책무를 구체적으로 명시함으로써 책임의식을 제고하고, 상호협력 분위기 조성에도 기여할 것으로 정부는 기대하고 있다.

● 연령계층별 경제활동 참가율　　　　　　　　　　　(단위 : %, 전년 동월대비)

연령	2009. 3	2010. 2	증감	2010. 3	증감
전체	60.2	59.5	0.2p	60.3	0.1p
15 ~ 19세	4.9	7.3	0.9p	5.6	0.7p
20 ~ 29세	62.4	63.7	1.5p	62.8	0.4p
30 ~ 39세	73.9	74.0	0.5p	74.4	0.5p
40 ~ 49세	79.3	78.3	- 0.3p	79.5	0.2p
50 ~ 59세	71.7	70.6	0.5p	71.9	0.2p
60세 이상	35.8	32.3	- 0.4p	35.2	- 0.6p
남자	72.7	71.8	0.1p	72.4	- 0.3p
15 ~ 19세	3.8	5.4	0.6p	4.2	0.4p
20 ~ 29세	63.3	64.3	1.5p	63.0	- 0.3p
30 ~ 39세	93.0	92.8	- 0.2p	93.1	0.1p
40 ~ 49세	93.4	92.5	0.0p	93.3	- 0.1p
50 ~ 59세	86.8	85.6	0.4p	86.8	0.0p
60세 이상	49.7	46.2	0.1p	48.9	- 0.8p
여자	48.4	47.7	0.2p	48.7	0.3p
15 ~ 19세	6.1	9.4	1.2p	7.1	1.0p
20 ~ 29세	61.6	63.1	1.4p	62.5	0.9p
30 ~ 39세	53.9	54.2	1.1p	54.8	0.9p
40 ~ 49세	64.9	63.7	- 0.6p	65.3	0.4p
50 ~ 59세	56.5	55.6	0.7p	57.1	0.6p
60세 이상	25.3	21.8	- 0.9p	24.8	- 0.5p

　　현재 노동부의 지방고용심의회, 교육과학기술부의 지역진로교
육협의회 등에서 노동부, 지역교육청, 유관기관 관계자들이 참석
하는 모임이 유사하게 펼쳐지고 있다. 이들 유관기관들의 모임이
실제적으로 운영되도록 지도되어야 한다. 유사한 기관이 참석하는
유사한 위원회에서 예산이 중복되어 지출될 수 있어 내실화가 미

흡할 수도 있기 때문이다. 특히 정부에서 발표한 청년 고용을 확대하기 위한 '미래산업 청년리더 10만 명 양성계획'에 앞으로 5년 동안 1조 원을 투입하기로 했는데 그 상당부분을 민간기업이 투자하는 것으로 알려져 있다. 그만큼 기업의 역할이 큼을 알 수 있고 이를 법으로 정리할 필요가 있다.

넷째, 청년층의 직장체험 기회제공 조항을 신설함에 따라 청소년들에게 다양한 직장체험 기회를 제공함으로써 올바른 직업관을 형성하고 체계적인 취업준비 및 경력형성에 기여할 것으로 정부는 기대하고 있다.

2008년 5월에 실시된 경제활동 인구 부가조사에 따르면 청년층 인구 중 학교 재학 · 휴학 기간 동안에 '직장체험의 경험이 있음'은 37.0%(363만 5,000명)로 나타났다. 재학 · 휴학 기간에 직장체험을 한 청년층의 주요 직장체험 형태는 '시간제 아르바이트'가 55.1%(200만 3,000명), '전일제 직장 취업'이 24.6%(89만 5,000명)로 나타났다. 그리고 30~34세의 37.5%가 직장체험 경험이 있었으며, 주요 직장체험 형태는 '시간제 아르바이트(41.5%)'가 가장 많은 것으로 나타났다. 청년층의 직장체험이 37% 수준인데 이를 좀 더 높여야 하며, 직장체험도 시간제 아르바이트로 바람직한 직장체험 형태라고 볼 수 없다. 법 개정으로 직장체험이 좀 더 활성화되기를 바란다.

현재 노동부에서 실시하는 직장체험 프로그램은 기업, 연구소,

사회단체, 행정기관 등 청소년들에게 다양한 직장체험 기회를 부여함으로써 직업에 대한 폭넓은 인식과 직업의식을 고취해 자신의 적성에 맞는 진로설계 능력을 제고하는 프로그램이다. 그리고 연수생에게는 교통비와 중식비를 포함해 월 30만 원의 연수 수당을 지급한다. 15세 이상 29세 이하의 재학생을 포함한 미취업 청소년들이 이용할 수 있다.

다섯째, 직업지도 프로그램 개발 · 운영 및 제공 조항을 신설함에 따라 국가 · 지자체 · 학교 등 다양한 경로를 통해 청년층이 눈높이에 맞는 직업지도 프로그램을 경험할 수 있게 됨으로써 청년층이 적성과 능력에 맞는 직업을 선택하는 데 기여할 것으로 기대하고 있다.

직업지도 프로그램은 직업흥미검사 및 적성검사를 포함해 직업체험에서 취업상담까지 다양한 프로그램을 의미한다. 중 · 고등학생 누구나 각 산업분야의 직업현장을 체험할 수 있는 '잡스쿨(Job School)' 프로그램이다. 잡스쿨은 자신의 적성에 맞는 직업을 탐색하고 건전한 직업관을 형성하기 위해 각 산업분야의 직업현장, 직업과 관련된 대학의 학과, 연구기관 등을 직접 방문해 실습 · 강연 등 직업을 체험할 수 있는 기회를 제공하는 프로그램이다. 프로그램의 첫째 날은 대학 체험, 둘째 날은 직업현장체험으로 구성되어 있으며 전국 정규 중 · 고등학생 및 비정규 중등과정 청소년이면 누구나 참여할 수 있다.

아울러 대학에서도 취업지원사업에 대한 지원을 하고 있다. 그러나 최근 대학이나 전문계 고교의 취업지원사업에 대한 지원이 축소되리라는 전망이 있다. 정부의 발표와 실제 예산배정에서 차이가 나는 것은 문제가 있다.

여섯째, 취업애로 청년층에 대한 고용지원서비스 제공 조항도 신설됨으로써 위기 청소년, 고졸 이하 저학력자, 장기 구직자 등 취업이 취약한 청년층에게는 체계적 관리와 종합 고용지원서비스를 제공해 이들의 사회안정과 취업촉진에 기여할 것으로 전망되고 있다.

현재 취업에 어려움을 겪는 장기구직 청년 등을 위해 전문 직업상담가와 일대일로 취업에 필요한 개인별 맞춤형 종합 취업지원서비스를 제공하는 'YES 프로그램'이다. YES 프로그램은 구직자 개인별로 일대일 전담 상담원(Personal Advisor)을 두어 1단계에서 3단계까지 각 단계마다 적극적인 취업알선, 직업지도 프로그램, 직장체험, 직업훈련 등 취업에 어려움을 겪는 청년층 개인의 특성에 맞는 고용서비스를 제공하는 프로그램이다. YES 프로그램은 30세 미만의 청년층으로서 현재 6개월 이상 장기 실직자 및 고졸 이하 학력자가 참여할 수 있으며, 실업급여를 받고 있지 않아야 한다.

일곱째, 글로벌인재 양성사업 및 협력체계가 개정됨으로써 기업-대학-정부가 협력해 해외 취업·해외 인턴 및 해외 봉사활동 사업을 추진함으로써 우리 청년들을 국제적 마인드와 역량을 갖춘 글로벌 인재로 육성하는 토대가 마련되고, 청년 고용촉진에도 기여할 것으로 기대되고 있다.

2008년 4월 정부는 노동부 장관 주재로 경제 5단체 부회장, 한국대학교육협의회·한국전문대학교육협의회 부회장, 관계부처 차관이 참석한 산·학·관 협의회를 개최하고, 글로벌 청년리더 10만명 양성을 위한 종합계획을 확정·발표했다. 즉, 2009년부터 5년간 해외취업 5만 명, 해외인턴 3만 명, 해외 봉사활동 2만 명 달성을 목표로 공공과 민간 부문이 연계한 다양한 사업들이 시행될 예정이다. 어학, 직무 등 거점 대학을 지정해 기초능력을 가진 인재를 육성하고, 공공·민간을 통합하는 해외취업 정보망을 구축하며, 청년 고용촉진과 관련된 법률도 정비할 예정이다. 정부부처 및 유관기관은 주요 국가별 해외취업연수 프로그램 운영을 통한 해외취업 1,500명, 전문대학생 해외 인턴 600명, 평화봉사단 830여 명, 청년 인터넷 봉사단 480여 명 등을 목표로 사업을 시행할 계획이다.

그러나 불과 2006년 한국개발연구원에서 연구한 결과 해외 인턴 사업운영성과가 미흡한 것으로 나타났고, 집행과정에서도 해외 여행, 연수 수단으로 오용되는 등 문제점이 있다고 지적된 바 있다. 즉, 인턴 후 해외기업 현지 취업 비율이 20% 미만이며, 참여자 스스로도 현지 고용가능성에 회의적(58.5%)이며, 대상자 중 상당수(40% 이상)는 해외취업 자체보다 해외견문 기회 확대, 어학능력 제고 등 목적으로 지원되고 있다는 지적이 있었다. 이런 평가결과를 반영해 실질적인 해외취업이나 인턴제도가 되도록 해야 한다.

전체적으로 이 개정안은 청년층의 직장체험 기회제공을 위한 정부의 지원, 직업진로 설계와 경력개발을 위한 다양한 직업지도 프로그램 개발·보급 및 각급 학교의 프로그램 운영 지원, 기업·학교·정부 협력체계를 구축해 국제경쟁력을 갖춘 청년인재를 육성하고 취업무대를 해외로 확대하는 글로벌인재 양성사업을 위한 법적 근거를 마련했다.

그러나 법적인 제도 못지않게 중요한 것이 운영이다. 이 개정안에서 실시하는 사업은 상당수가 현재 실시되면서 그 성과도 있는 반면 문제점도 제기되고 있다. 제도적 장치 못지않게 효율적으로 운영하는 내실을 기하도록 더욱 많은 담당자들의 노력이 필요하다.

Part 6

청년실업

career development

인력수급 불일치 해소를 위한 중·장기 국가인력수급 전망 |
청년층의 경제활동인구 조사결과와 과제

01

인력수급 불일치 해소를 위한
중 · 장기 국가인력수급 전망

　2008년 희망에 찬 정부의 탄생을 통해 향후 우리나라의 고용에 대한 장기전망에 대해 많은 관심이 쏠렸다. 이와 관련해 한국고용 정보원과 한국직업능력개발원은 노동부와 교육인적자원부의 수탁을 받아 '중 · 장기 국가인력수급 전망' 을 발표했다.

　이번 인력수급 전망은 국가 인적자원을 효율적으로 활용하고 인력수급 불일치 해소를 통한 국가 성장 잠재력을 극대화하기 위해 국가차원에서 처음 실시한 것으로, 미래 노동 · 교육시장의 인력수급 변화정보를 학생, 기업, 학부모, 교육 · 훈련기관 등에 제공해 합리적인 진로선택을 도모하고 정책의 타당성을 제고하기 위해 실시됐다. 2006년 현황자료를 기초로 2007~2016년의 10년간 총량 전망과 63개 산업별, 118개 직업별, 46개 직종별 인력수요 전망, 신규 인력 수급차 전망 등을 실시했다. 이 추정에서 고려한 기본 가정 및 전제는 다음과 같다.

2006~2016년 전망기간 10년 동안은 실질 GDP 기준 경제성장률을 연간 4.6%로 가정했으며, 2006년부터 2016년까지 10년 동안 산업별 실질 GDP는 제조업 6.3%, 서비스산업 3.8%, 농림어업 1.0% 성장을 예상했다. 제조업의 고부가가치화 현상 지속, 농림어업의 경제성장 기여 약화를 전망했다. 즉, 산업별 부가가치 비중은 농림어업이 3.7%에서 2.6%로 1.1%p 감소, 제조업이 33.5%에서 39.4%로 5.9%p 증가, 서비스 산업이 62.6%에서 57.8%로 4.8%p 감소 등을 전망했다. 취업계수는 일정량의 생산에 필요한 최적의 고용 규모(man head)로 정의되며, 특정시기 산업의 기술 수준 및 실질 생산성 역수를 의미하는데 '취업계수 산출공식 = 단위 부가가치당 취업 자수' 이다.

전산업 취업계수는 지속적으로 하락하고 있으며, 제조업 취업계수는 아주 낮은 상태에서, 서비스 산업 취업계수는 상대적으로 높은 수준에서 꾸준히 하락하는 추세로 전망했다. 전산업 취업계수는 2006년 34.3에서 2016년 24.8로 하락하고, 제조업 취업계수는 2006년 16.3에서 2016년 10.0으로 하락하며, 서비스산업 취업계수는 2006년 40.7에서 2016년 33.8로 하락할 것으로 전망했다.

● 학력별 · 계열별 전망(2016년 기준)

구분	인문	사회	교육	공학	자연	의약	예체능
전문대	B	C	B	B	B	B	A
대학	B	B	B	B	B	A	C
대학원	C	B	B	A	B	A	B

※ A : 초과수요 0~10%, B : 초과공급 0~10%, C : 초과공급 10~20%

주요 인력공급 및 수요 전망

주요 전망 결과는 다음과 같다. 먼저 총량 전망으로 인력공급 전망이다. 경제활동 인구는 2006년 2,398만 명에서 2016년 2,716만명으로 318만 명이 증가할 전망이다. 남자 경제활동 인구는 2006년 1,398만 명에서 2016년 1,538만 명으로 140만 명이 증가할 것이고, 여자 경제활동 인구는 2006년 1,000만 명에서 2016년 1,178만 명으로 178만 명이 증가할 전망이다. 경제활동 참가율은 2006년 61.9%에서 2016년 64.3%로 2.4% 상승할 전망이다. 남자의 경제활동 참가율은 2006년 74.1%에서 2016년 74.0%로 0.1% 하락할 것이고, 여자 경제활동 참가율은 2006년 50.3%에서 2016년 54.9%로 4.6% 상승할 전망이다.

다음은 인력수요에 대한 전망을 살펴보자. 인력수요 총량 규모는 2006년 2,315만 명에서 연간 32만 명씩 증가해 2016년 2,631만명에 이를 전망이다. 2006년부터 2011년까지 향후 5년간 인력수요는 연간 31.9만 명 규모로 증가할 전망이다. '고용률 = 취업자/생산가능인구×100' 인데, 2006년 59.7%에서 2016년 62.3%로 2.6%

상승할 전망이다. 지난 2001년부터 2006년까지 59%대에 머물러 있던 고용률이 2009년부터 60% 수준을 넘어 2016년에는 62.3%에 도달할 전망이다.

앞에서 살펴본 인력수요와 인력공급 차이에 따른 초과공급 인력은 2006년 83만 명에서 2016년 84만 명으로 커다란 변동이 없을 전망이다. 인력수요와 인력공급의 수급 차이에서 도출한 실업률은 2012년 3.8%로 가장 높고, 2015년부터 3.3~3.1% 수준으로 하락할 전망이다. 실업률이 평균수준 이하로 급격히 하락할 경우 2015년부터 인력부족이 예상된다. 만약 균형실업률이 3.5%라고 할 경우, 실업률 3.5% 이상은 '일자리 부족', 실업률 3.5% 이하는 '인력부족'으로 가정한 것이다. 노동시장의 자율적 임금조정 기능이 회복되지 않을 경우, 인력부족 현상은 더욱 가속화될 수 있다.

산업별 인력수요 전망

농림어업과 광공업 인력수요는 감소, 서비스산업 인력수요는 증가할 전망이다. 농림어업 인력수요는 2006년 178만 5,000명에서 2016년 142만 5,000명으로 연간 2.2%씩 하락해 35만 9,000명이 감소할 전망이다. 광공업 인력수요는 섬유산업, 기타 기계 및 장비 제조업 등의 취업자 감소에 의해 2006년 418만 5,000명에서 2016년 418만 1,000명으로 4,000명이 감소될 전망이다. 반면, 서비스산업 인력수요는 2006년 1,718만 1,000명에서 2016년 2,070만

7,000명으로 연간 1.9%씩 상승해, 352만 6,000명이 증가할 전망이다.

산업별 취업자 비중이 제조업은 2006년 18.0%에서 2016년 15.8%로 2.2% 하락, 서비스업은 2006년 74.2%에서 2016년 78.69%로 4.5% 증가할 전망이다. 향후 10년간 서비스분야 인력수요 증가 상위 5대 업종은 사업지원 서비스업, 교육서비스업, 보건업, 사회복지사업, 기타 오락문화 · 운동 관련 서비스업, 수리업 등으로 예상된다. 서비스 분야 인력수요 감소 업종은 소매업, 종합건설업, 자동차판매 및 차량연료 소매업 등으로 전망된다.

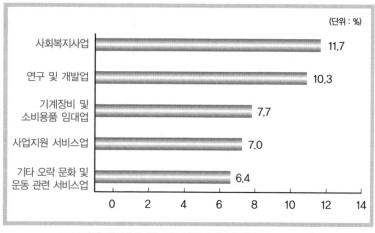

◆ 10년간 인력수요 증가율 상위 5대 업종(2006~2016년)

향후 10년간 인력수요 증가율이 가장 높은 업종은 서비스 분야에 집중되리라 전망된다. 사회복지사업 인력수요는 2006년 15만 명에서 2016년에는 47만 명으로 연간 12%씩 증가해 가장 빠르게 성장할 전망이다. 그 다음 인력수요 증가 속도가 빠른 업종은 연구 및 개발업, 기계장비 및 소비용품 임대업, 사업지원 서비스업, 기타 오락문화 및 운동관련 서비스업 등이다.

인력수요 감소율 상위 5대 업종은 모두 제조업에 집중될 것으로 전망되는데, 인력수요 감소가 가장 빠른 산업은 컴퓨터 및 사무용 기기제조업으로 2006년 4만 명에서 2016년 2만 명으로 연간 6.6%씩 감소할 것으로 전망되며, 그 다음 인력수요 감소가 빠른 산업은 목재 및 나무제품 제조업(-6.4%), 가죽 가방 및 신발 제조업(-5.8%), 섬유제품 제조업(-5.4%), 봉제 의복 및 모피제품 제조업(-4.5%)이다. 여기에서 괄호 안은 연평균 인력수요 감소율을 의미한다. 인력수요 감소가 섬유업종에서 가장 빠르게 진행될 전망이다.

직업별 인력수요 전망

118개 직업별 인력수요 전망을 살펴보자. 향후 10년간 인력수요 증가 상위 5대 직업(한국고용직업 중분류 기준)은 경비 및 청소 관련직, 교육 및 연구 관련직, 경영·회계·사무 관련직, 미용·숙박·여행·오락·스포츠 관련직, 보건의료 관련직 등으로 나타났다. 교육 및 연구직과 같은 전문직 직업의 인력수요 증가는 한국경제의 지식기반산업 및 사업지원 서비스산업 발전에 의한 것이다.

미용·숙박·여행·오락·스포츠 관련직 인력수요는 산업-직업구조가 문화산업으로 변화하는 것과 함께 소득증대에 따른 '웰빙' 산업의 발전 등에 영향받는 것으로 추정된다. 보건·의료 관련직은 고령화 사회, 소득증대, 사회복지정책의 확충 등에 의한 효과로 볼 수 있다.

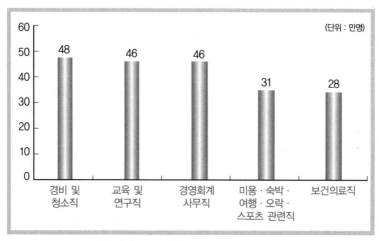

◆ 10년간 인력수요 증가 상위 5대 직업(2006~2016년)

반면 농림어업 관련직(33만 명), 영업 및 판매 관련직(17만 명), 섬유 및 의복 관련직(10만 명) 등은 인력수요 감소 상위 직업 집단으로 분류됐다. 인력수요 감소 직업은 농림어업, 도소매 관련 자영업, 섬유업종의 '사양화' 등에 따른 현상이다.

향후 10년간 직업별 인력수요 증가율이 높아 일자리 증가 속도가 빠른 직업은 사회복지 및 종교 관련직(4.4%), 보건·의료 관련직(4.0%), 경비 및 청소 관련직(3.8%), 미용·숙박·여행·오락·스포츠 관련직(3.4%) 등의 순서였다.

인력수요 감소율이 높은 직업은 섬유 · 의복 관련직(-2.8%), 농림 어업 관련직(-2.0%), 영업 및 판매 관련직(-0.5%) 등으로 전망됐다. 여기서 괄호 안의 숫자는 직업별 인력수요의 연평균 증가율을 의미 한다.

10년 후 취업자 비중 상위 5대 직업은 경영 · 회계 · 사무직, 영업 판매직, 운전운송직, 음식서비스직, 교육연구직 등으로 전망된다.

향후 10년간 인력수요 증가 규모가 큰 상위 5대 직업(한국고용직 업 중분류 기준)은 경비 및 청소 관련직, 교육 및 연구 관련직, 경영 · 회계 · 사무 관련직, 미용 · 숙박 · 여행 · 오락 · 스포츠 관련직, 보 건 · 의료 관련직 등으로 나타났다.

우리나라 직업별 고용구조는 제조업 관련 전통적 직업의 취업자 비중이 감소하고, 서비스 분야의 '새로운' 직업 집단이 크게 증대할 것으로 전망된다. 교육연구직, 미용 · 숙박 · 여행 · 오락 · 스포츠 관련직, 보건 · 의료직 등의 인력수요 증가가 전망된다. 전통적 화 이트칼라 직업집단으로서 경영 · 회계 · 사무직 취업자 비중도 여전 히 높을 전망이다.

● 직업 중분류 노동수요 전망

(단위 : 천명, %)

직업	취업자				취업자 증감			연평균 증감률		
	2001	2006	2011	2016	2001~2006	2006~2011	2006~2016	2001~2006	2006~2011	2006~2016
전직업	21,572	23,151	24,745	26,313	1,579	1,594	3,162	1.4	1.3	1.3
관리직	452	420	425	451	-32	5	31	-0.4	0.3	0.7
경영, 회계, 사무 관련직	3,098	3,114	3,326	3,570	16	212	456	0.4	1.3	1.4
금융, 보험 관련직	552	590	654	693	38	65	104	1.3	2.1	1.6
교육 및 자연과학 사회과학 연구 관련직	1,036	1,242	1,444	1,706	206	202	464	3.7	3.1	3.2
법률, 경찰, 소방, 교도 관련직	180	237	269	289	57	32	52	6.0	2.5	2.0
보건, 의료 관련직	404	573	671	850	169	98	277	7.4	3.2	4.0
사회복지 및 종교 관련직	241	478	587	738	238	109	260	15.4	4.2	4.4
문화, 예술, 디자인 방송 관련직	427	433	487	533	7	53	100	0.5	2.3	2.1
운전 및 운송 관련직	1,331	1,628	1,747	1,813	297	118	185	4.3	1.4	1.1
영업 및 판매 관련직	3,611	3,613	3,548	3,448	2	-65	-165	0.1	-0.4	-0.5
경비 및 청소 관련직	733	1,080	1,339	1,565	347	259	484	8.2	4.4	3.8
미용, 숙박, 여행, 오락, 스포츠 관련직	647	777	921	1,082	130	145	305	4.0	3.5	3.4
음식 서비스 관련직	1,688	1,734	1,781	1,822	46	47	88	0.6	0.5	0.5
건설 관련직	1,152	1,323	1,475	1,565	171	152	242	3.0	2.2	1.7
기계 관련직	755	953	1,092	1,200	198	139	247	5.0	2.8	2.3
재료 관련직(금속, 유리, 점토, 시멘트)	442	404	448	471	-38	45	67	-1.5	2.1	1.6
화학 관련직	132	156	162	164	24	5	7	3.8	0.7	0.5
섬유 및 의복 관련직	640	402	351	303	-238	-50	-99	-8.8	-2.6	-2.8
전기, 전자 관련직	629	814	904	1,015	186	90	201	5.4	2.1	2.2
정보통신 관련직	372	420	480	549	49	60	129	2.7	2.7	2.7
식품가공 관련직	160	204	214	214	44	10	10	6.0	1.0	0.5
환경, 인쇄, 목재, 가구, 공예 및 생산단순직	723	754	777	802	31	24	48	1.0	0.6	0.6
농림어업 관련직	2,169	1,801	1,642	1,469	-368	-159	-331	-3.6	-1.8	-2.0

직종별 인력수요

향후 10년 동안 직종 대분류별 인력수요 증가는 전문가, 기술공 및 준 전문가, 사무 종사자 등의 순서로 전망된다. 농림어업 숙련 종사자(29만 명)와 판매 종사자(29만 명)는 전통적으로 취업자 비중이 높았으나 미래에는 점차 줄어들 전망이다.

전문가(3.2%), 기술공 및 준전문가(2.3%)가 많이 증가해 전문직 인력수요가 증가할 것으로 전망된다. 단순노무자(2.0%), 장치기계 조작 및 조립 종사자(1.1%) 등 비전문직 인력수요도 증가할 것으로 전망된다. 전문직과 비전문직종 인력수요가 동시에 증가하는 인력수요의 직종별 양극화 현상이 발생한다. 직업별 인력수요와 직종별 인력수요의 공통 현상은 영업판매직 인력수요 감소, 보건의료 및 사회복지 분야 인력수요 증가, 전문직 직업 집단 인력수요가 증가할 전망이다.

학력별로 신규인력 수급차를 전망하면 다음과 같다. 전문대졸 이상 신규인력 초과공급률은 계속 하락해 5%대에서 안정적 추세를 보일 전망이다. 즉, 2006년 6.9%에서 2016년 5.4%로 감소될 전망이다.

계열별로 인력이 초과공급될 분야로는 전문대는 사회계열(사회과학, 경영 · 경제), 대학은 예체능계열(연극 · 영화, 음악, 미술 · 조형), 대학원에서는 인문계열(인문과학, 사회과학, 언어 · 문학)일 것으로 예측된다. 반면, 인력이 부족할 분야는 전문대는 예체능(응용예술 등), 대학은 의약(간호 등), 대학원은 공학, 의약(약학)계열일 것으로 전망된다.

● 중장기 인력수급 총량 전망

(단위 : 천명(%))

구분		2001	2006	2011	2016
경제활동 참가율	전체	61.43	61.86	62.85	64.30
	남자	74.33	74.10	73.73	73.95
	여자	49.31	50.26	52.30	54.93
경제활동 인구 (인력공급)	전체	22,471	23,978	25,646	27,156
	남자	13,172	13,978	14,808	15,380
	여자	9,299	10,001	10,838	11,777
취업자(인력수요)		21,572	23,151	24,745	26,313
고용률		59.0	59.7	60.6	62.3
수급차이(실업률)		899(4.0)	827(3.4)	901(3.5)	843(3.1)

※ 주 1) 경제활동 인구와 경제활동 참가율은 한국직업능력개발원의 노동공급 전망에 기초해서 작성된 것임.
※ 주 2) 실업률 = (노동공급 - 노동수요)/노동공급×100

앞의 자료를 검토하고 우리나라의 교육 및 고용에 미치는 몇 가지 시사점을 제시하고자 한다.

첫째, 이번의 인력수급 전망은 인력에 관한 공급과 수요를 한국직업능력개발원과 한국고용정보원이 공동으로 실시한 것이 특징이다. 과거에는 인력과 관련해 수요와 공급 전망을 따로 실시했는데 이를 통해 수요와 공급을 고려한 진로지도가 가능하다는 것이다.

둘째, 앞으로 남성보다는 여성인력 개발에 더 많은 관심을 두어야 한다. 2016년까지 남성은 경제활동 인구가 약간 감소하는 반면,

여성들은 경제활동 인구가 크게 증가할 전망이어서 앞으로 여성들에 대한 경제활동 증대와 이들을 우수한 인력으로 육성하는 데 더욱 많은 관심을 두어야 할 것이다.

셋째, 앞으로 서비스 산업의 발전에 더욱 많은 노력을 해야 한다. 우리나라 직업별 고용구조는 제조업 관련 전통적 직업의 취업자 비중이 감소하고, 서비스 분야의 '새로운' 직업 집단이 크게 증대할 것으로 전망되기 때문이다.

넷째, 사회복지사업 인력수요는 2006년 15만 명에서 2016년에는 47만명으로 연간 12%씩 증가해 가장 빠르게 성장할 전망이므로 이들 분야에 더 많은 우수 인력이 공급되도록 조치를 취해야 한다.

다섯째, 교육 및 연구직과 같은 전문직 직업의 인력수요 증가도 전망되는데 이것은 한국경제의 지식기반산업 및 사업지원 서비스 산업 발전에 의한 것이므로 앞으로 우리 사회가 지식기반 사회로 전환해야 함을 나타낸다.

여섯째, 미용 · 숙박 · 여행 · 오락 · 스포츠 관련직 인력수요가 크게 증가할 것으로 전망되는데 이것은 산업-직업구조가 문화산업으로 변화하는 것과 함께 소득증대에 따른 '웰빙' 산업의 발전 등에 영향을 받는 것으로 추정된다.

일곱째, 보건 · 의료 관련직이 앞으로 크게 증가될 것으로 전망되는데 이것은 고령화 사회, 소득증대, 사회복지정책의 확충 등에 의한 효과로 볼 수 있다.

여덟째, 직종별로는 앞으로 전문가, 기술공 및 준전문가가 많이 증가할 것으로 전망되는데 이것은 전문직이 부가가치를 더욱 높이기 때문인 것으로 보인다.

아홉째, 전문대졸 이상 공급인력이 수요에 비해 5% 이상 초과하는데 전문대학 이상 입학정원의 조정에 참고해야 할 것이다. 이 자료에 따르면 앞으로 전문대학 이상 입학인원이 지나치게 과다한 것이 아니라는 결론이 나오고 있다. 전문대졸 이상 신규인력 초과공급률은 계속 하락해 5%대에서 안정적 추세를 보일 전망이기 때문이다.

열째, 계열별로 인력이 공급인 분야와 그렇지 않은 분야가 있어 이를 반영한 전문대학과 대학의 전공 인원이 조정되어야 할 것이다. 인력이 초과공급될 분야로 전문대는 사회계열(사회과학, 경영 · 경제), 대학은 예체능계열(연극 · 영화, 음악, 미술 · 조형), 대학원에서는 인문계열(인문과학, 사회과학, 언어 · 문학)일 것으로 예측된다. 반면, 인력이 부족할 것으로 보이는 분야는 전문대는 예체능(응용예술 등), 대학은 의약(간호 등), 대학원은 공학, 의약(약학)계열일 것으로 전망된다.

02

청년층의 경제활동인구
조사결과와 과제

구작자들은 자신의 진로와 취업 문제를 정면으로 돌파하겠다는 자세를 가지고 취업준비를 위해 우선 통계청, 교육부 등에서 정기적으로 발표하는 정보자료에 관심을 가져야 한다.

교육부에서는 통계로 본 인적자원 동향을 발간했으며 통계청에서 전국의 15~29세인 청년층의 경제활동에 대한 특별 분석을 실시하여 발표했다. 이들 결과를 중심으로 청년층의 경제활동과 취업과 관련한 상황의 몇 가지 특징을 살펴보고 정책과제를 제시하여 보고자 한다.

통계청의 청년층 경제활동인구 부가조사

청년층 경제활동인구 개관

2007년 5월 현재 15~29세의 청년층 인구 중 졸업·중퇴자는 51.1%, 재학·휴학생은 48.9%이다. 졸업·중퇴자 중 취업자는 353만 7,000명(70.2%), 실업자는 27만 6,000명(5.5%), 비경제활동 인구는 122만 3,000명(24.3%)으로 나타났다. 경제활동 참가율은 75.7%, 실업률은 7.2%이다. 재학·휴학생 중 취업자는 68만 5,000명(14.2%), 실업자는 4만 2,000명(0.9%), 비경제활동 인구는 409만 4,000명(84.9%)으로 나타났다. 경제활동 참가율은 15.1%, 실업률은 5.8%이다.

졸업·중퇴자와 재학·휴학생에 관계없이 청년층의 경제활동 참가율을 살펴보면(2007년 7월 고용동향) 15~19세 남자는 8.9%, 여자는 10.4%이며, 20~29세는 남자가 68.6%, 여자는 63.7%로 각각 나타났다.

졸업·중퇴 청년층 취업자의 산업별 분포를 보면, 사업·개인·공공서비스업 취업자 비중이 42.4%(149만 9,000명)로 가장 높게 나타났다. 2007년 7월의 연령별 취업자를 살펴보면 15~19세 남자 12만 9,000명, 여자 13만 8,000명, 20~29세 남자 194만 9,000명, 여자 212만 4,000명으로 나타났다.

2007년 7월의 고용률(취업자/생산가능 인구×100)은 15~19세 남자 7.7%, 여자 9.1%, 20~29세 남자 62.2%, 여자 60.5%로 나타났다. 청년층의 고용률이 낮은데 우리나라 전체 고용률 63.8%(2007년 6월 기준)는 미국의 72.0%, 일본의 70.0%, 스위스 77.9%, 덴마크 76.9%, OECD 평균 66.1%에 비해 낮은 편이다.

청년층 비경제활동 인구 중 지난 1주간 '취업시험 준비했음'의 경우는 9.9%(53만 명)로 나타났다. 시험준비 분야로는 '일반직 공무원'이 36.9%(19만 6,000명)로 가장 많았다.

2007년 7월의 연령별 실업자는 15~19세 4만 2,000명, 20~29세 31만 4,000명으로 나타났으며 2007년 7월의 청년층 실업률은 7.6%로 나타났다. OECD 기준 청년층 실업률은 10.0%로 OECD 평균 12.5%보다 낮다. OECD 주요 국가의 2006년 청년층(15~24세) 실업률은 한국 10.0%, 미국 10.5%, 일본 8.0%, 스위스 7.7%, 덴마크 7.6%, 폴란드 29.8%, OECD 평균 12.5%이다(자료: OECD(2007), EMPLOYMENT OUTLOOK).

2007년 2/4분기 비경제활동 인구 중 구직 단념자는 9만 5,000명으로 전년 동기 대비 1만 9,000명 증가했다. 남성 구직 단념자는 6만 명으로 전년 동기 1만 1,000명 하락한 반면, 여성은 8,000명 감소했다.

대학 졸업 소요기간 및 휴학 경험

대졸 청년층의 최종학교 졸업 소요기간은 평균 3년 11개월이며,

성별로 보면 남자 대학 졸업자의 졸업 소요기간은 5년 1개월로 여자보다 1년 11개월이 길었다.

전문대학 졸업자의 경우 남자는 3년 11개월, 여자는 2년 3개월로 남자가 1년 8개월이 길었으며, 4년제 대학생의 경우 남자 6년 5개월, 여자는 4년 4개월로 2년 1개월이 길었다. 남자가 여자에 비해 긴 것은 병역의무를 이수하기 위한 것에서 이유를 찾을 수 있다.

대졸 청년층에서 최종학교 재학 중 휴학 경험자의 평균 휴학기간은 3년 3개월이며, 4년제 졸업생의 평균 휴학기간도 3년 3개월로 나타났다. 성별로 보면 대졸 남자의 재학 중 평균 휴학기간은 3년 6개월로 여자의 1년 5개월보다 2년 1개월 길었다. 전문대학 남자는 3년 5개월, 여자는 1년 6개월로 남자가 1년 11개월이, 4년제 대학은 남자가 3년 7개월, 여자는 1년 5개월로 남자가 2년 2개월이 길었다.

● 대학 졸업자의 졸업 소요기간(최종학교 재학 중)

구분	3년제 이하	4년제	전체 대졸자
전체	2년 11개월	5년 2개월	3년 11개월
남자	3년 11개월	6년 5개월	5년 1개월
여자	2년 3개월	4년 4개월	3년 2개월

※ 2007년 5월 기준임

대졸 청년층의 36.3%가 휴학 경험이 있는 것으로 나타났는데 4년제 졸업자(46.2%)가 3년제 이하(27.7%)보다 휴학 경험이 많은 것으로 나타났다.

휴학 사유로는 '병역의무 이행'(74.4%), '취업 및 자격시험준비'(14.6%), '학비(생활비) 마련'(12.8%) 순으로 나타났다.

취업 경험 및 취업 경로(졸업·중퇴 후)

졸업·중퇴 청년층 인구 중 '취업경험 있음'의 경우는 91.4%(460만 3,000명)로 나타났다. 취업경험 횟수는 1회가 39.8%, 2회가 25.4%, 3회가 19.3%, 4회 이상이 15.5%로 나타났으며 취업 경험이 없음은 8.6%로 나타났다.

졸업·중퇴 청년층의 주된 취업경로는 '신문, 잡지, 인터넷 등 응모'(27.6%), '가족, 친지의 소개(추천)'에 의한 취업(21.5%) 순으로 나타났다. 교육 정도별로 보면, 고졸 이하는 '신문, 잡지, 인터넷 등 응모'에 의한 취업이 많았고, 대졸 이상은 '공개시험'에 의한 취업이 많았다. 대졸 이상 취업자의 취업경로로 두 번째로 높은 것은 '신문, 잡지, 인터넷 등 응모'에 의한 취업이며, 대학·선생님 추천은 9.8%에 불과했다.

● 청년층 '취업 경험 있음'의 비율

(단위 : 천명(%))

기간	졸업·중퇴 청년층 인구	취업경험 있음※	한 번	두 번	세 번	네 번 이상	취업 경험 없음
2007. 5.	5,035(100.0)	4,603(91.4)	1,830(39.8)	1,169(25.4)	889(19.3)	715(15.5)	432(8.6)
2006. 5.	5,161(100.0)	4,695(91.0)	1,980(42.2)	1,164(24.8)	819(17.4)	732(15.6)	466(9.0)

※ 현재 취업 포함

첫 일자리 관련사항(졸업 · 중퇴 후)

졸업 · 중퇴 이후 임금근로자로 취업한 경험이 있는 경우에, 첫 일자리 취업에 소요된 기간은 '3개월 미만' 이 55.0%로 가장 높게 나타났다. 첫 취업시까지 평균 소요기간은 11개월이었다.

임금근로 취업경험자들의 첫 직장 근속기간은 21개월이었다. 첫 직장 근속기간별로는 '1년~2년 미만' (110만 6,000명, 24.9%)이 가장 높게 나타났다.

이직경험자의 첫 일자리 분야는 부동산 · 교육 · 보건복지사업 (34.2%), 도소매 · 음식숙박업(28.9%), 광업 · 제조업(21.6%) 등이 많았다.

이직경험자의 첫 일자리 형태는 서비스 · 판매직(31.5%), 사무직 (25.4%), 기능 · 기계 · 단순노무직(23.1%) 등이 많았다. 성별로는 남자는 기능 · 기계조작 · 단순노무직(41.9%), 여자는 사무직(36.3%)이 가장 많았다.

이직경험자의 첫 일자리 종사상 지위는 '계약기간을 정하지는 않았으나 계속 근무할 수 있는 일자리' (59.7%)가 가장 많은 것으로 나타났다.

첫 일자리 이직사유를 보면, 보수, 근로시간 등 '근로여건 불만족' (42.2%), '건강, 육아, 결혼 등 개인 · 가족적 이유' (20.5%), '전망이 없어서' (9.3%) 순으로 나타났다.

● 청년층 중 취업 유경험자의 취업 경로

(단위 : 천명(%))

구분	졸업/중퇴 취업자	가족, 친지 소개(추천)	직장근무자 소개(추천)	학교(학원) 선생님 추천	신문, 잡지, 인터넷 등 응모	공개 시험	특별 채용	그 외*
전체	3,537(100.0)	761(21.5)	449(12.7)	328(9.3)	976(27.6)	669(18.9)	141(4.0)	213(6.0)
고졸 이하	1,315(100.0)	400(30.4)	195(14.8)	109(8.3)	416(31.6)	71(5.4)	35(2.7)	90(6.8)
대졸 이상	2,223(100.0)	361(16.2)	255(11.5)	219(9.8)	560(25.2)	598(26.9)	106(4.8)	123(5.6)

※ 공공/민간 작업알선기관, 학교 내 취업소개기관, 직업(취업)박람회 등, 2007. 5.

직업교육훈련과 직장체험

청년층 인구 중 직업교육(훈련) 경험이 있는 사람은 15.4%(151만 9,000명)였다. 교육(훈련) 경험자의 훈련시기는 '재학 · 휴학 중'이 50.7%(76만 9,000명)로 가장 높았으며 성별로 보면 여자(17.8%)가 남자(12.9%)보다 직업훈련을 경험한 비율이 높게 나타났다. 직업교육(훈련)을 받은 곳은 사설학원(66.9%), 공공직업훈련기관(13.1%) 순으로 나타났다.

● 청년층 중 직업교육훈련을 받은 기관

(단위 : 천명(%))

구분	직업훈련 유경험자	공공직업 훈련기관	민간직업 전문학교	사업체훈련기관· 사업체부설연수원	사설학원	기타
전체	1,519(100.0)	198(13.1)	92(6.0)	102(6.7)	1,016(66.9)	111(7.3)
남자	620(100.0)	125(20.2)	42(6.7)	54(8.8)	371(59.9)	27(4.4)
여자	899(100.0)	73(8.1)	50(5.6)	48(5.3)	645(71.7)	84(9.3)

※ 2007년 5월 기준임

청년층 인구 중 학교 재학 · 휴학 기간에 '직장체험 경험 있음(취업 포함)'은 38.5% (379만 7,000명)로 나타났다. 재학 · 휴학 기간에 직장체험을 한 청년층의 주요 직장체험 형태는 '시간제 아르바이트'가 53.3%(2,024,000명), '전일제로 직장에 취업'이 26.5%(100만 8,000명)로 나타났다.

● 청년층 중 직장체험 경험자의 직장체험 형태

(단위 : 천명(%))

구분	직장체험 경험자	전일제로 직장에 취업	시간제로 아르바이트	학교의 현장실습	기업 인턴	정부지원직장 체험프로그램
전체	3,797(100.0)	1,008(26.5)	2,024(53.3)	617(16.2)	108(2.8)	41(1.1)
남자	1,775(100.0)	548(30.9)	940(52.9)	220(12.4)	54(3.0)	14(0.8)
여자	2,023(100.0)	460(22.8)	1,084(53.6)	397(19.6)	54(2.7)	26(1.3)

※ 2007년 5월 기준임

교육부의 통계로 본 인적자원동향

다음은 교육부에서 발행하는 통계로 본 인적자원 동향에서 취업과 관련한 주요사항을 살펴보자.

신규졸업자의 취업률 및 진학률

2006년 학교급별 취업률은 전문계고는 83.3%, 전문대는 84.2%, 대학은 67.3%를 기록하고 있다. 4년제 대학보다 취업률이 높은 것으로 나타났다.

2006년 성별 취업률은 전문계고는 여자는 87.3%, 남자는 78.3%로 여자가 남자보다 9%p 높으나, 전문대 졸업은 남자가 84.3%, 여자가 84.0%로 비슷하나, 대학은 남자가 70.0%, 여자가 64.7%로 남자가 5.3%p 높게 나타났다.

고등교육기관 졸업자의 취업 세부 현황

2006년 정규직 취업률은 회사구분별로는 중소기업 취업률 37.8%, 대기업 8.8%, 병원 5.4%, 학교 3.6%, 관공서 2.8%가 정규직이었다. 학력별로는 전문대학(67.1%)이 대학(49.2%)보다 높다. 전문대학 졸업생의 경우 중소기업의 50.2%, 대기업 5.7%, 병원 7.0%, 학교 3.3%, 관공서 2.0%였다. 대학의 경우 중소기업의 28.4%, 대기업 11.3%, 병원 3.9%, 학교 4.5%, 관공서 3.4%가 정규직이었다.

고졸(2005년 162만 원)과 전문대졸(168만 원) 간 임금 차는 거의 없으나, 대졸 이상(251만 원)과는 임금 차이가 발생하고 있다.

2007년 6월 신규 구인 업체의 제시임금은 평균 125만 원, 의중임금은 평균 141만 원이었다. 평균 의중임금충족률은 88.6%이며, 중졸 이하의 의중임금충족률이 101.4%로 가장 높다.

대학생의 중도탈락 및 편입학

중도탈락률은 증가 추세이며, 전문대와 산업대가 2006년 7.8%로 대학 4.1%보다 더 높다. 휴학률도 증가 추세(1990년 대비 2006년 비교할 때 전문대학 26.1% → 35.5%, 대학 25.3% → 31.7%, 산업대학 25.8% → 38.4%)이나, 전문대는 2003년 이후로 감소하고 있는 추세이다.

편입학은 산업대학은 1990년 9.9%에서 2006년 약 5.2%로, 교육대학은 1990년 5.5%에서 3.9%로 감소했다. 대학은 1990년 약 0.3%에서 2006년 약 2.2%로 조금씩 늘어나고 있는 추세이다.

앞의 자료를 요약하면 다음과 같다.

첫째, 우리나라 청년층의 고용률이 외국에 비하여 낮은 편이다.

둘째, 청년층 비경제활동 인구 중 지난 1주간 '취업시험 준비했음'의 시험준비 분야로는 '일반직 공무원'이 36.9%나 되었다.

셋째, 상당수 학생들이 재학 중 휴학을 하여 4년제 대학 남학생의 경우 평균 6.5년을 대학에 다니고 있었다. 전문대학 졸업자의 경우 남자는 3년 11개월, 여자는 2년 3개월이 소요되고, 4년제 대학의 남자는 6년 5개월, 여자는 4년 4개월이 졸업하는 데 소요되고 있다. 이것은 대졸 청년층에서 최종학교 재학 중 휴학경험자의 평균 휴학기간은 3년 3개월이 소요되었기 때문이다. 4년제 졸업자(46.2%)가 3년제 이하(27.7%)보다 휴학 경험이 많은 것으로 나타났다.

넷째, 졸업·중퇴 청년층 인구 중 '취업경험 있음'의 경우 대졸 이상은 '공개시험'에 의한 취업이 많았으며 두 번째로 높은 것은 '신문, 잡지, 인터넷 등 응모'에 의한 취업이나 대학교수 추천은 낮았다.

다섯째, 졸업·중퇴 이후 임금근로자로 취업한 경험이 있는 경우에, 첫 일자리 취업에 소요된 평균 소요기간은 11개월이었으며,

임금근로 취업경험자들의 첫 직장 근속기간은 21개월이었으며 첫 일자리 이직사유를 보면 보수, 근로시간 등 '근로여건 불만족' (42.2%)이 가장 높게 나타났다.

여섯째, 취업을 위한 직업교육훈련을 받은 경우는 15.4%였으며 3분의 2가량이 사설학원에서 받았다.

일곱째, 청년층 인구 중 학교 재학·휴학 기간에 '직장체험 경험 있음(취업 포함)'은 38.5%이며 주요 직장체험 형태는 '시간제로 아르바이트'가 53.3%이다.

여덟째, 신규졸업자의 취업률 및 진학률을 보면 전문대는 84.2%, 4년제 대학은 67.3%를 기록하고 있어 전문대학이 4년제 대학보다 취업률이 높은 것으로 나타났다. 전문대 졸업은 남녀 취업비율이 비슷하나 대학은 남자가 여자보다 높은 편이었다. 고졸(2005년 162만 원)과 전문대졸(168만 원) 간 임금 차는 거의 없으나, 대졸 이상(251만 원)과는 임금 차이가 발생하고 있다.

아홉째, 고등교육기관 졸업자 중 정규직 취업률은 회사 구분별로는 중소기업 취업률 37.8%, 대기업 8.8%, 병원 5.4%, 학교 3.6%, 관공서 2.8%가 정규직이었다. 학력별로는 전문대학(67.1%)이 대학(49.2%)보다 높다.

열번째, 2007년 2/4분기 비경제활동 인구 중 구직단념자는 9만 5,000명이며 남성 구직단념자는 6만 명이다.

이상의 요약자료를 기초로 하여 청년층 취업증대를 위하여 다음과 같은 몇 가지를 고려해야 한다.

우리나라 청년층의 사회진출이 외국보다 2년 늦어 결혼과 자녀 출산이 늦어지고 저출산 고령화의 가속화로 20~30년 뒤 큰 사회적 문제가 될 것으로 예상된다. 그러므로 미리 준비하는 노력이 필요하다.

상당한 비율의 청년들이 공무원 시험을 준비하는 것은 문제라고 볼 수 있다. 모두가 공무원만 하면 다른 직종에 필요한 사람은 어떻게 확보할 수 있는가? 실제로 상담을 하면서 보면 공무원 시험만 몇 년 동안 하다가 시험에 합격하지 않아 이것도 저것도 못하는 경우를 종종 본다. 4년제 대학은 7년제이고 전문대학은 4년제라는 말이 통할 정도로 상당수 대학생들이 휴학을 하면서 많은 시간을 대학에서 보내고 있다. 대학 당국에서 이들 대학생들을 위하여 특별한 학생지도를 해야 한다.

졸업 · 중퇴 청년층 인구 중 '취업경험 있음'의 경우 대졸 이상은 '공개시험'에 의한 취업, '신문, 잡지, 인터넷 등 응모'에 의한 취업이 높아 자신이 스스로 구직을 하는 경우가 높았으나 대학이나 선생님의 추천은 낮은 편이었다. 학생들의 취업문제에 관하여 대학의 교수와 교직원들이 좀 더 많은 노력을 해야 한다.

졸업 · 중퇴 이후 임금근로자로 취업한 경험이 있는 경우에, 일자리 취업에 소요된 기간이 11개월이며 평균 21개월 근무하는 것으로 나타났다. 좀 더 한 직장에서 오랫동안 재직하면 전문성을 쌓을 수 있고, 젊은 시절에 일을 배워야 하는데 이 직장 저 직장 옮겨 다니다 보면 일도 못 배우고 전문성도 쌓이지 않아 나중에 어려움을 경험하게 된다.

상당수 청년층이 취업을 위하여 직업훈련을 이수하는데 3분의 2가 사설학원에서 훈련을 이수하고 있었다. 이것은 가정의 사교육비 부담을 초래한다. 따라서 고용보험기금 등 각종 정부예산을 들여 운영하는 공공기관이 직업훈련 기회를 저렴한 가격으로 더욱 많이 제공하도록 조치가 마련되어야 한다.

청년층 인구 중 학교 재학·휴학 기간에 '직장체험 경험 있음(취업 포함)' 중 '시간제 아르바이트'를 많이 하는데 대학당국이나 교수들은 이런 아르바이트를 교육적으로 활용하도록 지도해야 한다.

신규졸업자의 취업률 및 진학률을 보면 전문대학이 4년제 대학보다 취업률이 높은 것으로 나타났으며 성별로는 전문대 졸업은 남녀 취업비율이 비슷하나 대학은 남자가 여자보다 높은 편이었다. 4년제 대학 여학생들의 취업증대 방안이 모색돼야 한다. 또한 전문대 졸업자의 임금을 향상시키기 위한 사회적 장치가 마련돼야 한다. 아직도 상당수 청년층이 구직단념자로 있는데 이들을 위한 대책도 조속히 마련돼야 한다.

평생학습시대, 자기계발에 힘쓰자

　노동부는 '직업능력 개발이 국가의 경쟁력'이며 근로자의 직업능력 개발에 대한 국민적 공감대를 확산하기 위해 9월을 직업능력의 달로 정했다. 세계화와 지식기반 경제의 진전으로 근로자들의 지속적인 직업능력 개발의 중요성이 강조되고 있기 때문이다.

　직업능력의 달을 맞아 기념식을 비롯해 세미나, 학습조직 경진대회, 교육훈련 프로그램 우수사례 발표회, HRD 컨퍼런스와 우수기관 인증수여식 등 다양한 행사를 개최한다.

　노동부가 전국의 만 19세 이상 성인 남녀 500명을 대상으로 실시한 '직업능력 개발사업 인지도 조사'에 의하면 직업능력 개발정책에 대해 알고 있는지를 묻는 질문에 '잘 알고 있다'가 4.6%이며 '들어본 적이 있다'가 18.2%로 이 2가지를 합하면 22.8%만이 알고 있다고 응답했다.

　직업별로는 사무직 근로자(36.7%) 및 생산직 근로자(17.7%) 등 직업능력 개발사업의 직접적인 대상이 되는 재직 근로자들의 인지도 역시 낮은 수준에 머물렀다. 근로자들도 스스로 평생에 걸쳐 자신의 능력을 개발하는 데 노력하여야 할 것이다.

*공부하는 직장인 '샐러던트(Saledent)'

　자신이 맡은 분야에서 전문지식을 익히고 능력을 기르는 것이 변화에 능동적으로 대처할 수 있는 가장 큰 무기이다. 급격한 변화에 자유자재로 대처하기 위해서는 꾸준히 공부하는 태도를 길러야 한다. 새로운 기술이 쏟아지는 21세기에 평생학습이 강조되는 것도 이런 이유 때문이다. 평생학습시대인 지금 우리 근로자들도 자신이 맡은 일과 관련하여 끊임없이 공부하고 연구하며 완벽을 추구할 때 갖출 수 있다.

　최근 공부하는 직장인을 의미하는 샐러던트라는 용어가 떠오르고 있다. 샐러던트는 직장에 몸담고 있으면서 새로운 분야를 공부하거나 현재 자신이 종사하고 있는 분야에 대한 전문성을 높이기 위해 지속적으로 공부하는 사람들을 가리킨다. 공식적인 학교교육을 마치고도 회사에 들어와서 지속적으로 자기를 계발한다는 관점에서 평생학습시대의 바람직한 직장인의 모습이다.

　김규환 명장의 『어머니 저는 해냈어요』라는 책에 따르면 강원도 평창에서 가난한 화전민의 아들로 태어난 김 명장은 대우종합기계에 사환으로 입사하여 남다른 성실성을 인정받아 정식 기능공으로 일하게 된다. 초등학교 과정의 교육이 학력의 전부였던 그는 공부하는 비법을 개발하여 대학 졸업, 국가기술자격증 취득, 기술개발 등 '목숨을 건' 노력 끝에 마침내 정부로부터 최고의 기능인에게 수여되는 '명장' 칭호를 받는다. 아울러 외국어도 5개를 스스로 터득했다. 한때 김규환 명장은 제품설명서도 읽어보지 않고 컴퓨터를 분해하여 물청소를 해 컴퓨터를 망가트린 적이 있었다. 이 사건 이후 그는 다양한 '독서를 통해서 지식과 지혜'를 조금씩 깨달아갔다.

*자기계발은 근로자 본인과 기업에 도움

최근 전국경제인연합회에서 조사한 우리나라 주요 기업이 원하는 인재상은 글로벌 시대에 도전성, 창의성, 전문성을 가지고 조직 내에서 조화롭게 일할 인재였다. 그중에서 전문성은 전문지식을 가지고 끊임없이 탐구하며 자기계발에도 노력하는 인재이다.

자신이 하는 일에 대해 전문성을 갖고 있느냐 없느냐는 커다란 성공을 가져오느냐 아니냐의 명확한 결과로 판가름난다. 이 전문성은 자신이 하는 일을 깊이 연구하는 동시에 부단한 학습을 통해 얻을 수 있다. 자신이 하는 일을 더 완벽하게 하려는 집착은 전문성으로 이어지고 회사에 이익을 더하고 고객의 감동을 끌어낸다.

한편 직업생활을 하기에도 벅차서 자기계발을 하기에는 시간적 여유가 없는 측면도 있고, 너무 자기계발을 강조하다 보니 이것이 오히려 스트레스를 주는 측면도 있다. 그러나 근로자들의 직업능력 개발이 직장인의 자기계발 욕구의 실현, 기업의 생산성 증대라는 관점에서 윈-윈하는 접근임을 인식하고 정부나 기업관계자는 근로자들의 자기계발을 충분히 지원해야 한다.

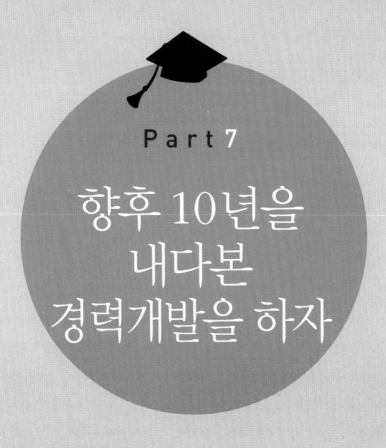

Part 7

향후 10년을
내다본
경력개발을 하자

career development

향후 10년을 내다보며 장기 진로계획을 세우자 | 청년들과 구직자들이 직업방송을 더 많이 활용하게 하자
군생활을 진로개발과 자기계발 기회로 활용하자 | 직업을 갖는 시기를 앞당겨라

01

향후 10년을 내다보며
장기 진로계획을 세우자

2015년까지의 인력수급 전망과 직업별 전망에 대한 자료가 지난 2007년에 발표됐고, 직업전망에 관해서는 국회, 교육인적자원부, 한국직업능력개발원이 개최한 인적자원개발 혁신 포럼에서 2015년까지 중·장기인력수급 전망결과가 발표됐다(한국직업능력개발원 장창원 박사팀의 연구). 또한 2015년까지의 직업별 전망은 한국직업능력개발원의 박천수 박사팀에 의한 연구가 실시됐다. 이들 자료는 『미래의 직업세계 2009』에 수록돼 있으며 앞으로 취업을 앞둔 사람들에게 도움이 되고자 한다.

2015년까지 직업은 어떻게 변화할 것인가?

과학기술인력의 취업자 수는 77만 4,000명 증가(2004년 129만 2,000명→2014년 206만 6,000명)될 것으로 전망되며 신규수요는 95만 6,000명(성장수요 63만 7,000명 + 대체 수요 31만 9,000명)으로 전망되어 28만 7,000명(신규공급은 124만 2,000명, 신규수요는 95만 6,000명)의 수급차가 발생할 것으로 전망된다. 전문학사의 초과공급이 두드러지며 학력수준이 높아짐에 따라 수급차는 감소할 것으로 보인다. 박사급 과학기술인력은 특히 공학분야를 중심으로 공급 부족이 나타날 것으로 전망된다.

IT인력은 취업자 수가 68만 4,000명 증가(2004년 175만 6,000명→2015년 244만 명)될 것으로 전망된다. 신규수요는 98만 2,000명(성장수요 68만 4,000명 + 대체수요 29만 8,000명)이며 수급차는 18만 1,000명(신규공급은 116만 3,000명, 신규수요는 98만 2,000명)이다. 전체적으로 전문대졸과 대졸은 초과공급인 반면 석·박사급에서는 초과수요가 나타나 고학력에 대한 추가수요가 존재할 것으로 전망된다.

BT산업은 취업자 수가 8만 1,000명 증가(2004년 1만 1,000명→2015년 9만 2,000명), 신규수요가 8만 3,000명(성장수요 8만 1,000명+대체수요 2,000명), 수급차는 8만 5,000명(신규공급 : 9만 2,000명, 신규수요 : 8만 3,000명)이다. 전체적으로 전문대졸과 대졸은 초과공급인 반면, 석·박사급은 초과수요가 전망된다. 향후 전문인력의 수급 불안정은 석·박사인력 같은 고급인력뿐 아니라 학사인력에서도 병존할 가능성이 존재한다. 수급 실태에 관한 지속적인 모니터링과 중장기적 측면에서 우수인력 공급 방안을 마련해야 한다.

차세대 성장동력산업(연구개발 석·박사)은 취업자 수는 3만 1,000명이 증가(2004년 3만 8,000명 → 2010년 6만 9,000명)할 것으로 전망되며, 신규수요는 3만 8,000명(성장수요 3만 2,000명 + 대체수요 6,000명), 수급차는 2만 9,000명이다(신규공급 : 6만 6,000명, 신규수요 : 3만 8,000명).

양적 부족은 없으나, 질적 불일치(skill mismatch)가 제기된다. 우수인력을 기준으로 할 때 정부지원 147개 기술개발과제의 박사급 연구개발인력 연간(2005년~2007년) 신규수요 700명 규모에 비해 2004년 기준 핵심 연구개발인력 공급은 500명 수준인 상황이다.

지식기반산업은 취업자 수가 191만 3,000명 증가(2004년 666만 3,000명 → 2015년 857만 6,000명), 신규수요는 266만 명(성장수요 191만 3,000명 + 대체수요 74만 7,000명), 수급차는 76만 9,000명(신규공급 : 342만 9,000명, 신규수요: 266만 명)이다.

지식기반산업 인력수요는 전문대졸보다 대학, 대학원 등 상대적으로 고학력층에 대한 수요가 크게 증가될 전망이다. 지식기반제조업(중고위기술 및 ICT 제조업)의 취업자는 2004년 160만 3,000명에서 2015년 205만 9,000명으로 연평균 2.3%씩 증가해 제조업 분야의 지식집약화가 더욱 빠르게 진행될 전망이다.

문화산업은 취업자 수가 24만 명 증가(2004년 29만 명 → 2015년 62만 명)하고, 신규수요는 27만 4,000명(성장수요 24만 명 + 대체 수요 3만 4,000명), 수급차는 2만 1,000명(신규공급 : 29만 5,000명, 신규수요 : 27만 4,000명)이다. 2005~2010년에는 1만 4,000명이 공급부족, 2011~2015년에는 3만 5,000명 초과공급이 전망된다.

교육서비스업을 살펴보면 전망기간 동안 교원 수는 2004년 47만 7,000명에서 연평균 0.4% 증가해 2015년에는 49만 9,000명이 될 전망이다. 신규인력 수요는 지속적으로 감소해 2010년 1만 명, 2015년 8,000명이 될 전망이다. 인력수요는 정부의 교육정책에 따라 상당한 영향을 받는다. 법정교원확보율 제고정책을 강하게 실시할 경우에는 교원인력 수요가 전망치보다 더 클 수 있다. 정부가 2015년까지 현재 OECD 평균 수준으로 교육의 질을 제고시킬 경우 2010년 2만 4,000명, 2015년 2만 7,000명 수준이 될 전망이다.

직업별 전망에 대한 의견

청년 구직자들이 사회에 진출해 본격적으로 활동할 10년 뒤에는 직업전망이 어떻게 될 것인가? 직업전망을 하는 방법에는 여러 가지가 있다. 계량경제학을 이용해 앞으로 직업인의 수요를 예측하는 방법도 있지만 변수가 너무 많아 정확도에 문제가 있다. 이를 보완하는 방법 중의 하나가 그 분야에 종사하는 사람들을 대상으로 한 조사이다.

● 유형별 취업자 수 전망

(단위 : 백만명, %)

구분		취업자 수			연평균 증가율		
		2004	2010	2015	2004~2010	2010~2015	2004~2015
전체		22.5	24.4	25.6	1.3	0.9	1.2
산업별	농림어업	1.9	1.6	1.4	-3.0	-3.0	-3.0
	제조업(광업포함)	4.4	4.6	4.7	0.7	0.6	0.6
	서비스업	16.2	18.2	19.5	2.0	1.3	1.7
직업별	고숙련사무직	4.7	5.5	5.9	2.6	1.5	2.1
	저숙련사무직	8.4	9.2	9.6	1.5	0.7	1.2
	고숙련생산직	4.6	4.3	4.2	-0.9	-0.7	-0.8
	저숙련생산직	4.8	5.4	5.9	1.9	1.9	1.9
학력별	고졸 이하	15.7	15.2	14.4	-0.5	-1.0	-0.8
	전문대졸	2.1	2.8	3.4	5.0	3.8	4.4
	대졸	4.1	5.4	6.4	4.4	3.4	4.0
	대학원졸	0.6	1.0	1.4	9.4	6.2	7.9

한국직업능력개발원은 산업직업별 고용구조조사(Occupational Employment Survey)를 바탕으로 세(細)분류 수준의 직업(367개)에 대한 10년 후의 직업별 인력수급 전망(보고서명 : 새로운 인력수급 전망 모형 연구)을 분석한 결과를 최근 밝혔다. 이를 위해 367개의 세부 직업별로 25~35명의 전문가들을 대상으로 한 5점 척도로 조사했다.

10년 후에 소득수준이 가장 크게 향상될 직업으로는 컴퓨터보안 전문가(4.41), 기업고위임원(4.23), 항공기정비원(4.20), 자동조립라인 및 산업용 로봇조작원(4.20), 컴퓨터시스템 설계·분석가(4.15) 등이 꼽혔다. 컴퓨터보안전문가는 컴퓨터의 사용이 증가하면서 연결(network)의 확대와 개방성의 증진에 의해 보안의 중요성이 매우 커짐에 따라 소득수준이 높아질 것으로 전망된다. 기업 고위임원은 향후 경제가 성장하고 세계적인 기업이 늘어나면서 임금수준도 대폭 올라갈 것으로 예측됐다. 반면, 의사와 변호사 등 현재의 고임금 직종은 거의 포함되지 않아 이들의 임금수준은 상대적으로 낮아질 것으로 전망된다.

고용을 살펴보면, 증가율 측면에서는 손해사정인, 통역가, 시스템 소프트웨어 개발자가 앞으로 10년 후 가장 높은 고용 증가율을 기록할 것으로 분석됐다. 손해사정인이 184.37%의 증가율을 보이는 것을 비롯해 통역가(133.18%), 시스템 소프트웨어 개발자(131.72%), 회계사(122.49%), 레크리에이션 진행자 및 스포츠 강사(120.39%), 자동조립라인 및 산업용 로봇조작원(118.77%) 순이었다.

직종별로는 관리직에서 기업 고위임원이 2015년에 2만여 명으로 현재보다 1만여 명 증가해 94.22%의 성장률을 보이고 운수관련 관리자, 정보통신 관리자 및 문화 · 예술 · 디자인 · 방송관련 관리자의 성장률 또한 85% 이상을 보일 것으로 전망됐다. 경영 · 회계 · 사무 관련직에서는 회계사가 2015년에 2만 2,000여 명으로 현재보다 1만 2,000여 명 증가해 123%의 고용 성장률을 보이고 고객상담원, 설문조사원 및 세무사도 95% 이상의 성장률을 기록할 것으로 전망된다. 보건 · 의료 관련직으로는 간호사가 2015년에 26만 8,000여 명으로 현재보다 14만 4,000여 명이 증가해 116% 성장률을 보이고 그 외 수의사, 간병인도 높은 성장률을 시현할 것으로 전망된다.

고용의 양이 가장 많이 늘어날 직업으로는 상점판매원, 청소원, 행정사무원 등이 선정됐다. 상점판매원은 2015년 종사자 수가 134만 6,000여 명으로 현재보다 50만 3,000여 명 증가할 것으로 예상된다. 그 다음으로 청소원이 31만 3,000여 명의 고용증가를 가져올 것으로 예상됐다.

경영 · 회계 · 사무 관련직군에서는 행정사무원은 17만 7,000여 명의 고용증가가 예상되고 생산관리 및 품질관리원이 13만 5,000여 명, 마케팅 관련 사무원이 9만 6,000여 명 고용의 증가를 보이고, 그 외 고객 상담원, 구매 및 자재 사무원, 안내 · 접수 · 전화교환원 등에서 다수의 고용 증가가 예상된다. 반면, 고용의 양이 가장 많이 감소하는 직업으로는 곡식작물 재배자(전통적 의미의 농부), 상점판매 및 관리인(상점을 운영하는 자영업자), 생산관련 단순노무자 등일 것으로 분석됐다.

10년 후 직업의 사회적 위상이 현재보다 높아질 직업으로는 컴퓨터 보안전문가(4.41)가 1위로 선정됐다. 이어 상담전문가(4.17), 해외영업원(4.15), 문화 · 예술 · 디자인 · 방송관련 관리자(4.10), 환경 및 보건위생검사원(4.10), 환경공학기술자(4.10) 등이 선정됐다. 이는 민주화와 개인주의의 확대에 따라 제반 문제에 대한 상담의 수요가 늘어나는 등과 같이, 해외 영업이나 환경문제 등 각 분야 전문성에 대한 수요 확대를 반영하는 것으로 판단된다.

반면, 노점 및 이동판매원, 주유원(2.39), 방문판매원(2.41), 안마
사(2.44), 변호사(2.50) 등은 해당 직업의 대외적 영향력이 현재보다
악화될 것으로 전망된다.

● 10년 후 임금수준 상승 및 악화 직업(30위)

상승 30선	점수	악화 30선	점수
컴퓨터 보안전문가	4.41	노점 및 이동판매원	2.59
기업 고위임원	4.23	주유원	2.61
항공기 정비원	4.20	계산원(캐셔 및 카운터) 및 매표원	2.65
자동조립라인 및 산업용 로봇조작원	4.20	방문판매원	2.71
컴퓨터시스템 설계 · 분석가	4.15	매장정리원	2.74
해외영업원	4.12	연근해어부, 원양어부 및 해녀	2.75
자연 · 생명과학 관련 연구원	4.10	고무제품제조 관련 조작원	2.77
문화 · 예술 · 디자인 · 방송 관련 관리자	4.10	출납창구사무원	2.79
금융자산운용가	4.07	농림어업 관련 단순노무자	2.81
상담전문가	4.07	법무사	2.81
투자 및 신용분석가	4.04	변호사	2.81
관제사	4.03	하역관련 노무자	2.86
정보통신 관련 관리자	4.03	기타 배달 및 수하물운반원	2.90
기술영업원	4.03	이용사	2.90
컴퓨터 공학기술자(엔지니어)	4.00	사진인화 및 현상 관련 조작원	2.90
소방관	4.00	출판 및 자료편집 사무원	2.90
만화가 및 애니메이터	4.00	고무 · 플라스틱제품조립원	2.90
무인경비시스템 종사원	4.00	곡식작물재배자	2.91
환경 및 보건위생검사원	4.00	상점판매원	2.91
특수학교교사	3.97	직조기 및 편직기 조작원	2.92
운동선수	3.97	안마사	2.93
고위공무원 및 공공단체임원	3.97	간호조무사	2.93
재료공학 기술자(엔지니어)	3.96	인쇄기조작원	2.94
감독, 연출자 및 연기자	3.94	사서 및 기록물관리사	2.94
경찰관	3.94	플라스틱 제품 제조 관련 조작원	2.94
제품디자이너	3.94	총무 사무원	2.94
애완동물미용사	3.94	재단기조작원	2.96
메이크업아티스트 및 분장사	3.94	컴퓨터 · 사무기기 설치 및 수리원	2.97
피부미용 및 체형관리사	3.94.	가전제품 설치 및 수리원	2.97
항공기조종사 및 기술종사자	3.93	법률 관련 사무원	2.97

※ 점수는 5점을 만점으로 함

미래의 직업세계 2009

앞에서 살펴본 2009년까지의 직업전망을 중심으로 교육부에서는 『미래의 직업세계 2009』을 발간했는데 총 2권으로 구성됐다. 제1권 직업편은 '미래의 직업세계-개관', '주요 성장분야의 직업세계', '직업별 소개와 전망'으로 이루어지며, 제2권 학과편은 '미래의 교육 세계', '계열별 학과 세계', '학과정보를 활용한 진로선택과 진로개발', '학과별 소개와 전망'으로 이루어졌다.

『미래의 직업세계 2009』 '직업편'은 우리나라의 주요 직업 170개를 선정해 직업별로 직업 개요, 준비방법, 적성과 흥미, 향후 전망 등의 정보를 싣고 있으며, 이를 위해 주요 직업의 현직자를 대상으로 직무만족도, 평생직업으로서의 적절성, 스트레스, 관련 교과목 등을 조사했다.

그 결과 현재 하고 있는 일에 대해 만족도가 가장 높은 직업인은 사진작가, 작가, 항공기조종사, 작곡가, 바텐더, 인문과학 연구원, 상담 전문가 등의 순이었다. 이와는 반대로 모델, 의사, 크레인 및 호이스트 운전원, 대형트럭 및 특수차 운전원 등은 일에 대한 만족도가 낮은 직업이었다.

평생직업으로 가장 적당한 직업은 상담전문가, 인문사회계열 교수, 항공기 조종사, 성직자, 사회과학 교수, 이공계열 연구원, 플로리스트 등의 순이었다. 반면, 프로게이머, 컴퓨터 프로그래머, 가수, 데이터베이스 관리자, 컴퓨터공학 기술자 등은 평생직업으로 가장 부적당한 것으로 나타났다.

정신적 스트레스에 가장 시달리는 직업은 투자분석가(애널리스트), 방송 연출가(프로듀서), 외환 딜러, 프로게이머, 카지노 딜러, 만화가 및 애니메이터, 쇼핑호스트 등의 순이었다. 반대로 모델, 플로리스트, 공예원, 악기수리원 및 조율사, 사진작가 등은 정신적 스트레스를 가장 적게 받는 직업이었다. 대학교 학과 중 학과 전망(학과 전망은 취업여건 등을 종합적으로 판단할 때, 전공학과의 향후 5년간 전망에 대한 질문임)이 밝다고 판단한 학과는 간호학과(74.5%), 초등교육학과(68.1%), 약학과(67.2%), 가족 · 사회 · 복지학과(64.4%), 전자공학과(62.7%), 중국어 · 문학과(62.4%) 순이었다. 전문대학 학과의 경우는 중국어과(62.3%), 간호과(61.4%), 가족 · 사회 · 복지과(60.5%), 유아교육과(58.6%), 체육과(52.8%), 뷰티아트과(51.9%) 순이었다.

앞으로 10년 후에 대한 책들이 베스트셀러가 되고 있다. 구직자들은 앞으로 10년 뒤 우리나라의 직업세계가 어떻게 나아갈 것인가에 대한 정확한 전망에 기초해 구직과 취업지도를 해야 할 것이다.

02

청년들과 구직자들이 직업방송을 더 많이 활용하게 하자

직업방송의 오프닝 과정

한국산업인력공단에서는 지난 2007년 8월부터 한국경제TV를 통해 '일 · 직업 · 고용 · 능력 개발' 관련 프로그램으로 전 국민의 평생직업능력 개발을 지원하기 위한 직업방송을 하루 3시간씩 방송하고 있다. 지난 2007년 8월에는 서울 여의도 63빌딩에서 노동부장관, 국회환경노동위원회 위원, 한국경제TV 대표이사 등이 참석한 가운데 한국경제TV채널에 직업프로그램 송출을 위한 '직업방송 오프닝 보고대회'를 개최했다.

노동부의 지원을 받아 한국산업인력공단이 직업방송을 운영하는 것은 어떤 정보를 전달하는 미디어매체 중에서도 특히 방송매체는 광역성과 동시성이라는 장점을 가지고 있다. 이러한 장점을 '일 ·

직업·고용·능력 개발'의 직업정보와 접목시켜서, 방송매체를 통해서 지역 간·계층 간 정보전달의 불균형을 해소하고 전 국민에게 평생직업능력 개발과 직업정보의 기회를 제공하는 데 목적이 있다.

한국산업인력공단은 직업방송을 추진하면서 시청자들이 공감할 수 있는 수준 높은 프로그램 제작과 시청자 확보에 신경을 쓰고 있다. 직업방송사업자를 선정할 때도 자격기준을 가시청 가구수가 800만 이상 되는 방송사업자로 한정해 공개경쟁입찰을 실시했다. 그만큼 전국 어디서나 시청할 수 있도록 하는 데 중점을 두었다.

한국산업인력공단은 케이블 TV뿐만 아니라 지상파 DMB, IPTV, 직업방송 홈페이지까지 확대해 '다매체를 연계하는 직업프로그램 송출' 사업을 하고 있다. 과거에는 케이블 TV 방송만을 실시했으나, 요즈음 신세대들은 뉴미디어 매체(지상파 DMB, IPTV 등)를 선호하는 특성을 이용해 개개인에게 필요한 정보를 손에까지 쥐어주는 적극적인 서비스 전략으로 바꾸었다는 것이 가장 큰 차이점이다.

신세대들에게는 수신료가 무료인 지상파 DMB 방송채널 U1미디어에 하루 약 1시간씩, 그리고 IPTV 사업자인 '하나TV'를 통해 1,000여 편의 VOD 직업프로그램 서비스를 하고 있다. 그리고 별도의 직업방송 홈페이지(www.worktv.or.kr)를 통해 TV 방송 송출과 동시에 모든 정보를 다시 볼 수 있게 함으로써 직업정보에 쉽게 접근할 수 있도록 추진 중이다.

한국산업인력공단에서는 크게 다섯 가지의 사업을 수행하고 있는데 평생능력 개발사업, 국가기술자격검정사업, 외국인고용지원사업, 국제협력사업, 기능진흥사업 등이다. 이들 사업 중 직업방송사업은 평생능력 개발사업에 해당한다. 또 직업방송에서 위에서 다루는 영역을 종합적으로 다룸으로써 근로자들에게 도움을 줄 수 있을 것으로 판단된다.

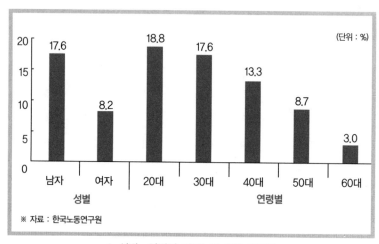

◆ 성별 · 연령별 직업능력 개발 참여율

직업방송 프로그램 내용

'직업-고용' 요일별 종합매거진이 편당 30분으로 편성되고 있다. 다음으로 매일 직업뉴스, 용어해설, 행사안내 등 정보단신이 편당 10분으로 구성되고 있다. '직업-고용-정책' 등의 해외 선진사례 취재,

소개 등 특별기획이 편당 50분짜리로 제작되어 방송될 예정이다.

재직근로자 직무 향상, 계층별 직업능력 향상, 취업 및 창업지원에 관한 강좌는 편당 30분씩 340편 제작할 예정이다. 국내외 다큐멘터리(산업현장 신기술 탐방) 등을 다루는 기획다큐는 30분 분량으로 255편 제작될 계획이다. 그리고 직업·능력 개발 행사(구인·구직, 각종 박람회 등)가 편당 50분으로 4편이 제작될 예정이며, 매주 1편씩 현안사항 집중 진단프로그램 등 스페셜이 편당 50분으로 제작될 예정이다. 휴먼기획, 정보기획 등 시리즈물도 편당 30분으로 166편 제작될 예정이다.

기획·편성은 공단, 방송·제작은 방송사 및 전문제작사가 역할을 분담한다. 총 1,133편 중 방송사업자는 30.2%(342편), 공단은 69.8%(791편)를 제작한다. 뉴미디어 방송으로 디지털멀티미디어방송(DMB), 지상파 DMB 방송사 선정, 1일 1~2시간 직업능력 개발프로그램 송출, 인터넷 TV 방송(IPTV), IPTV 전송사업자를 선정, 산업인력공단 보유 직업능력 개발프로그램 VOD서비스를 제공한다.

프로그램 제작은 공단지원프로그램의 다양성 확보를 위해 장르별로 차별화하며, 종합구성, 강좌, 다큐멘터리 등 8개 장르에 1,133편을 제작한다. 공단지원 프로그램 전문제작사를 별도 선정하는데 공단 기획의도에 부합한 방송프로그램 제작, 외주제작 1(340편), 외주제작 2(255편), 외주제작 3(196편) 사업자에서 제작한다.

인터넷방송 홈페이지 운영 및 '직업-고용' 정보를 포털화하는
데 멀티 정보네트워크 연계형 홈페이지를 구축·운영하며, 방송시
청 환경에서 소외된 계층에게 인터넷 TV 생방송 및 VOD를 제공
해 전국 어디서나 시청할 수 있도록 시원한다.

◆ 고용지원서비스 정보 제공을 위한 직업전문 TV 방송의 필요성 여부

직업방송에 대한 평가

그간의 성과를 평가해보면 직업방송은 나름대로 기초적인 틀을
만들었다고 본다.

첫째, 전국의 모든 국민이 직업방송을 시청할 수 있도록 한국경
제TV가 송출한다는 것이다.

둘째, 더구나 한국경제TV는 경제문제를 다루기 때문에 직업방

송을 경제적으로 접근할 수 있게 됐다.

셋째, 좀 더 수준 높은 프로그램을 제작해 방영하고자 방송 예정 프로그램에 대한 시사회를 매주 실시해, 전문가들의 지적사항과 의견을 종합해 더 좋은 프로그램을 제작하고자 노력하고 있다.

넷째, 직업방송 프로그램 방송모니터를 모집·운영하고 있다. 방송 중인 프로그램에 대한 시청자 의견을 수렴해 온 가족이 함께 볼 수 있는 유익한 직업방송 프로그램을 만들고자 전국 시청자 중 방송모니터로 활동할 사람을 찾는다. 대상은 일반시청자이며 모집지역은 전국이다. 주요 활동내용은 매일 본인이 지원한 분야의 방송 프로그램을 모니터한 후 모니터의견서(소정양식 2매)를 작성해 매주 이메일로 제출하며 직업방송 홍보요원으로 활동하게 된다.

다섯째, 구직을 원하는 사람들은 '도전! 취업UCC'나 '인재를 소개합니다' 코너를 클릭한 후 자신을 표현할 수 있는 2~3분 정도 분량의 동영상을 올려주거나 이력서를 작성하면 'TV쇼! 일하는 대한민국'이라는 직업방송 프로그램을 통해 방송되며, 전국 대·중소기업의 구인관련자에게 공개된다.

직업방송에 대한 일반 국민의 수요 반영

한국직업능력개발원에서는 직업방송에 대해 국민들의 의견을 조사한 바 있다. 응답자(363명)의 60%가 일자리나 진로선택, 직업상담, 고용보험 등 고용지원서비스에 관련된 정보에 '관심이 있다'라고 대답했다.

전체 응답자의 56.5%가 고용지원서비스에 관련된 정보를 얻고 자할 때 인터넷을 우선적으로 사용하겠다고 대답했다. 인터넷의 경우에는 20대의 응답률이 82.9%에 달하는 반면, 60대는 7.5%로 큰 차이를 보였다.

응답자의 45.8%가 고용지원서비스와 관련해 원하는 정보를 얻기가 용이하지 않다고 대답했다. 남성(60.0%)보다 여성이, 20~30대가 40~60대보다, 학력이 높을수록, 가구 소득이 높을수록 정보 획득의 용이성을 더 높게 인식하고 있다. 정보 습득이 용이하지 않다는 응답자(166명)의 53.0%는 고용지원서비스와 관련된 정보내용이 불충분하기 때문에 정보 습득이 용이하지 않다고 대답했다.

전체 응답자의 81.3%가 고용지원서비스에 관련된 정보를 전적으로 제공하는 직업전문 TV방송이 '필요하다'고 대답했다. 남성에 비해 여성이, 그리고 학력이 낮을수록 직업전문 TV방송에 대한 필요성을 더 높게 인식하고 있었다.

전체 응답자의 72.7%는 평소 직업능력 개발 등 평생학습을 위한 구체적인 지원이나 프로그램 등에 관해 원하는 정보를 충분히 얻고 있지 않다고 대답했다. 전체 응답자의 81.6%가 직업훈련 및 직업능력 개발과 같은 평생학습을 위한 전담 TV방송이 '필요하다'고 대답했다.

직업전문 방송에서 원하는 내용은 구인·구직 등의 일자리 정보

(49.3%)와 직업훈련 기능양성 및 자격증 강좌(25.1%)에 대한 요구가 가장 높았다. 이는 구조조정의 일상화에 따른 일자리 정보에 대한 관심이 증가하고 경쟁이 격화됨에 따라 직업현장에서 개별적인 직업능력 개발의 필요성이 커져가고 있음을 반영하는 것으로 이해된다.

직업전문 TV방송의 기능에 대해 응답자들은 직업전문 TV방송이 생길 경우 직업정보 등 정보제공 기능을 방송의 일차적 기능으로 꼽고 있는데(52.9%), 인터넷이나 취업알선기관을 통해 용이하게 접근할 수 있는 성격의 직업정보이지만 방송을 통한 수요도 상당히 존재하고 있음을 확인할 수 있다.

응답자의 83.5%가 직업전문 방송이 생긴다면 시청하겠다고 응답했는데, 특히 직업별로 학생(96.4%), 전업주부(88.9%), 판매서비스직(88.6%)과 자영업(87.9%)에서 높은 응답률을 나타냈다.

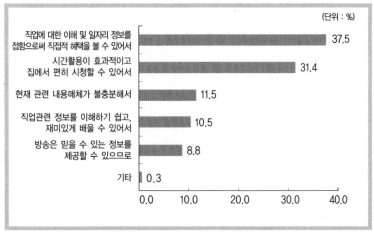

◆ 평생학습 전담 TV 방송이 필요한 이유

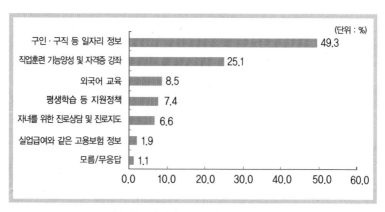

◆ 희망하는 직업전문 TV 방송 프로그램 내용

직업방송이 앞으로 추진해야 할 과제

첫째, 정보내용이 충실해야 한다. 고용지원서비스와 관련해 원하는 정보를 얻지 못한다는 의견이 높은 만큼 시청자의 요구를 충족시킬 수 있는 다양한 정보를 제공하기 위해 노력해야 한다. 또 정보습득이 용이하지 않은 가장 큰 이유로는 고용지원서비스와 관련된 정보내용이 불충분하기 때문이라고 밝혀 직업방송에서 충분한 내용을 제공하도록 해야 할 것이다.

둘째, 일자리정보 등 시청자들이 원하는 정보를 제공해야 한다. 전체 응답자의 72.7%가 평소 직업능력 개발 등 평생학습을 위한 구체적인 지원이나 프로그램 등에 관해 원하는 정보를 충분히 얻지 못한다는 응답이 많음을 고려해야 한다. 직업방송에서 구인·구직 등의 일자리 정보와 직업훈련 기능양성 및 자격증 강좌에 대한 요구가 가장 높은 만큼 이들 정보에 대해 더욱 많이 할애해야 한다.

셋째, 시청 대상을 다양화해야 한다. 직업방송에서 주 타깃그룹으로 하는 학생, 전업주부, 판매서비스직, 자영업자 등을 위한 프로그램이 개발되어야 하며, 특히 학생을 위해서는 노동부의 취업확충사업과 연계해 이들 지원을 받는 대학에서 직업방송을 더 많이 활용하도록 해야 한다. 아울러 소규모로 자영업을 하는 사람들이 상당 시간 케이블 TV방송을 시청하는데 이들이 직업방송을 통해 자기계발을 하도록 유도하는 것이 바람직하다.

넷째, 시청자들의 자신에 대한 이해와 이를 기초로 능력 개발을 연계해야 한다. 시청자들이 자신의 능력을 정확하게 진단하고 능력에 맞추는 전략과도 연계되어야 한다.

다섯째, 직업방송을 통해 국민들이 평생에 걸쳐 능력 개발을 하는 허브로서의 역할을 수행할 수 있어야 한다. 근로자도 현재에 안주하지 말고 새로운 기술발전에 맞춰서 자기계발에 힘쓰도록 해야 한다.

여섯째, 자격증·시험대비, 직업·구직정보 제공(경제교육 포함), 외국어 교육, 창업관련 정보, 직무연수교육이 적절히 안배되도록 편성원칙을 작성해야 한다. 특히 각 집단의 특성에 맞추어 학생들을 위해 외국어를, 구직자를 위해 자격증·시험에 관한 강좌를 제공하는 등 타 집단의 특성에 맞고 필요로 하는 프로그램이 제공되어야 한다.

일곱째, 대학생들이 많이 희망하는 외국어 교육과 관련해 상당수가 영어를 많이 희망하고 있으므로 대학생 수준에 맞추도록 하고 앞으로 더욱 필요할 것으로 전망되는 중국어와 일본어에 대한 강좌도 제공해야 할 것이다.

여덟째, 자격증 및 시험과 관련해 컴퓨터능력, 공무원시험, 공인중개사, 한자능력시험 등을 우선적으로 편성하는 것이 바람직하다.

아홉째, 재직자의 경력개발 분야로 리더십교육, 고객서비스교육, 조직 내 인간관계 등의 프로그램을 개발하는 것이 바람직하다.

열째, 직업과 관련해 직업관련 정책 소개와 취업(직업)관련 뉴스, 직업관련 교양 프로그램, 기업소개 등의 프로그램을 제공해야 하며, 특히 전국의 1만 개 이상의 학교에서 유용하게 활용하고 있는 직업체험, 직업사전 등 직업교양 프로그램을 제고하면 매우 큰 효과를 낼 것으로 기대한다.

열한째, 창업과 관련해 창업아이템 선정, 영업판매 전략, 창업 후 경영방법, 창업시 자금조달방법, 창업절차 등을 체계적으로 제공해 종합적인 프로그램 강좌를 제작·운영해야 한다. 이를 위해 한국산업인력공단과 한국경제TV는 공급자 위주의 정보전달 방식이 아닌 수요자를 위한 인적자원개발 매체가 되도록 좋은 콘텐츠를 개발하도록 노력해야 한다.

대학생들이나 구직자들도 직업방송을 더욱 많이 활용해야 한다. 특히 시간관리 등 경력개발 강좌, 직업인 탐방 등 도움이 되는 내용을 자기 것으로 만들고, 자기소개 관련 UCC도 올리면서 적극 참여하기를 바란다.

03
군생활을 진로개발과 자기계발 기회로 활용하자

 2006년 WBC대회에서 우수한 성적을 거둔 선수들에게 병역 혜택을 주었다. 이에 형평성의 문제를 제기하는 사람들도 많을 만큼 군복무 기간은 인생에서 매우 중요한 시간임에 틀림없다.

 한국의 청년들이 평생에 걸쳐 진로를 준비하고 진로개발(career development)을 하는 데 있어서 군대는 매우 중요한 영역이다. 가장 두뇌활동이 활발한 시기에 수년간에 걸친 군생활을 어떻게 보내느냐에 따라 개인의 진로도 개발하고 국가의 인적자원 개발에도 큰 도움이 될 것이기 때문에 개인적으로나 국가적으로 큰 관심을 두어야 한다.

● 군생활 중 자기계발 후 병사들의 변화

구분	종전	변화 결과 내용
교육훈련 및 전투준비	수동적	적극적 · 긍정적
병영생활	단순 반복적 일상 (단체활동 및 체육)	자기계발을 통해 목표가 있는 생활 등 체계적 시간 활용
인식변화	인생의 공백기	자기계발의 기회 군에 대한 신뢰 제고

　현재 많은 사람들이 군복무에 대해 부정적 인식을 가지고 있는 것이 사실이다. 그 몇 가지를 살펴보면 다음과 같다.

　첫째, 사회 전반적으로 군복무에 대한 부정적 인식을 가지고 있다. 군복무 기간을 인생의 단절기 · 정체기로 여기며 병역회피를 위한 국적포기, 병역비리, 군내 각종 사고 등이 늘어나고 있기 때문이다. 또한 가산점 폐지에 따른 국가적 차원의 보상이 없다. 군복무가 나라를 지키는 것과 동시에, 개인의 발전에 도움이 되도록 범정부적 차원의 노력이 필요하다.

　둘째, 현역병들의 자기계발 여건과 욕구가 증대되고 있다. 군부대에도 주 40시간 근무제(토요 휴무)가 도입됨에 따라 자기계발을 위한 여가시간이 확대(주당 10~20시간 이상)되고 있다. 평일 일과후 시간 및 주말 자율시간을 활용해 병사들의 자기계발 욕구를 충족시켜야 한다.

　대부분의 병사들이 대학 재학 중이거나 대학진학을 준비하는 자들로 진로준비, 자기계발 등에 관심이 높은데 군대는 이를 반영하지 못하고 있다. 병사 학력 현황(2004. 12)(육군)을 살펴보면 전문대 재학 이상이 85%나 되고 있으며 군대 내 병사들의 관심분야는 진로준비가 31%, 자기계발이 25%로 나타나고 있다.

셋째, 복무 중 사회 및 정보와 단절되고 있다. 인터넷 환경에 익숙한 신세대 병사들에게 인터넷 단절은 상당한 스트레스, 결과적으로 군생활에 부정적인 영향을 가져온다. 신세대들에게 인터넷 단절은 심리적 불안, 초조를 유발하며, 외출·외박시 제일 먼저 찾는 곳이 PC방일 정도이다 (20대 인터넷 사용시간 : 일일평균 2.5시간 이상).

따라서 인터넷군 정보를 안전하게 지킬수 있는 보안시스템을 개발하여 장병들에게 한정적으로 인터넷을 사용하게 하여 정보격차를 줄여줌으로써 병사들에게 군과 사회 간의 단절감을 해소하고 심리적 안정을 주어야 한다. 군 장병의 대부분이 정보격차 해소와 자기계발 여건 마련을 위한 '사이버 지식정보방' 의 설치에 큰 기대를 하고 있다. 병사의 95%, 간부의 88%가 설치공간 확보, 신형 PC 유지보수 지원을 필요로 하고 있었다. 따라서 정보화를 통한 장병의 자기계발 e-러닝 학습체계 지원이 절실히 필요하다.

넷째, 군 자격 및 경력관리의 사회적 연계가 미흡하다. 군의 각종 교육훈련이나 직무수행이 사회적으로 인정되지 않고 있다. 국가기술자격시험 요소 중 군 경력의 일부만 인정되고 있으며 군이 보유하고 있는 전문분야에 대한 국가공인이 없는 상황이다. 2004년 '궤도장비 정비' 종목이 최초로 신설되었듯이 체계적인 군 자격관리체계가 정착되어야 한다.

다섯째, 입대 전 특기와 군 특기의 연계가 미흡하다. 입영대상자를 지역단위(1~2개 시·도 단위)로 통제, 입영시킴으로써 입영자원의 시·도별 편차가 심해 군 소요를 충족시키고 있지 못한 실정이다. 병무청의 12개 적성분류체계와 육군의 234개 주특기 분류체계의 연계 부족으로 적성분류자에 대한 주특기 재분류가 불가피하며, 통합된 병무행정관리시스템이 구축되어야 한다.

여섯째, 군 교육훈련성과 경력에 대한 활용성이 미흡하다. 현행 병적기록표에는 사회 취업시 개인의 능력을 파악할 수 있는 객관적인 정보(자력기록)가 없다. 군복무 중에 군 특기직무와 관련해 습득한 교육훈련 성적, 기술능력, 직무성과를 활용한 취업지원 정보가 없다. 따라서 인사정보시스템을 구축해 인적자원을 효율적으로 관리해야 한다.

일곱째, 군 전역자에 대한 취업 지원이 미비하다. 군 가산점 폐지로 군복무에 대한 자긍심 상실 및 군 미필자에 비해 상대적 역차별 현상이 심각하다. 장기복무자는 연간 약 3,700명이 전역하고 있는 가운데 2000~2004년의 전역자 취업률은 약 29.3%에 불과하다. 군 교육 및 경력을 활용한 사회 일자리 창출 및 지원도 부족하므로 군복무자에 대한 국가적 차원의 배려가 필요하다.

영 역	현재의 모습		달라지는 모습
정보화	· 사회와 정보 단절	사이버지식 정보방 구축 ➡	· 민간사회와 정보 연계 · 지식/정보격차 해소
학 습	· 학업/학습 단절 · 개별적/동아리 위주 학습	e – 러닝 포털 구축 ➡	· e – 러닝 체계에 의한 학습 · 외국어 능력 향상, 교양 함양 · 사이버교육을 통한 학점 취득 · 군내 교육훈련의 학점 인정
취 업	· 기술자격 취득 중심 · 군 특기(경험)의 사회 활용 미흡	국방자격 제도개선 ➡	· 다양한 자격증 취득기회 확대 · 군 경력의 사회인증 확대 · 특기적성 연계성 확대
병영문화	· 불필요한 집합/대기 등 시간 낭비	제도/문화 개선 ➡	· 학습하는 병영문화 정착
병영 패러다임의 획기적 대전환	군복무는 인생의 단절기, 정체기	인식의 대전환 ➡	군복무는 인생의 발전기, 도약기로 나라도 지키고 나도 발전하는 곳

◆ 군생활 중 자기계발을 통한 현역병의 변화

군복무 중 학습기회 확대

이런 필요성에 따라 각 부처가 합동으로 군 인적자원개발 종합계획을 발표했다. 이를 통해 군복무 중 자기계발 및 학점취득 등의 학습기회를 확대하고, 군 교육훈련 및 경력이 사회적으로 인정될 수 있도록 하고 있다.

그 주요내용을 살펴보면 다음과 같다.

첫째, 군복무 중 중단 없는 학습여건을 조성하기 위해 △장병의 자기계발을 위한 병영문화 개선 △군복무 중 학력보완 기회제공 △군복무 중 대학학점 취득기회제공 △군 교육 · 훈련의 학점 인정

확대를 추진하려 하고 있다.

먼저 군대는 장병의 자기계발을 위해 학습하는 신 병영문화를 구축하려 하고 있다. 여가시간을 활용해 어학학습, 자격취득 등 자기계발을 할 수 있는 '학습구역(learning zone)'을 설정하고, 토요일 오전을 '자기계발 학습시간'으로 지정해 운영하고, 장병들이 일과 후 또는 여가시간에 자신의 관심분야를 자율적으로 학습할 수 있는 학습동아리 활동을 지원하려 하고 있다.

다음은 외국어 능력 향상 프로그램 운영을 위해 외국어 e-러닝 학습체계 구축, 위성 TV를 통한 어학방송 프로그램 운영 등 다양한 어학 콘텐츠를 제공하고, 부대주둔지 인근의 어학기관 강사, 주한 미군 장병·가족을 활용한 어학전담교관제를 운영하며, 어학 동아리활동, 영어내무반 운영 등 1인 1어학 능력 개발을 장려하려 한다.

부대별 '학습지도관'을 양성·활용하기 위해 부대별(대대급)로 교육담당 장교를 '학습지도관'으로 지정·운영해 부대별 '학습지도관'이 장병의 e-러닝 관련 상담과 학습문화 형성을 주도하며, 군 '학습지도관' 양성을 위한 연수 프로그램을 개발 후, 2006년부터 e-러닝 교육을 실시할 예정이다.

또한 군복무 중 장병에게 학력보완 기회를 제공하려 하고 있다. 특히 부사관 및 병사의 학력보완을 위해 e-러닝에 기반을 둔 방송통신대, 사이버대, 학점은행제 등을 통해 학위(학점) 취득을 지원하려 하고 있다. 자격 취득을 통한 학점 인정, 사이버 교육에서의 학점 취득, 군내 교육훈련의 학점 인정 등을 통합, 대학 졸업에 필요한 학점을 이수하도록 지원하는 등 다양한 방식의 학점 취득기회를 제공할 예정이다.

학점은행제에 의한 학점 인정을 확대하기 위해 육군 장교의 군내 교육결과를 학점은행제에서 학점으로 인정하며 해군, 공군 및 부사관 관련 교육·훈련에 대한 학점은행제 학점 인정을 확대하려 하고 있다.

군복무 중 대학학점 취득 기회를 제공하려 하고 있다. 군복무 중 '학점당 등록'이 가능하도록 제도를 개선하고 군복무 중 현역 병사가 대학 학점을 취득할 수 있도록 사회적 합의를 거쳐 병역법 개정을 추진(국방부, 2006년 상반기)하고, 군복무 중 학점당 등록이 가능하도록 제도를 개선하며(교육부), 군 본연의 임무 수행에 지장이 없는 학점취득 범위를 설정(예: 연간 6학점 이내)하고 있다.

최근 강조되고 있는 e-러닝을 통한 대학학점 취득을 활성화하려 하고 있다. e-러닝을 통해 재학 중인 대학의 온라인 강좌를 수강해 학점을 취득하게 하고 각급 대학의 온라인 강좌 개설 확대 및 방송대, 사이버대학과의 협약 확대를 통해 군복무 중인 재학생의 온라인 학점 취득이 활성화되도록 유도한다.

또한 군 교육·훈련의 학점 인정을 확대하려 하고 있다. 중장기적으로 군 교육·훈련을 대학의 학점으로 인정하며, 군에서 제공하는 교육·훈련 중 평가인정을 거친 프로그램 이수 실적을 대학의 장이 학칙을 통해 대학 학점으로 자율적으로 인정한다.

● 병사의 학력 현황

(단위 : %)

고졸	전문대 재학	전문대졸	대학재학	대졸 이상	계
15	32	2	50	1	100

※ 자료 : 국방부, 2004. 12.

둘째, 지식기반형 학습 인프라를 구축한다. 이를 위해 정보격차 해소 및 각종 지식을 접할 수 있는 정보 인프라를 구축하고 자기계발을 할 수 있는 e-러닝 콘텐츠를 개발·보급하려 하고 있다.

먼저 병영 내 지식정보 인프라를 구축하기 위해 군복무기간 중 정보화 단절, 정보격차 해소 등 복무여건을 개선하고 각종 자격증 및 학점 취득을 위한 e-러닝 기반을 제공해, 병영생활 개선을 목적으로 구축하는 중대급 인터넷 PC방인 '사이버지식 정보방' 을 설치하려 하고 있다.

다음은 자기계발 e-러닝 콘텐츠를 개발·보급한다는 계획이다. 군 e-러닝 포털 서비스 체제를 구축·운영(교육부)하고 군 e-러닝 포털 서비스 운영방식을 개선하려 하고 있다.

셋째, 군복무 중 자격취득 기회를 확대하기 위해 군 기술자격의 사회인증 확대, 군 특수(전문) 경력의 국가공인을 추진하고 있다.

먼저 국가기술자격 필기시험 면제 확대 추진과 관련해 사회와 연계성이 높은 분야에 대해 국가기술자격 필기시험 면제를 확대·추진하며, 군 교육시간, 내용 등 요건 충족시 노동부에서 확인 후 시행되도록 추진하고 있다. 현재 필기시험 면제대상 6개 종목은 환경, 자동차 정비, 전기공사, 잠수, 한식조리, 보일러 기능사이다. 아울러 군 특수분야 자격인정 확대 및 국가자격 신설을 추진하고 있으며, 군이 보유하고 있는 기술과 능력을 민간에 유용하게 활용할 수 있도록 국가자격화를 추진하고 있다.

넷째, 군 인적자원 관리체제를 개선한다. 이를 위해 우수한 군 인적자원의 획득을 위한 관리체제 개선, 군 경력의 사회적 인증을 위한 인사정보화 체계 구축, 전역장병에 대한 취업을 지원할 계획이다.

먼저 군 인적자원 관리체제를 개선하기 위해 전국단위 입영관리 시스템을 구축해 군 입영대상자에 대해 중앙에서도 통제·관리 할 수 있는 전국 단위의 입영관리 체제인 '병무행정 종합시스템'으로 개선하며, 병무청의 적성분류와 각 군 특기 분류의 연계성을 유지하며, 특기 분류의 전문성 제고를 위해 '전문 면접관제'를 운영할 예정이다.

다음으로 군 경력을 사회에서 활용할 수 있도록 '군 인사정보시스템'을 구축하기 위해 각 군, 병무청, 국방부 간 시스템 구축을 통해 경력관리 DB를 공유하며, 인사관리 DB에 군 교육훈련 및 주요 경력 등을 기록해 관리하며, 국가자격, 민간자격, 군 자격 관련 취득 현황을 관리하며, 학위 및 학점 취득 현황을 정리하며, 인사관리 DB를 활용해 학점은행제, 국가면허 및 자격관리기관, 민간자격 시행기관과 연계해 취업알선자료, 구직자료, 전직지원 정보로 활용될 것이다.

다음은 전역장병에 대한 취업 지원인데 중·장기복무 제대군인의 취업과 중·장기 복무자의 취업 및 직업능력 개발을 지원하기 위해 군 특기직무와 연계한 일자리 정보 DB 구축(경제계와 홍보사업 공동추진), 범정부차원의 일자리 창출, 아웃소싱을 통한 군 관련분야 직위 확대, 산업현장에서 요구되는 맞춤식 교육과정 확대, 군 기술/경력의 사회인증 연계체계 구축, 군 전역자를 위한 적극적인 홍보 전략을 추진하고 있다.

● 군 내 병사들의 관심분야

(단위 : %)

진로준비	자기계발	인간관계	건강	군기술/기타	계
31	25	22	19	3	100

※ 자료 : 육군, 2003. 12.

청년들이나 부모들이 가져야 할 자세

이들 계획은 제2차 국가인적자원개발 기본계획(2006~2010)에도 반영되었는데 그 내용은 군복무 중 중단 없는 학습여건 조성 및 인프라 구축, 군복무 중 자격취득 기회 확대 및 인적자원 관리체제 개선 등이다. 이상의 정부시책이 계획대로 추진되면 군 시절이 자신의 진로개발과 자기계발을 할 수 있는 좋은 기회가 될 수 있을 것이다.

이를 위해 청년들이나 부모들이 가져야 할 자세를 몇 가지 제시해 보고자 한다.

첫째, 군복무 중 중단 없는 학습을 하겠다는 태도를 가져야 한다. 정신활동이 가장 왕성한 중요한 시기에 학습을 중단한다면 개인의 평생에 걸친 진로개발에 장애가 될 것이다. 일과 후 여간 시간을 활용해 자격증을 취득하고, 외국어를 습득하고, 교양을 증대하려는 노력이 필요하다.

둘째, 군생활을 인생의 전환기로 활용해야 한다. 사회에서 소홀히 했던 체력단련, 진로탐색, 자기계발, 리더십 등에 관해 공부하는 기회를 가져야 한다. 또한 군대 내의 다양한 집단의 전우들과 어울리면서 사람에 대한 심리학적 이해를 넓히고 리더십을 배우는 기회로 활용한다.

셋째, 군대 내에 배치될 사이버 지식정보방(설치사병 10명당 1대)을 학습에 적극 활용하려는 자세를 가져야 한다. 많은 군인들이 인터넷을 통해 게임을 하거나 채팅하는 데 많은 시간을 보내는데 사이버 시스템을 학습에 활용해야 한다.

넷째, 최근 강조되고 있는 사이버를 통한 e-러닝에 적극적으로 임하자. 전국 각 대학의 온라인강좌는 학교별 평균 54개 강좌(2005, 교육부), 전문대학은 학교별 평균 15개 강좌(2004, 전교협)이고 방송통신대와 사이버대학에 군인들을 위한 좋은 강좌가 많다. 예를 들어 대학생을 위한 직업진로 탐색이라는 강좌를 통해 자신의 흥미, 성격, 가치관 등을 검사하고 자신의 진로목표를 세우고 3년, 5년, 10년 후 자신의 커리어 계획을 세우고 자신을 셀프 마케팅 할 수 있다.

다섯째, 군인들이 노동부에서 지원을 받는 워크넷(http://www.work.go.kr)에서 성인용 직업적성검사, 직업선호도검사 S형, 직업선호도검사 L형, 구직효율성검사, 창업진단검사, 직업전환검사, 구직욕구진단검사 등이 가능하며 , 교육인적자원부에서 지원을 받는 커리어넷(http://www.careernet.re.kr)에서 진로개발준비도검사, 이공계전공적합도검사, 주요능력효능감검사, 직업가치관검사가 가능하다. 이런 검사를 통해 자기분석을 한 다음 자신의 희망진로목표를 생각해보는 시간을 갖는 것이 좋다.

여섯째, 군생활 중 개발된 자신의 직업적 능력을 객관적으로 인정받는 차원에서 자격증에 더 신경써야 한다. 대학이나 사회에서 평소 접하지 못하였던 분야에 몇 년간 종사하면서 습득한 것을 객관적으로 인정받는 차원에서 자격증을 따도록 하자. 군에서 무엇을 했다는 것이 중요한 것이 아니라 객관적으로 인정받는 자격증에 신경을 쓰도록 한다.

일곱째, 군대 내에서 자기계발은 모든 직업에 기초가 되는 직업기초능력 개발에 초점을 두어야 한다. 중장비 자격증을 따는 것도 중요하지만 병사들의 자기계발 대상은 대학재학 여부에 관계없이 모두에게 도움이 되는 어학 · 컴퓨터 등으로 하는 게 바람직하다고 본다.

대한민국 남성이면 누구나 다 가는 군대생활에 대해 긍정적인 태도를 갖고 긍정적으로 자기계발을 하면서 향후 자신이 무엇을 할 것인지 진로탐색을 해야 한다. 대한민국 청년들의 평생에 걸친 진로개발의 측면에서 군대생활을 할 수 있도록 당사자인 병사뿐만 아니라 부모, 교수, 군대 내의 지휘관들의 각별한 관심과 지원이 필요하다.

04

직업을 갖는 시기를 앞당겨라

대학은 왜 다니는가?

새 학기가 되면 대학 신입생이나 한 학년이 올라간 대학생들이 새로운 각오로 대학생활에 임하게 될 것이다. 이 시점에서 대학생들에게 '여러분들은 왜 대학을 다니는가?' 라는 질문을 던지고 싶다. 학생들은 '더 공부하고 싶어서', '자신의 꿈을 달성하기 위해', '부모가 가보라고 해', '남이 가니까 나도 가야 하니까', '사회에서 대학을 안 나오면 제대로 대접을 못 받으니까' 등 다양한 답을 할 것이다. 원래 대학은 학문을 양성하고 사회에 봉사하는 기능도 있지만, 최근에는 8명 중 7명이 대학을 가므로 직업준비 기능도 매우 중요해지고 있다.

대학생들의 늦은 사회진출과 원인

그런데 최근 우리 사회에서 대학생을 포함한 청년들이 직업을 늦게 가지는 경향이 있어 이를 2년 앞당기려는 움직임에 대학생들은 주목해야 한다.

우리 사회는 급속한 출산율 하락과 동시에 빠른 속도로 고령화가 진행되고 있어 노동력 부족 현상이 심화될 전망이다. 여성의 사회진출 증가, 만혼 등으로 합계출산율이 매우 낮으며, 이미 고령화사회(aging society)에 도달했다고 볼 수 있다. 합계출산율(2005)은 한국이 1.08명으로 일본의 1.25명, 영국의 1.79명, 미국의 2.05명(2004)에 비해 매우 낮은 편이다. 일반적으로 65세 이상 인구가 7% 이상이면 고령화사회, 14% 이상이면 고령사회(aged society)라고

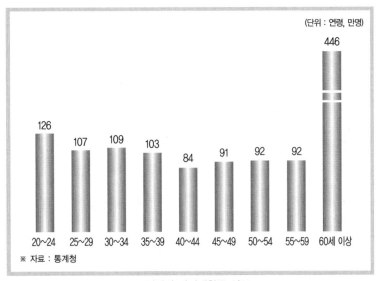

◆ 연령별 비경제활동 인구

하는데 우리나라는 2005년 9.1%로 이미 고령화사회가 됐으며 2018년경에는 14.3%로 고령사회가 될 전망이다.

이에 따라 생산가능 인구(15~64세)는 2016년 3,650만 명을 고비로 점차 감소할 전망(통계청 장래인구추계, 2006년 11월)이다.

더구나 우리 사회에서는 선진국에 비해 입직연령이 늦고 퇴직연령은 빨라 인력자원 활용도가 미흡한 편이다.

선진국에 비해 2년 정도 노동시장 진입이 지연되는 국내의 상황을 살펴보자. 한국의 최초 입직연령은 평균 25.0세로 미국 22.0세, 프랑스 23.2세, OECD 평균 22.9세(00년, OECD)에 비하면 2.1세가 늦은 편이다. 더구나 대학졸업자의 경우 한국은 대학진학률이 80% 이상이어서 26.3세로 OECD 평균에 비하면 3.4세가 늦은 편이다. 그에 따라 취직도 하지 않고 구직활동도 하지 않는 20대 후반 비경제활동 인구가 107만 명을 넘어섰다.

통계청에 따르면 취업, 구직 등 경제활동을 하지 않는 25~29세 인구는 2007년 1월에 107만 2,000명으로 2006년 1월보다 6만 명 증가했다. 2003년 10월(107만 3,000명) 이후 39개월 만에 최대치다. 이들이 속한 비경제활동 인구란 15세 이상 생산가능 인구 중 취업 준비, 구직단념, 가사, 학업, 군복무, 육아, 연로, 심신장애 등으로 경제활동을 하지 않는 사람을 의미한다. 취업자도 실업자도 아닌 경우다.

왕성한 경제활동 의욕을 불태울 20대 후반의 경제활동 참가율이 이처럼 뚝 떨어진 것은 이례적이다.

전통적으로 1월은 대학졸업자들이 구직 등 취업전선에 뛰어드는 시기여서 2001년 이후만 하더라도 20대 후반의 비경제활동 인구가 해마다 지속적으로 감소해왔다.

취업준비 등으로 학교 졸업 후에도 구직에 나서지 않는 사람이 많아졌기 때문으로 풀이된다. 대학 졸업자들의 눈높이에 맞는 일자리가 계속 줄어들면서 당장 구직활동을 하기보다 취업준비를 위해 쉬는 사람이 늘어난 결과로 보인다.

선진 외국과 달리 한국 젊은이들의 입직연령이 늦은 원인은 무엇일까? 정부에서는 다음과 같은 3가지 원인을 들고 있다.

첫째, 남성의 경우 군복무 및 군입대 전후의 휴학 등으로 학업이 일시 중단되기 때문이다.

둘째, 실업계 고교에 대한 낮은 인식, 높은 교육열 등으로 고교 졸업 후 바로 사회에 진출하기보다는 5명 중 4명이 대학에 진학하기 때문이다. 대학진학률(2005, 교육부)이 한국은 82.1%인데 미국은 66.7%, 일본은 47.3%로 비교가 된다.

다양한 직업경로를 개발하지 못해 고교졸업 입직자의 경제 · 사회적 지위가 제한된다는 사회적 인식에도 기인한다.

셋째, 안정된 직장 선호 경향에 따라 취업준비기간이 연장되고, 산업계 노동수요와 대학 교육내용 간 Skill Mismatch 등으로 학교에서 직장으로의 이행(School to Work)이 지연되고 있다.

졸업 후 첫 직장을 갖는 데 걸리는 기간이 평균 12개월(06년, 통계청)이다. 즉, 통계청이 2006년에 발표한 '경제활동 인구조사 부가조사(청년층) 결과에 따르면 2006년 5월 현재 학교를 졸업했거나 중퇴한 15~29세 청년 4,695명 가운데 25.8%는 첫 취업까지 1년 이상 걸린 것으로 나타났다. 10.2%는 3년 이상 걸렸다. 반면 53.5%는 3개월 안에 취업에 성공했다. 평균 취업 준비 기간은 1년으로 2004년의 11개월, 2005년의 10개월보다 더 늘어났다. 한창 일을 할 20대나 30대가 직업을 갖지 않고 '니트족', '프리터족', '캥거루족', '공시족', '대학둥지족', '올드보이'가 돼 사회문제가 되고 있다.

한국노동연구원은 니트족을 일하거나 취업 준비를 하지 않으며 15~34세의 배우자가 없는 독신자로 정의하고 있다. 노동연구원은 우리나라의 니트족 규모가 2004년에 80만 명을 넘는 것으로 추정했다. 1990년대 중반만 해도 20만~30만 명이었다. 프리터족은 일할 의지는 있지만 일자리를 구하지 못하는 실업자나 아르바이트로 생활하는 사람들이다. 부모에게 기대 사는 젊은이들은 캥거루족이라 한다. 취직할 나이가 됐는데도 직장을 구하지 않거나 직장에 다니면서도 부모에게 경제적으로 의존하는 젊은이들을 이른다. 이들은 어쩔 수 없이 부모에게 의존하는 게 아니다. 일자리를 구하지 않으면서 부모에게 빌붙어 산다.

최근에는 경기침체로 안정된 직업을 구하려는 욕구가 커지면서 공시족이란 말도 나왔다. 7, 9급 공무원 채용시험이 행시·사시·외시처럼 경쟁이 치열하고 어렵다는 데서 나온 말이다. 고시촌에 필적하는 '공시촌(공무원 시험학원 밀집지역)'이란 말도 있다. 역시 고용이 안정적이고 급여가 높다고 알려진 한국은행, 산업은행 등 국책금융기관 입사시험을 '금융고시'라 부르기도 한다. '교사고시'도 교사직에 대한 선호도가 높아졌음을 반영한 신조어다. '대학둥지족' '올드보이' 등은 졸업을 늦춘 채 구직활동을 하는 대학 5년생을 이른다. 대학원을 도피처로 삼고 있는 일부 학생들을 말하기도 한다.

이들 미취업 청년층은 결혼적령기라고 해도 독신 비율이 높다. 결혼할 생각이 있더라도 안정된 직업을 갖기 전까지 미루는 경우가 많기 때문이다. 이들의 직업 진출이 늦어지고 그만큼 결혼도 늦어짐에 따라 출산율이 떨어져 우리나라가 앞으로 인적자원이 부족한 나라가 될지 모른다. 이들이 조기에 직업을 가지면 소득이 발생하고, 생활이 안정돼 결혼연령 단축 가능성이 높다. 입직연령 1세 인하시 출산율 0.28%P 상승, 신생아 수 11.3만 명이 증가할 것이라는 전망도 나오고 있다.

입직연령 단축을 위한 정부의 시책

정부에서는 선진국에 비해 늦은 입직연령을 최대한 단축하려는 목표하에 2007년 2월 '비전 2030 인적자원 활용 『2+5』전략'을 발

표했다. 청년층의 조기취업을 위해 현재 실시 중인 산학협력 취업
약정제를 확대하고 학제 개편을 공론화하고 실업계고 특성화 및
장학금 확대, 수업연한 조정 등 학제개편, 병역제도 개편을 검토하
는 내용을 포함했다.

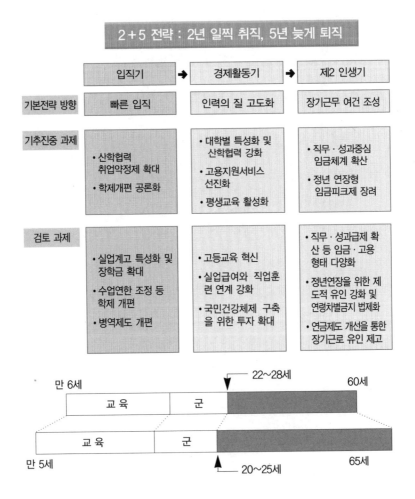

그 내용을 간단하게 살펴보면 다음과 같다.

먼저 직업경로로서의 실업계고 역할을 강화한다. 실업계고 진학 후 바로 노동시장에 진입하는 경로가 대학 진학에 못지않게 훌륭한 직업경로가 되도록 지원을 강화한다. 이를 위해 이미 추진 중인 '산학협력 취업약정제(협약학과)'를 확대해 실업계고 학생의 학비와 취업을 지원하고 산업별 맞춤형 인재를 양성한다. 또한 충분한 실습과 기능 향상을 위해 실업계고 학급당 학생수를 감축〈29.9명 (2006) → 25명(2015)〉하고, 전문교과 교원의 산업체 현장연수를 의무화(5년 주기)한다.

검토 과제로 정부-지자체-산업계가 실업계고 교육과정 등에 참여하고 학비 및 졸업 후 취업을 보장하는 실업계고 특성화를 추진한다. 2007년에 정부부처 지원 특성화고를 100개(8개 관련부처 MOU 체결 예정) 지정하고, 2009년 지자체·산업체 지원 특성화고 100개를 추진한다. 현행 특성화고 104개 포함, 2009년까지 300개로 확대하며 인문·직업 교육을 병행하는 통합형고를 확대하고, 일반 실업고의 기초직업교육을 강화하고, 변화에 대응하지 못하는 실업고는 일반고로 전환한다.

실업계고 장학금 수혜율(05년 60%)은 2008년 현재 80%까지 확대(가급적 공업계 실업계고 우대)한다.

둘째, 학제개편으로 전문가, 국민의 의견수렴 등을 토대로 입직연령단축 등을 위한 학제개편을 검토한다.

이를 위해 교육혁신위와 공동으로 학제개편의 필요성에 대한 국민적 공감대 형성을 추진한다. 학교와 노동시장, 학교와 학교 간 이행이 원활하게 이루어질 수 있도록 직업교육 체제 또는 학제 전반을 개편한다. 아울러, 만 5세 유아교육의 의무교육 전환, 수업연한 조정 등 다양한 방안을 논의한다.

검토과제로는 수업연한 조정 등을 통한 입직연령 단축방안이 있다. 향후 수업연한 조정에 따른 교원수급, 교육과정, 학교시설, 법령개정 등 시나리오별 면밀한 분석을 실시하고, 국민적 공감대를 형성하기 위한 의견수렴 절차를 거쳐 최종방안을 확정한다.

학교와 노동시장 간, 학교와 학교 간 이행이 원활하게 이루어질 수 있도록 학제 전반의 개편을 검토한다. 고등교육기관 입학시 사회 유경험자가 우대받을 수 있는 여건을 조성한다.

셋째, 현역병의 복무기간 단축 등 병역제도를 개편한다. 병력감축에 따른 잉여자원 해소와 국민부담 경감을 위해 병 복무기간 6개월을 단축한다. 이렇게 하면 20세 현역 잉여자원(2008~2020년)이 연평균 6.5만 명(총 84.8만 명)이 돼 병 복무기간의 6개월 단축 시 잉여자원 6만여 명을 해소할 수 있다는 판단이다.

단축방법으로 2006년 1월~2010년 12월 입대자는 연 18일(3주단위 1일)씩 단축하고 2011년 1월~2014년 7월 입대자는 연 26일(2주단위 1일)씩 단축한다는 것이다.

다음은 유급지원병제 도입이다. 복무기간 단축 시 숙련병 조기

유출 및 첨단장비 도입에 대비가 필요하다. 전투/기술 숙련병은 의무복무 후 6~18개월 복무연장(병장/하사)한다. 첨단장비운용 전문병은 입대시부터 3년(이병~병장/하사)으로 한다.

다음으로 군복무 만족도를 제고한다. 군복무와 개인발전 연계를 강화하고 자기계발을 할 수 있는 군복무 환경을 조성한다.

입직연령 단축	퇴직연령 연장	인력의 질 고도화
• 인력자원의 조기활용 • 출산율 상승 – 조기 입직 시 소득발생, 생활안정 등으로 결혼연령 단축 가능성 ※ 입직연령 1세 인하 시 출산율 0.28%P 상승, 신생아수 11.3만명 증가 • 대학입시 경쟁완화 – 실업계고가 대학 진학에 못지않은 경력개발이 가능하게 되면 대학입시경쟁이 한층 완화될 여지	• 고령인력의 효율적 활용 • 일을 통한 고령자의 삶의 질 향상 • 연금재정 안정화 (부수적 효과)	• 근로기간 중 재교육을 위한 시간 · 비용 부담 완화 • 과잉교육(Over-Education) 완화 – 근로기간 중에도 교육 가능성이 열려있어, 고졸자의 과도한 대학진학 욕구 완화 가능 • 노동생산성 향상

인력자원 활용 고도화 (2+5) 및 근로자 삶의 질 향상

역동적인 경제, 더불어 사는 사회 건설

청년층의 조기취업을 위한 방안

이상 청년들의 사회 조기 진출을 위한 방안에 관해 살펴보았는데 실업계고교 졸업 후 취업, 조기취업을 위한 학제개편, 현역병의 복무기간 단축이 그 주요내용이다.

여학생이나 이미 대학에 재학 중인 동년배의 80% 이상자에 대해서는 정책의 혜택이 크지 못하다는 한계도 있다.

한편 실업계 고교생들을 취업으로 유도해야 한다. 실업계 고교생 중 취업을 빨리 하고 싶거나 가정형편상 취업을 해야 하는 학생도 상당수 있는데(전체 학생의 30% 정도로 추정한다) 이들을 위해 실업계 고교에서 취업기능을 강화해야 한다.

실업계 고교 졸업생들이 사회 진출 후 무엇인가 더 공부해야 한다는 욕구를 가질 때 공부하면 더 열심히 할 것이고 효과도 더욱 높을 것이다.

이와 함께 고졸 실업자의 취업을 위한 방안이 마련돼야 한다. 통계청에 따르면 2006년 고졸 실업률은 4.1%로 전체 실업률(3.5%)과 대졸 실업률(3.4%)을 크게 웃돌았다.

실업자 수도 평균 42만 명으로 대졸 실업자(27만 2,000명)보다 많았고, 전체 실업자(82만 7,000명)의 절반 수준을 넘었다. 또한 대학생들이 조기에 자신의 진로에 대해 생각하면서 미래를 준비해 조기에 자신의 진로를 잡도록 충분한 준비를 해야 한다.

대학생들은 자신이 꿈꾸는 전문분야로 진출하기 위해 대학 저학년 때부터 경력개발(CDP :Career Development Program)을 해야 한다.

첫째, 대학생들이 자신을 알고자 노력해야 한다. 대학생들은 자신이 잘하는 것과 못하는 것, 자신이 하고 싶은 것, 남들과 다른 자신만의 성격, 자기 자신이 옳다고 믿는 가치관, 가정환경, 신체적 조건 등 자신을 먼저 알아야 한다. 이를 위해 필요하면 적성, 흥미, 성격, 가치관 검사 등을 할 수 있다.

둘째, 이를 기초로 해 자신이 나아가고 싶은 목표를 정하는 것이다. 65억 인구 중 1명인 우리 인생에서 자신이 추구하는 것이 무엇일까? 자신이 이 세상에 살면서 이루고 싶은 목표가 무엇인지를 먼저 설정해야 한다. 인생에서 '목표가 있느냐, 없느냐' 하는 사소한 차이가 결국에는 삶의 큰 차이를 만든다. 대학생들이 앞으로 어떤 분야를 택하든 그것은 자신이 원하는 목표를 달성하는 방법이 되어야 한다.

셋째, 자신이 원하는 분야에 대해 알아보는 것이다. 자신이 나가고 싶은 분야의 다양한 정보원을 활용해 직업정보, 노동시장의 정보, 그리고 최근의 직업세계의 동향(채용동향 포함)을 파악해야 한다.

특히 이 과정에서 앞으로 자신이 나가고 싶은 분야에서 활동하기 위해 필요한 것이 무엇인지를 아는 것이 중요하다.

넷째, 이를 기초로 앞으로의 경력에 대한 설계도와 같은 커리어 로드맵(road map)을 만드는 것이다. 건물을 건축하기 위해 설계도가 중요하듯이 대학생들도 자신의 인생 로드맵을 작성해보는 것이 바람직하다. 20대, 30대, 40대, 50대, 60대에 하고 싶은 것이 무엇인지를 생각해보는 것이다.

다섯째, 이를 기초로 대학생활 중 차근차근 자기계발 노력을 하는 단계이다.

청년들이 우리 사회에서 조기에 직업을 가질 수 있도록 여건을 조성하기 위해 정부가 의욕적으로 노력하는 것에 발맞추어 학부모, 학생, 청년층도 조기취업의 중요성에 대해 인식할 것을 촉구한다.